nouvelle édition 2021

2de

cahier de
Français

Isabelle-Marie Franchet
Agrégée de Lettres modernes

Julien Harang
Professeur agrégé de Lettres modernes, Lycée Évariste-Galois, Noisy-le-Grand

Arnaud Rochelois
Professeur agrégé de Lettres modernes, Lycée Louis-Barthou, Pau

Mathilde Sorel
Professeure agrégée de Lettres modernes, Académie de Paris

Isabelle Zimmermann
Professeure agrégée de Lettres modernes, Lycée Félix-Le-Dantec, Lannion

Les cahiers de français

bordas
éditeur

Sommaire

LANGUE

Corrigés des fiches 1 à 14 en fin de cahier

Réviser les fondamentaux

Réviser les règles orthographiques

Construire une phrase correcte

Clarifier et embellir l'expression

Préparer et présenter un oral

OUTILS D'ANALYSE DES TEXTES ET DES IMAGES

HISTOIRE CULTURELLE ET LITTÉRAIRE

 • ISBN 978-2-04-733866-7

MIXTE
Papier issu de sources responsables
FSC® C022030

Bordas est un éditeur qui s'engage pour la préservation de l'environnement et utilise du papier issu de forêts gérées de manière responsable et d'autres sources contrôlées.

Ce cahier a été imprimé en France en Juillet 2022 par IPS, imprimeur certifié IMPRIM'VERT®

N° de projet : 10284491 • Dépôt légal : mars 2021

OBJETS D'ÉTUDE DE 2de

La poésie du Moyen Âge au XVIIIe siècle

La littérature d'idées et la presse du XIXe au XXIe siècle

Le roman et le récit du XVIIIe au XXIe siècle

Le théâtre du XVIIe au XXIe siècle

PRÉPARATION AU BAC

Le commentaire

La dissertation

La contraction de texte

L'essai

L'épreuve orale

Situer les œuvres dans l'Histoire

LES RESSOURCES NUMÉRIQUES DE VOTRE CAHIER

➡ **Entraînement à la prise de notes et à la révision de cours**
2 fiches pdf

➡ **Quiz**
300 exercices autocorrectifs pour tester votre **maîtrise de la langue**
80 exercices autocorrectifs pour tester vos connaissances en **histoire culturelle et littéraire**

➡ **Tutos oral**
3 tutoriels pour vous entraîner à la prise de parole : vidéos et fiches d'exploitation pdf
3 tutoriels pour préparer l'oral du bac : vidéos et fiches d'exploitation pdf

3 MOYENS D'ACCÈS
– **QRcode®**, sur smartphone ou tablette
– **mini-liens**, sur tablette ou ordinateur
– **site compagnon** : lycee.editions-bordas.fr

Pour accéder aux ressources par QRcode®, c'est simple :
1. Téléchargez gratuitement l'application QRcode®.
2. Scannez le QRcode® en plaçant votre appareil au-dessus de la page.
3. Accédez directement à la ressource.

1 Le verbe

Testez-vous avec des Quiz
bordas.media/733866_004

RETENIR

Identification des formes verbales
Le verbe varie en personnes, en nombre, en temps et selon cinq modes – **quatre modes personnels** et **deux impersonnels**. Les temps **composés** (deux mots : **j'ai fait**) expriment souvent une action qui s'est déroulée avant une autre action exprimée au temps **simple** correspondant (un mot : je **fais**).

Indicatif (action certaine)		Subjonctif (événement non réalisé) *Il faut que / Il fallait que…*		Impératif (ordre ou interdiction) *Obéis-moi et…*	
présent *Maintenant…* je fais	**passé composé** j'ai fait	**présent** que je fasse	**passé** que j'aie fait	**présent** fais	**passé** aie fait
futur *Demain…* je ferai	**futur antérieur** j'aurai fait	**imparfait** que je fisse	**plus-que-parfait** que j'eusse fait	**infinitif**	
imparfait *Autrefois…* je faisais	**plus-que-parfait** j'avais fait	**Conditionnel*** (hypothèse, condition) *Si c'était possible…*		**présent** faire	**passé** avoir fait
				participe	
passé simple *Soudain, ce jour-là…* je fis	**passé antérieur** j'eus fait	**présent** je ferais	**passé** j'aurais fait	**présent** faisant	**passé** fait

* On peut aussi considérer que les temps du conditionnel font partie de l'indicatif.

S'ENTRAÎNER

Corrigés *p. 126*

1 Soulignez l'intrus dans chaque série. Justifiez votre réponse.

1. il sourit • tu choisis • j'interdis • il mit • tu subis

....

2. il part • je croie • tu viennes • elle coure • il voie

....

2 a. Identifiez le temps et le mode des verbes en gras.

1. Il dit qu'il **partira** dès demain. ....
2. Tandis qu'il **répondait** à un appel téléphonique, elle **s'éclipsa** discrètement. ....
3. Il faut qu'il **mange** davantage. ....
4. Si tu le **veux**, je **t'emmènerai** au bout du monde. ....
5. Chaque jour, il **grandit** davantage. ....

b. Écrivez chaque verbe en gras au temps composé qui lui correspond en le nommant et en gardant la même personne.

1. ....
2. ....
3. ....
4. ....
5. ....

3 Soulignez toutes les formes verbales à un mode impersonnel. Précisez leurs temps et mode.

Dans *La Colonie* de Marivaux, voilà les femmes divisées à propos de leurs relations avec les hommes. Après avoir tenté de changer l'ordre de la société, chacune retourne à ses activités. La guerre menaçant, elles obéissent à nouveau aux hommes.

....

4 Écrivez chaque verbe au temps et au mode demandés.

1. venir, *présent du conditionnel* : ils ....
2. lire, *futur simple de l'indicatif* : vous ....
3. devoir, *passé simple de l'indicatif* : elles ....
4. savoir, *présent du subjonctif* : je ....
5. parier, *imparfait de l'indicatif* : nous ....

5 Écrit d'appropriation

Restituer ses impressions de lecture

Sur papier libre, présentez vos impressions sur le dernier texte que vous avez lu en lecture cursive. Employez au moins une forme verbale de chaque mode que vous soulignerez.

RETENIR

Les modes et les temps

- Les **modes** expriment l'attitude de celui qui emploie le verbe par rapport à ce qu'il énonce. Voir Fiche 14, p. 30
Les **temps** expriment le passé, le présent ou l'avenir ; ils peuvent avoir **plusieurs valeurs temporelles et modales.**
- Dans notre langue, **deux systèmes des temps** prédominent : le système du **présent** et celui du **passé**. Le respect de la concordance des temps dans un texte assure sa cohérence. Voir Fiche 14, p. 30

La valeur des temps

- On emploie le **présent** de l'indicatif pour exprimer :
  – un fait se déroulant au moment où l'on parle : c'est le **présent d'énonciation** ;
  Ex. : En ce moment, je lis une fiche sur les temps.
  – une situation qui se reproduit régulièrement : c'est le **présent d'habitude** ;
  Ex. : Je lis toujours avant de m'endormir.
  – une **vérité générale** ;
  Ex. : Un carré est un quadrilatère.
  – un **passé** ou un **futur proche** ;
  Ex. : Il sort de chez lui à l'instant.
  Il revient tout de suite.
  – un passé lointain : c'est le **présent de narration**.
  Ex. : En 1492, Christophe Colomb découvre l'Amérique.
- On emploie l'**imparfait** de l'indicatif :
  – pour rapporter une **habitude** ;
  Ex. : Tous les ans, il se rendait en Bretagne.
  – pour exprimer une **durée** ;
  Ex. : Ils vivaient là depuis la naissance de Tom.
  – pour **décrire** ;
  Ex. : Bénédicte était très belle dans sa robe de mariée.
  – pour raconter une action de **second plan.**
  Ex. : Léon chantait à tue-tête quand Emma le surprit.
- On emploie le **passé simple** de l'indicatif pour raconter des actions de **premier plan**, brèves ou longues, qui peuvent s'enchaîner.
  Ex. : Enfin, elle sécha ses larmes, regarda le soleil et quitta cette maudite ville pour toujours.
- On emploie le **futur** de l'indicatif :
  – pour évoquer l'**avenir** ;
  Ex. : L'an prochain, je partirai vivre à Londres.
  – pour donner un **ordre** (valeur injonctive).
  Ex. : Tu sortiras la poubelle.
- On emploie le **présent du conditionnel** :
  – pour exprimer une **hypothèse**, un fait non avéré ;
  Ex. : Léo se serait cassé une dent en tombant.
  – pour exprimer le **futur dans le passé**.
  Ex. : Il disait qu'il deviendrait marin pour voyager.

S'ENTRAÎNER

Corrigés *p. 126*

1 a. Réécrivez les phrases de l'ex. 2, p. 4, en changeant de système des temps. Quels temps avez-vous employés ?

1. ....
2. ....
3. ....
4. ....
5. ....

b. Quelle est la valeur de *partir* dans la phrase 1 et de *grandir* dans la phrase 5 ?

1. ....
2. ....

2 Donnez le temps et la valeur des verbes en gras.

1. 2 + 2 ne **font** jamais fait 5.
....
2. Tu **finiras** tes devoirs avant d'aller jouer.
....
3. Léon **aurait** beaucoup d'argent dans un coffre-fort.
....
4. L'hiver **s'achevait** quand la famille Dubois s'installa à côté de chez nous.
....

3 Rédigez une phrase qui emploie une forme verbale avec la valeur indiquée.

1. présent d'énonciation :
....
2. passé simple, actions successives de premier plan :
....
3. présent de narration :
....
4. conditionnel à valeur de futur dans le passé :
....

4 Vers l'oral du BAC

Quelle valeur a le présent pour chacun des verbes de cet extrait de *Cyrano de Bergerac* (É. Rostand) ? Justifiez.

Que dites-vous ?... C'est inutile ?... Je le sais !
Mais on ne se bat pas dans l'espoir du succès !

....

2 Nature et fonctions des mots

RETENIR

La nature d'un mot

- Tous les mots ont une **nature** : ils sont classés en dix **classes grammaticales**, réparties en deux catégories.

Les mots variables qu'on accorde selon une chaîne d'accords	**Les mots invariables** qui ne s'accordent jamais
Verbe → exprime l'action ou l'état de quelqu'un ou de quelque chose.	**Adverbe** → modifie le sens d'un mot ou d'un groupe de mots, assure une liaison : si, très, lentement, puis, enfin...
Nom (nom propre, nom commun) → désigne des éléments variés : êtres vivants, objets, idées (liberté), sentiments...	**Préposition** → relie un groupe (nominal, pronominal, etc.) à un autre élément de la phrase : à, dans, par, pour, en, vers, avec, de, sans, sous, à cause de, grâce à...
Déterminant → accompagne un nom et indique son genre et son nombre : article (le, un, du...), déterminant démonstratif (cet...), possessif (mon...), indéfini (tout, aucun...), exclamatif ou interrogatif (quel...), numéral (cent, mille...).	**Conjonction de coordination** → relie deux éléments placés sur le même plan : mais, ou, et, donc, or, ni, car.
Adjectif → apporte une information supplémentaire sur l'élément (nom, pronom...) qu'il qualifie.	**Conjonction de subordination** → relie deux propositions (principale et subordonnée) en les ordonnant : que, parce que, puisque, quand...
Pronom → le plus souvent substitut (remplaçant) : démonstratif (celui...), possessif (le mien...), indéfini (tous...), interrogatif (qui, que, lequel...), relatif (qui, dont, lequel...).	**Interjection** → souvent pour exprimer une émotion : oh !...

- Le nom, le pronom, l'adjectif et le verbe peuvent être **noyau d'un groupe**.
  Ex. : l'**un** d'entre nous (groupe pronominal) ; sous un **éléphant** (groupe nominal prépositionnel [GNP])

Les fonctions d'un mot

- Les **fonctions** autour du nom
  Le **groupe nominal** (GN) minimal contient un **nom** (noyau du groupe) et un **déterminant** : cette tragédie. Il peut être enrichi par des **expansions**, de classes grammaticales différentes, qui ont une fonction par rapport au nom :
  - **épithète du nom** (adjectif) : cette tragédie **émouvante** ;
  - **complément du nom** (GNP ou groupe nominal prépositionnel) : cette tragédie **du célèbre auteur** ;
  - **complément de l'antécédent** (proposition subordonnée relative) : cette tragédie **qu'on a étudiée en classe** ;
  - **apposition** (GN, adjectif, etc.) : cette pièce, **une tragédie de Racine**.
- Les **fonctions** essentielles autour du verbe
  Une phrase verbale est obligatoirement composée d'un verbe et de son **sujet** (sauf à l'impératif). Le verbe peut être le **noyau d'un groupe (GV)** dans lequel les autres mots ont une fonction par rapport à lui.

Fonction essentielles	Sujet du verbe	Attribut du sujet	Compl. d'objet direct	Compl. d'objet indirect
Pour le reconnaître / Classes	*encadrement par* c'est... qui *ou question* : qui est-ce qui + *verbe* ?	*pronominalisation par* le, cela	– *pronominalisation par* le, la, les, cela ; – *mise au passif possible*	*pronominalisation par* lui, en, y, de cela, à elle...
Nom ou GN	**Léa** est pompier.	Léa est **pompier**.	Tom lit *L'Étranger*.	Je parle à **Paul**.
Pronom	**Elle** est pompier.	Ce jeu n'est pas **le tien**.	On **te** regarde.	Je me souviens **de toi**.
Infinitif ou groupe infinitif	**Souffler** n'est pas jouer.	L'important est **d'aimer**.	J'aime **nager**.	Il parle **de venir cet été**.
Proposition subordonnée	**Que tu sois là** est essentiel.	L'important est **que tu sois là**.	Tu sais **où il va**.	J'aspire à **ce que tu viennes**.
Adjectif		Léa est **furieuse**.		
Adverbe		Léa reste **debout**.		

Attention !

- Dans les formes impersonnelles, le pronom sujet *il* ne représente rien ni personne. Le verbe est souvent suivi d'un sujet réel, mais ce sujet ne commande pas l'accord du verbe (Il reste **trois cookies**).
- Le verbe peut se construire avec un **complément essentiel de lieu** ou **de mesure** (J'habite **à Rennes**).
- Le verbe peut avoir **plusieurs compléments essentiels : COD + attribut du COD** (Il **la** trouve **drôle**) ou n'en avoir aucun : construction intransitive (Il dort).
- Le GV peut aussi avoir des compléments facultatifs tel le **complément d'agent**.
  Ex. : Stan est aimé **de tous**. (verbe au passif)

■ Les **compléments circonstanciels** (CC)

- De **classes grammaticales** différentes (GNP, adverbe, proposition subordonnée conjonctive, etc.), ils précisent les **circonstances** (temps, lieu, manière, but, cause, etc.) de l'action présentée dans la phrase.
  Ex. : Je pars **demain**. (**adverbe**, **CC de temps**)
  Je pars **même si je n'en ai pas envie**. (**proposition subordonnée conjonctive**, **CC de concession**)
- *Pour les reconnaître* : le déplacement ou la suppression est souvent possible ; on peut ajouter *et cela* entre le verbe et le CC.

S'ENTRAÎNER

Corrigés *p. 126*

1 Précisez la classe grammaticale de chaque mot.

Thibault attendait une réponse pour son stage, quand, soudain, le mail arriva et il était recruté ! Ouf, quel immense soulagement !

....

2 Surlignez l'intrus dans chaque liste et justifiez votre réponse.

1. si • gentiment • beaucoup • par • trop • jamais

....

2. leurs • le vôtre • celle • là • dont • tous • lui

....

3. afin de • sous • donc • à cause de • pour

....

4. puisque • parce que • comme • car • bien que

....

3 a. Soulignez les compléments essentiels, barrez les compléments circonstanciels. Précisez la fonction de chaque groupe.

1. Il pense souvent à elle. ....

2. Elle est dehors, dès qu'elle le peut. ....

3. Bien qu'ils aient du travail, ils regardent une série. ....

4. Elle reste muette afin de ne pas l'effrayer. ....

5. Je me demande où il va. ....

b. Quelle procédure d'identification avez-vous appliquée ?

....

4 Précisez la classe grammaticale et la fonction des mots ou groupes de mots en gras.

1. Les objets **de cette brocante** avaient un charme **désuet**, tel ce chapeau **qui avait appartenu à un célèbre magicien, sir Walter** : ...**tout** l'intéressait !

....

2. Cela **lui** rappelait **son enfance**.

....

3. Elle demeura **pensive un long moment**.

....

4. Elle fut charmée **par un coffret** qu'elle trouva **original** et elle demanda s'il en existait **d'autres**.

....

5 Vers l'oral du BAC

Donnez la classe grammaticale et la fonction des mots en gras dans cette phrase de l'*incipit* de *Candide* (1759).

Les **anciens** domestiques de la maison soupçonnaient qu'il était **fils** de la sœur de monsieur le baron et d'un bon et honnête gentilhomme du **voisinage**, **que** cette demoiselle ne voulut jamais épouser.

....

3 La phrase

Testez-vous avec des Quiz
bordas.media/733866_008

RETENIR

Qu'est-ce qu'une phrase ?

- Une **phrase** est un **ensemble de mots** qui a un **sens complet**. Elle peut être :

verbale		non verbale
simple (une seule proposition) Je suis beau.	**complexe** (au moins 2 propositions) Je ne suis pas beau, mais je ne suis pas laid.	*Les Fleurs du mal* (Baudelaire)

- La **phrase complexe** est composée d'au moins **deux propositions** qu'on associe de différentes façons.
  – La **juxtaposition**. Les propositions sont séparées par un **signe de ponctuation** (virgule, point-virgule ou deux-points).
  Ex. : [Jean Anouilh est un dramaturge français] ; [il s'est inspiré de Sophocle].
  – La **coordination**. Les propositions sont reliées par une **conjonction de coordination** (*mais, ou, et, donc, or, ni, car*) ou un adverbe de liaison (*puis, ensuite, pourtant*…).
  Ex. : [*Antigone* relate une histoire mythologique] **mais** [la pièce peut aussi évoquer le refus de l'autorité nazie].
  – La **subordination**. La **proposition subordonnée** est placée « sous les ordres » d'une **proposition principale** à laquelle elle est reliée par un **mot subordonnant** tel que *qui, que, dont, où, quand, puisque*… Voir Fiches 11 et 12, p. 24 et 26
  Ex. : [Antigone pense] [**que** son devoir familial passe avant son bonheur].
  proposition principale — proposition subordonnée
- **Classes grammaticales et fonctions des propositions subordonnées**

Comment identifier la classe grammaticale d'une proposition subordonnée ?	
L'**interrogative indirecte** est introduite par un **mot interrogatif**. Je me demande [**comment** Rimbaud a pu écrire si jeune].	La **relative** est introduite par un **pronom relatif**. Le poème de Rimbaud [**que** je lis] est très touchant.
La proposition subordonnée **conjonctive** est introduite par une **conjonction de subordination**. *que* Je voudrais [**que** tu découvres Rimbaud].	*lorsque, parce que, si…* [**Quand** je lis de la poésie], je m'évade.
Dans l'**infinitive**, le **verbe à l'infinitif** a un sujet différent de celui du verbe principal. J'entends [les mots de Rimbaud **chanter**].	Dans la **participiale**, le **verbe au participe** a un sujet différent de celui du verbe principal. [Les enfants **grandissant**], Manon a d'autres projets.
Les fonctions de la proposition subordonnée Voir Fiche 2, p. 6	
La proposition subordonnée peut être **sujet** ou complément essentiel du verbe de la principale : **complément d'objet**, **attribut**.	Elle peut être aussi complément non essentiel d'un terme de la principale ou de la principale : **complément de l'antécédent**, **complément circonstanciel**.

Les types de phrase

- La phrase **déclarative** (information). Ex. : *Madame Bovary* n'est pas un roman surréaliste.
- La phrase **impérative** (ordre, interdiction, conseil). Ex. : Lisez cet essai pour vous faire une opinion.
- La phrase **interrogative** (question) :
  – l'interrogation **totale** (réponse par *oui* ou par *non*). Ex. : Flaubert est-il un auteur réaliste ?
  – l'interrogation **partielle** (plusieurs réponses possibles). Ex. : Comment Flaubert évoque-t-il la province ?

Les formes de phrase

- Chaque type de phrase peut être mis à la forme **affirmative** ou **négative**.
  Ex. : Molière a-t-il écrit *L'Avare* ? (affirmative) Molière n'a-t-il pas écrit *L'Avare* ? (négative)
- Dans la phrase **active**, le sujet effectue l'action exprimée par le verbe.
  Ex. : Molière a écrit *L'Avare*.
  Dans la phrase **passive**, il subit l'action exprimée par le verbe.
  Ex. : *L'Avare* a été écrit par Molière. (*par Molière* est le complément d'agent du verbe *écrire*.)
- Dans la phrase **exclamative**, l'accent est mis sur l'émotion ou le sentiment décrit.
  Ex. : *L'Avare*, quel chef-d'œuvre !
- La phrase **emphatique** met en relief un de ses constituants. On peut ainsi :
  – utiliser un présentatif (*c'est, voici, voilà, il y a*). Ex. : Molière a écrit *L'Avare*. → **C'est** Molière **qui** a écrit *L'Avare*.
  – détacher un mot ou un groupe de mots, repris ou annoncé par un pronom.
  Ex. : Molière a écrit *L'Avare*. → Molière, **quant à lui**, a écrit *L'Avare*.

S'ENTRAÎNER

Corrigés *p. 126*

1 a. Surlignez les verbes conjugués. Soulignez les phrases non verbales.

> LA NOURRICE. — Trop petite pourquoi, ma mésange ?
> ANTIGONE. — Pour rien, nounou. Et puis tu es là. Je tiens ta bonne main rugueuse qui sauve de tout, toujours, je le sais. [...] Tu es si puissante, nounou.
>
> Jean Anouilh, *Antigone*, 1944.

b. Mettez entre crochets les phrases simples.

c. Délimitez avec un trait vertical les propositions dans la phrase complexe.

2 Surlignez les subordonnées infinitives et soulignez les participiales, s'il y en a.

1. Le Prince-président Napoléon ayant réussi son coup d'État, Victor Hugo cessa de le soutenir ; il vécut une vingtaine d'années en exil.

2. En publiant son *Dictionnaire philosophique portatif* en 1764, Voltaire va créer un scandale retentissant.

3. Avez-vous vu sur le site de l'INA Malraux prononcer l'éloge funèbre de Jean Moulin ?

4. Le discours émouvant achevé, un grand silence régna sur la place du Panthéon.

3 a. Les propositions de ces phrases complexes sont-elles juxtaposées, coordonnées ou liées par subordination ?

1. Les textes féministes dont je vous parle ont été écrits sur plusieurs siècles.

....

2. Au XVIIe siècle, alors que La Fontaine fustigeait les défauts féminins dans sa fable « Les Femmes et le secret », Molière questionnait déjà le mariage arrangé.

....

3. Marivaux pensa ensuite qu'il lui fallait défendre les femmes : il écrivit une comédie courte, *La Colonie*.

....

4. Quant à Olympe de Gouges, elle entendit ses concitoyennes gronder et rédigea la *Déclaration des droits de la femme* en 1791.

....

5. Je me demande si ces textes ont été utiles, car, encore aujourd'hui, les femmes doivent se battre pour leurs droits.

....

b. Identifiez la classe grammaticale des propositions subordonnées. Précisez la classe grammaticale du mot qui vous a aidé(e).

1. ....

2. ....

3. ....

4. ....

5. ....

c. Surlignez les propositions subordonnées qui sont des compléments essentiels, barrez celles qui ne le sont pas. Précisez la fonction de chaque proposition.

1. ....

2. ....

3. ....

4. ....

5. ....

4 Complétez les phrases avec une proposition subordonnée dont vous préciserez la classe grammaticale et la fonction.

1. Jean de La Fontaine est un fabuliste ....

....

....

2. Nous nous demandons ....

....

3. ....
Victor Hugo quitte la France.

....

4. *Le Père Goriot*, ce roman ....
montre une société sans morale.

....

5 Identifiez le type et la forme de chaque phrase.

1. Voici *Jacques le Fataliste*, l'une des œuvres les plus célèbres de Diderot !

....

2. Ces symphonies magnifiques n'ont-elles pas été composées par Mozart ?

....

3. Vis tes rêves.

....

6 Écrit d'appropriation

Préparer un discours

Sur papier libre, préparez un discours sur un thème qui vous tient à cœur. Utilisez au moins une fois chaque type et forme de phrase. Identifiez-les en marge de votre texte.

7 Vers l'oral du BAC

Faites apparaître le lien logique entre ces deux phrases en les transformant en deux propositions indépendantes coordonnées.

> J'irai par la forêt, j'irai par la montagne.
> Je ne puis demeurer loin de toi plus longtemps.
>
> Victor Hugo, « Demain dès l'aube », *Les Contemplations*, 1847.

....

....

4 Le présent et le passé simple de l'indicatif

RETENIR

Le présent de l'indicatif

Verbes en *-er* (*+ offrir, cueillir, ouvrir...*)	Verbes en *-ir, -re, -oir, -indre, -soudre*	Verbes en *-dre* (sauf ceux en *-indre* et *-soudre*)	*Vouloir, pouvoir, valoir*
regarder je regarde tu regardes il / elle regarde nous regardons vous regardez ils / elles regardent	partir je pars tu pars il / elle part nous partons vous partez ils / elles partent	prendre je prends tu prends il / elle prend nous prenons vous prenez ils / elles prennent	vouloir je veux tu veux il / elle veut nous voulons vous voulez ils / elles veulent

Attention !

– aux **lettres muettes** à la fin de la terminaison au singulier (je crie / il crie ; je souris / il sourit) ;
– aux présents **irréguliers** : *faire* (vous faites, elles font), *dire* (vous dites) ;
– au **doublement de consonne** pour les verbes *jeter*, *appeler*, les verbes de leur famille et quelques autres si le radical se prononce [è] (je rappelle, nous rappelons, je rejette, nous rejetons) et à l'ajout d'un **accent grave** pour les autres verbes en *-eler* et *-eter* (j'achète) ;
– aux confusions possibles avec le **présent du subjonctif** pour les verbes des 2e et 3e groupes.
Ex. : Il **fuit** la situation. (indicatif) / Il ne faut pas qu'il **fuie** la situation. (subjonctif)

S'ENTRAÎNER

Corrigés *p. 126*

1 Conjuguez au présent de l'indicatif et aux personnes du singulier les verbes suivants.

1. remercier, lire, oublier :
....
....

2. saluer, conclure, diminuer :
....
....

3. avouer, résoudre, secouer :
....
....

4. employer, croire, voir :
....
....

2 Conjuguez à haute voix les verbes de l'exercice 1 au subjonctif présent aux personnes du singulier en vous aidant au besoin de l'amorce « il faut que ». Relevez ceux qui, à l'écrit, n'ont pas la même forme qu'à l'indicatif.

....

3 Mettez au présent de l'indicatif les verbes entre parenthèses.

1. Il *(rappeler)* .... en vain son ami. Tu *(révéler)* .... la vérité.

2. Il *(compléter)* .... sa grille de loto. Elle *(rejeter)* .... la responsabilité de ses actes.

3. Vous *(faire)* .... ce que vous *(dire)* ....

4 Mettez au présent de l'indicatif les verbes entre parenthèses.

Paul *(étudier)* .... le personnage de la servante Nanon dans *Eugénie Grandet*. Dans un portrait en miroir, Balzac *(associer)* .... Nanon à son maître et *(amplifier)* ....l'avarice des deux personnages qui *(nouer)* .... une curieuse relation. En effet, Nanon *(vouer)* .... une grande admiration à Grandet alors que l'auteur le *(qualifier)* .... de despote. La domestique *(s'habituer)* .... à sa pauvre vie et *(continuer)* .... d'aimer son maître. Paul *(relire)* ....son paragraphe, *(rayer)* .... des passages, *(recopier)* .... son texte et *(vérifier)* .... son orthographe.

5 Écrit d'appropriation

Restituer des impressions de lecture

Lisez ou écoutez « Le Joujou du pauvre » de Baudelaire (https://www.audiocite.net/livres-audio-gratuits-poesies/charles-baudelaire-le-joujou-du-pauvre). Selon vous, que dénonce le poète dans ce poème en prose ? Sur papier libre, rédigez votre réponse au présent de l'indicatif à la 3e personne du singulier. Justifiez votre analyse. Utilisez au moins un verbe dont l'infinitif s'achève par *-ier, -yer, -uer, -ouer*.

RETENIR

Le passé simple de l'indicatif

Verbes en *-er* son « a »	La majorité des autres verbes son « i »	Quelques verbes comme *courir, vouloir, croire, pouvoir...* son « u »	*Tenir, venir* et les verbes de leur famille son « in »
regarder je regardai tu regardas il / elle regarda nous regardâmes vous regardâtes ils / elles regardèrent	partir je partis tu partis il / elle partit nous partîmes vous partîtes ils / elles partirent	vouloir je voulus tu voulus il / elle voulut nous voulûmes vous voulûtes ils / elles voulurent	venir je vins tu vins il / elle vint nous vînmes vous vîntes ils / elles vinrent

Attention !

Au passé simple, il n'y a **jamais d'accent circonflexe à la 3e** personne du singulier.

Ex. : il rendit, il cour**ut** **mais** nous rendîmes, vous rendîtes, nous cour**û**mes, vous cour**û**tes.

Astuces

– Pour retrouver le modèle de conjugaison des verbes dont l'infinitif ne se termine pas par *-er*, utiliser l'amorce « Soudain, ce jour-là, il, elle / ils, elles... -it, -ut, -int / -irent, -urent, -inrent ».

– Certains verbes ont la même forme au présent et au passé simple de l'indicatif aux personnes du singulier. Pour identifier le temps employé, conjuguer le verbe à **une personne du pluriel** et repérer le système de temps utilisé. Voir Fiche 14, p. 30

Ex. : Une minute, je **finis** de ranger ! → au pluriel : nous **finissons** → c'est donc un présent.
Soudain, ce jour-là, je **finis** par abandonner. → au pluriel : ils **finirent** → c'est le passé simple.

S'ENTRAÎNER

Corrigés *p. 126*

1 Conjuguez au passé simple et à la personne demandée les verbes suivants. Déduisez le modèle de conjugaison. Déclinez à l'oral toute la conjugaison du verbe.

1. crier : tu ....
....
2. remplir : tu ....
....
3. lire : il ....
....
4. tenir : ils ....
....

2 Mettez au passé simple les verbes entre parenthèses.

Cette nuit-là, ils *(rentrer)* .... chez eux épuisés. Le lendemain, ils me *(rendre)* .... visite. Ils *(devoir)* .... rester une heure avec moi, puis nous *(finir)* .... par nous séparer. J'y *(repenser)* .... plusieurs fois après, mais je ne *(retenir)* .... rien de notre conversation. C'est la dernière fois que je les *(voir)* .... heureux.

3 Mettez au passé simple les verbes entre parenthèses.

Les premiers jours de notre arrivée, j'*(avoir)* .... la visite du chef d'un canton voisin, qui *(venir)* .... à bord avec un présent de fruits, de cochons, de poules et d'étoffes. [...] Je [lui] *(faire)* .... présent de clous, d'outils, de perles fausses et d'étoffes de soie. Il *(falloir)* .... lui rendre sa visite chez lui ; nous *(être)* .... bien accueillis, et l'honnête Toutaa m'*(offrir)* .... une de ses femmes fort jeune et assez jolie.

L.-A. de Bougainville, *Voyage autour du monde*, chapitre 9, 1771.

4 a. Mettez au présent les verbes entre parenthèses.

Y. Reza *(écrire)* .... sa pièce *Art* en 1994. On y *(rire)* .... beaucoup et la comédie *(recevoir)* .... un très bon accueil. L'auteur nous *(interroger)* .... sur la définition de l'art. Trois amis *(se disputer)* .... autour d'une toile. L'un d'eux, Serge, *(acheter)* .... très cher un tableau entièrement blanc. Le second, Marc, *(se récrier)* .... et *(dire)* .... : « Ce tableau ne vaut rien ! » Le dernier, Yvan, *(tenter)* .... d'apaiser la querelle mais n'y *(parvenir)* .... pas. Marc *(finir)* .... même par dessiner sur le tableau.

b. Mettez au passé simple ces mêmes verbes.

....
....

6 Écrit d'appropriation

Rédiger un pastiche

Sur papier libre, racontez une scène qui pastiche celle du « Le Joujou du pauvre » de Baudelaire en commençant par : « Je voulus donner l'idée d'un divertissement innocent. » Utilisez le système du passé Voir Fiche 14, p. 30 **et employez au moins dix verbes au passé simple.**

5 Les terminaisons verbales à ne pas confondre

RETENIR

- Pour éviter de confondre les **terminaisons verbales homophones**, il faut remplacer le verbe qui pose problème par un autre verbe aux mêmes mode et temps ou bien changer de temps.

Si je confonds...	je remplace...	et j'écris...
... les terminaisons des verbes du 1er groupe, J'ai propos/**-é**/**-er**/**-ez** un poème à la classe. Je vais propos/**-é**/**-er**/**-ez** un poème. Vous propos/**-é**/**-er**/**-ez** un poème.	**... par un verbe du 3e groupe (même temps, même mode)** j'ai pris (participe passé) je vais prendre (infinitif) vous prenez (présent de l'indicatif)	→ j'ai proposé → je vais proposer → vous proposez
... les participes passés des 2e et 3e groupes au masculin singulier en *-i*, *-is*, *-it*, *-u*, ou *-t*. il a pri/**-s**/**-t** il a écri/**-s**/**-t** il a fai/**-s**/**-t**	**... par le participe au féminin** elle est prise elle est écrite elle est faite	→ il a pris → il a écrit → il a fait
... les verbes du 1er groupe en *-ai* (passé simple) et *-ais* (imparfait) Je pris un roman et commenç/**-ai**/**-ais** ma lecture. Je commenç/**-ai**/**-ais** un roman quand tu es arrivé.	**... par le verbe à la 3e personne** il prit et commença (passé simple) il commençait (imparfait)	→ je commençai → je commençais
... les verbes en *-rai* (futur) et *-rais* (conditionnel présent) Demain, dès l'aube, je partir/**-ai**/**-ais**. Je partir/**-ai**/**-ais** si je le pouvais.	**... par le verbe à la 3e personne** Demain, il partira (futur) S'il le pouvait, il partirait (conditionnel présent)	→ je partirai → je partirais
... les verbes au présent de l'indicatif et au présent du subjonctif Je crois que tu voi/**-s**/**-es** / vous voy/**-ez**/**-iez** bien. Je veux que tu voie/**-s**/**-es** / vous voy/**-ez**/**-iez** bien.	**... par *faire*, *venir* ou *savoir*** Je crois que tu viens / vous venez (indicatif) Je veux que tu viennes / vous veniez (subjonctif)	→ que tu **vois** / **voyez** → que tu **voies** / **voyiez**

S'ENTRAÎNER

Corrigés *p. 127*

1 Complétez les verbes en écrivant *-é*, *-er* ou *-ez*.

Le théâtre de Racine est réput........... pour avoir amen........... la tragédie classique à son apogée. Le dramaturge a su resserr........... ses intrigues et maîtris........... l'alexandrin de façon à suscit........... chez le spectateur « terreur et pitié », comme l'a recommand............. Aristote. Le héros racinien est déchir........... entre deux exigences qu'il ne peut concili........... Le spectateur en est boulevers............ Avez-vous déjà envisag........... d'assist........... à la représentation d'une tragédie ? Consult........... les programmes pour savoir ce qui est jou........... en ce moment.

2 Réécrivez au passé simple les verbes au passé composé et au passé composé ceux au passé simple.

1. Racine a vécu au XVIIe siècle. ....
2. Le dramaturge reçut une éducation stricte. ....
3. Il a appris le latin et le grec et il a découvert de bonne heure la littérature des Anciens. ....
4. Il a connu un premier succès avec *Alexandre le Grand* en 1665. ....
5. Il obtint la protection du jeune Louis XIV. ....
6. Racine a écrit ses pièces en s'inspirant de l'Antiquité. ....
7. On l'a élu membre de l'Académie française en 1673. ....

3 Complétez les verbes par *-é*, *-er*, *-ez*, *-i*, *-is*, *-it*, *-u*, *-us* ou *-ut*.

1. « Je le v........., je roug........., je pâl......... à sa vue »
2. « Je reconn......... Vénus et ses feux redoutables »
3. « Contre moi-même enfin, j'osai me révolt......... : / J'excitai mon courage à le persécut......... »
4. « J'ai rev......... l'ennemi que j'avais éloign......... »
5. « J'ai conç......... pour son crime une juste terreur ; / J'ai pr......... la vie en haine et ma flamme en horreur »
6. Examin........ le premier alexandrin (phrase 1) tir....... de la tirade de *Phèdre* de Racine (acte I, scène 3) et étudi......... son rythme.

4 À propos d'un film que vous avez vu, écrivez six phrases en employant chacun des verbes suivants sans changer sa terminaison.

réalisé • appréciez • montrer • choisi • pris

1. ....

....

2. ....

....

3. ....

....

4. ....

....

5. ....

....

5 Complétez les terminaisons au passé simple ou à l'imparfait.

Je l......... les *Confessions* de Rousseau et, comme j'aim......... beaucoup les scènes de coup de foudre, j'appréci......... particulièrement la rencontre avec madame de Warens. J'appr......... le texte et le récit......... approximativement : « J'enferm......... la lettre de M. de Pontverre dans la mienne, et je part......... Je ne trouv......... point madame de Warens. Je cour......... pour la suivre : je la v........., je l'atteign........., je lui parl......... J'ét......... jeune et je manqu......... totalement de manières. »

6 Imaginez une scène de coup de foudre et racontez-la au système du passé (passé simple et imparfait). Vous emploierez au moins six verbes de la liste sans changer leur terminaison.

proposai • approchai • demandai • remerciai • trouvais • désirais • préparais • détachais

....

....

....

....

....

....

....

....

....

....

7 Lisez ces phrases extraites de la première lettre que Saint-Preux écrit à Julie, la jeune fille qu'il aime, bien qu'il sache cet amour impossible. Complétez les verbes avec *-rai* ou *-rais*.

1. « J'au......... dû beaucoup moins attendre. »
2. « Je ne vous d......... point que je commence à payer le prix de ma témérité : j'espère que je ne m'oublie......... jamais jusqu'à vous tenir des discours qu'il ne vous convient pas d'entendre. »
3. « Si je souffre, j'ai du moins la consolation de souffrir seul, et je ne voud......... pas d'un bonheur qui pût coûter au vôtre. »
4. « Enfin, quoi que vous ordonniez de mon sort, au moins n'au.........-je point à me reprocher d'avoir pu former un espoir téméraire ; et si vous avez lu cette lettre, vous avez fait tout ce que j'os......... vous demander, quand même je n'au......... point de refus à craindre. »

J.-J. Rousseau, *Julie ou la Nouvelle Héloïse*, 1761.

8 Réécrivez les phrases en remplaçant la proposition en gras par « Vous voudriez ».

1. **On dit** qu'il croit à la prédestination.

....

....

2. **Vous savez** que Britannicus ne voit plus Junie.

....

....

3. **On a pensé** que nous n'oublions jamais les offenses.

....

....

4. **Sais-tu** que nous travaillons à perdre Britannicus ?

....

....

....

9 Barrez et corrigez les verbes mal orthographiés.

Flaubert a reprit dans *L'Éducation sentimentale* le *topos* de la première rencontre et l'a réécrit à sa manière. On voie qu'il a étudié la scène du bal dans *La Princesse de Clèves* et apprécier aussi la rencontre de Jean-Jacques Rousseau avec madame de Warens. On peut, en effet, retrouver le thème de la reconnaissance et savouré la maladresse du héros. Je pourrai vous donner à examiné d'autres extraits, mais nous allons nous contenté de ces trois textes, car je voudrais simplement qu'on voit ensemble la réécriture d'une scène type.

....

....

....

....

6 Écrit d'appropriation

Rédiger un pastiche

Lisez (sur Wikisource, par exemple), dans le chapitre 1 de *L'Éducation sentimentale*, le passage de « Ce fut une apparition » à « qui n'avait pas de limites ». Imaginez que Frédéric Moreau raconte dans son journal intime sa rencontre avec madame Arnoux en exprimant ses sentiments. Écrivez sur papier libre un récit d'une vingtaine de lignes au passé composé dans lequel vous glisserez les formes verbales *voudrais*, *aimerais* et *voie*.

6 Les participes passés

RETENIR

Les accords du participe passé

Le participe passé s'accorde...	... quand il est employé...
... comme un adjectif	... sans auxiliaire : des histoires **imaginées**
... avec le **sujet** du verbe	... avec l'auxiliaire *être* : **Elle** est **partie**. ... dans un **verbe pronominal** : – verbe essentiellement pronominal : **Ils** se sont **souvenus** de leur enfance. – verbe pronominal de sens passif : **Ces immeubles** se sont vite **construits**.
... uniquement avec le **COD** si celui-ci est placé **devant** le verbe. Si le **COD** est placé **derrière**, on ne fait pas d'accord.	... avec l'auxiliaire *avoir* : Il **l'**a **vue** hier. (COD devant) Quand a-t-il **vu** **Léa** ? (COD derrière) ... dans un **verbe pronominal** : – verbe pronominal réfléchi : La chemise **qu**'il s'est **achetée** est bleue. (COD devant) Quand Tom s'est-il **acheté** **une chemise** ? (COD derrière) Léa **s'**est **lavée** hier soir. (s' = COD devant) Léa s'est **lavé** **les mains**. (COD derrière) – verbe pronominal réciproque : Ils **se** sont patiemment **écoutés**. (se = COD devant) Ils se sont longuement **parlé**. (pas de COD)

Le participe passé reste invariable.

– s'il est précédé du pronom *en* ;	Je n'ai pas résisté devant ces macarons. J'**en** ai trop **mangé**.
– si c'est celui d'un **verbe impersonnel** ;	Quelle patience **il vous a fallu** pour broder cette robe de princesse !
– pour le verbe *faire* suivi d'un infinitif.	Les vêtements qu'il a **fait tailler** sont prêts.

Astuce

Lorsque le participe est employé avec un auxiliaire et lorsqu'il n'y a pas d'inversion du sujet, on peut aussi poser la question « Qu'est-ce qui est ? » et observer ce que l'on a déjà écrit.

Ex. : Elle est **partie**. Qu'est-ce qui est parti ? elle.
Quand j'écris *partie*, j'ai déjà écrit *elle* → accord.
Léa s'est **lavé** les mains. Qu'est-ce qui est lavé ? les mains.
Quand j'écris *lavé*, je n'ai pas encore écrit *les mains* → pas d'accord.
Ils se sont patiemment **écoutés**. Qu'est-ce qui sont écoutés ? eux = se.
Quand j'écris *écoutés*, j'ai déjà écrit *se* → accord.

Attention !

Il ne faut pas confondre les terminaisons lexicales en -s de certains participes (masc. : il a mis la table / fém : la table est mise), et la marque -s du pluriel (ils sont finis).

S'ENTRAÎNER

Corrigés *p. 127*

1 Repérez des indices narratifs grâce à l'accord du participe passé.

« Longtemps, je me suis couché de bonne heure. »
M. Proust, *Du côté de chez Swann*, 1913.

a. Pourquoi peut-on connaître le sexe du narrateur dès le cinquième mot de ce roman ?

....

....

b. Réécrivez cette phrase avec le pronom sujet *elles*.

....

....

2 Soulignez les participes passés, accordez-les et justifiez leur accord.

1. Ses manuscrits furent découverts dans chacun de ses domiciles. ....

....

2. Il a pris son bain hier soir. ....

....

3. La nouvelle qu'elle a annoncé à Théo est bonne. Elle lui a annoncé une bonne nouvelle. ....

....

....

4. Étonné, elle me sourit. ....

....

3 Soulignez les participes passés du texte et faites l'accord qui convient. Attention, dans une phrase, il vous manque une information pour faire l'accord : laquelle ?

Je suis parti sans me retourner. J'ai couru très vite. Mais Léa, affolé, m'a hurlé de loin : « Je n'ai rien fait ! » Déjà, les cannibales qu'on avait découvert s'étaient lancé à notre poursuite. Aurions-nous pu faire autrement ? Je ne l'ai jamais su.

....

....

....

....

....

4 Réécrivez au temps indiqué les verbes de cet extrait.

Quand ils (*commencer*, plus-que-parfait) .... à danser, il (*s'élever*, plus-que-parfait) .... dans la salle un murmure de louanges. Le Roi et les Reines (*se souvenir*, plus-que-parfait) .... qu'ils ne jamais (*se voir*, plus-que-parfait) ...., et (*trouver*, plus-que-parfait) .... quelque chose de singulier de les voir danser ensemble sans se connaître. Ils les (*appeler*, plus-que-parfait) .... quand ils (*finir*, passé antérieur) ...., sans leur laisser le loisir de parler à personne, et leur (*demander*, plus-que-parfait) .... s'ils n'avaient pas bien envie de savoir qui ils étaient, et s'ils ne s'en doutaient point.

Mme de La Fayette, *La Princesse de Clèves*, 1678.

5 a. Conjuguez les verbes entre parenthèses au passé composé.

Celui-ci [le président] (*tousser*) ...., (*feuilleter*) .... son dossier et il (*se tourner*) .... vers moi en s'éventant. Il m'(*dire*) .... qu'il devait aborder maintenant des questions apparemment étrangères à mon affaire [...]. J'(*comprendre*) .... qu'il allait encore parler de maman et j'(*sentir*) .... en même temps combien cela m'ennuyait. Il m'(*demander*) .... pourquoi j'(*mettre*) .... maman à l'asile. J'(*répondre*) .... que c'était parce que je manquais d'argent pour la faire garder et soigner.

A. Camus, *L'Étranger*, 1942.

b. Quels changements devriez-vous faire si le président et le narrateur étaient des femmes ?

....

....

....

....

6 Réécrivez au passé composé le texte suivant.

Molière joue les comédies qu'il écrit et met en scène. Les jeux de scène qu'il imagine déclenchent toujours les rires. Reconnais-tu cette tirade de *L'Avare* que nous lisons en classe ?

....

....

....

7 Accordez les participes passés des verbes pronominaux si nécessaire.

Cette année encore, les amoureux se sont offert......... de nombreux cadeaux pour la Saint-Valentin. Mais les présents qu'ils se sont échangé......... ne sont pas très originaux. Devinez : quelles sont les fleurs qui se sont le mieux vendu......... ? Des roses rouges, évidemment ! Les fleuristes se sont bien prépar......... pour cet événement. Ma propre fleuriste s'est souven......... qu'elle ne s'était pas fait......... dévaliser l'an passé comme prévu.

8 Accordez les participes passés si nécessaire.

Mes amis ont fait......... installer une alarme chez eux. Il leur est arrivé......... une drôle d'histoire. Ils s'étaient endormi......... à l'étage, mais avec les intempéries qu'il y a eu........., ils n'ont rien entendu......... Le voleur s'est doublement trompé......... Les affaires qu'il a dérobé......... sont sans valeur, mais il en a négligé......... d'autres. Quelque temps plus tard, la police les leur a même restitué......... La bande du malfrat s'était fait......... prendre bêtement.

9 Écrit d'appropriation

Rédiger une notice biographique

Faites des recherches sur Jeanne Barret et Rose de Freycinet. Quel est le point commun entre ces deux femmes ? Rédigez sur papier libre l'une des deux biographies au passé composé en utilisant les verbes suivants.

se souvenir • *naître* • *mourir* • *vivre* • *conquérir* • *se transformer* • *se cacher* • *se déguiser* • *faire* + infinitif

10 Vers l'oral du BAC

Mettez ce début de roman au passé composé. Justifiez la terminaison des participes passés en employant la terminologie grammaticale.

La première fois qu'Aurélien vit Bérénice, il la trouva franchement laide. Elle lui déplut, enfin. Il n'aima pas comment elle était habillée.

L. Aragon, *Aurélien*, 1944.

....

....

....

....

....

....

....

....

....

7 Les accords dans le groupe nominal et dans la phrase

Testez-vous avec des Quiz
bordas.media/733866_016

RETENIR

Accord du déterminant et de l'adjectif avec le nom

- Le déterminant et l'adjectif **s'accordent en genre et en nombre** avec le **nom noyau** du groupe nominal.
  Le complément du nom ne s'accorde pas avec le nom noyau.
  Ex. : ce petit poème en prose – ces petits poèmes en prose

  Attention !
  Le masculin l'emporte sur le féminin et les adverbes sont invariables.
  Ex. : des **comtes** et des **comtesses** magnifiquement (adverbe) vêtu**s**

Accord du verbe avec le sujet

- Le verbe **s'accorde toujours avec son sujet.**
- Cas spécifiques d'accord.

Le nom noyau du groupe sujet peut être éloigné du verbe.	Un bouquet de roses et de tulipes **ornait** la table.
Le sujet peut être inversé.	De la montagne **jaillissaient** des sources limpides.
Un verbe peut avoir des sujets de personnes différentes.	Saïd et toi **prenez** le bus. Toi et moi **habitons** ici.
Quand le sujet est *on, chacun, aucun, rien, personne* ou bien un nom collectif *(tout le monde, la foule...)*, le verbe est au singulier.	Chacun **prépare** son exposé. Aucun de vous ne **termine** à 18 h. Tout le monde **regarde** le film. On **a** toujours besoin d'un plus petit que soi.
Quand le noyau du sujet est un pronom indéfini de quantité *(peu, la plupart...)*, le verbe est au pluriel.	Parmi eux, peu **déchiffrent** le grec ancien mais beaucoup **visitent** la Grèce.
Quand le sujet est un pronom relatif, le verbe s'accorde avec l'antécédent du pronom relatif.	C'est moi qui **ai écrit** ce poème. C'est toi qui **as** raison. Ce sont eux qui **montent** notre film.

Accord de l'attribut

- Quand il est adjectif, l'attribut **s'accorde** en genre et en nombre avec le **sujet** ou le **COD**.
  Ex. : Ces rimes sont **plates**. (attribut du sujet) Je trouve ces rimes **intéressantes**. (attribut du COD)

  Attention !
  Pour éviter les erreurs, il faut écrire et relire en pensant aux chaînes d'accord :
  – quand un déterminant est au pluriel, on trouve le nom qu'il accompagne ;
  – on regarde si un adjectif, un verbe s'accordent avec ce nom et si un pronom le reprend.
  Ex. : **Les** écrivain**s** engagé**s**, comme Zola, exprim**ent** leurs idées.
  Ils s'intéress**ent** à l'actualité et se montr**ent** conscient**s** de leur rôle.

S'ENTRAÎNER

Corrigés *p. 127*

1 a. Surlignez les marques du pluriel des groupes nominaux.

b. Entourez les terminaisons des verbes.

c. Soulignez le ou les mots avec lesquels ils s'accordent.

Les romanciers naturalistes créent leurs nombreux personnages afin d'analyser les comportements des individus. Ils étudient les milieux sociaux qui déterminent les différentes attitudes de chaque personne. Ainsi, quand, dans le coron de *Germinal*, évoluent les mineurs, on n'est pas surpris par leurs agissements les plus amicaux comme les plus agressifs. Chacun des membres de la famille Maheu porte le poids de ces habitudes ancestrales qu'éclairent Zola et ses amis naturalistes.

2 Soulignez chaque sujet et accordez le verbe qui lui correspond au temps indiqué.

Le bon vent, la tempête et ses convulsions sur l'immense gouffre me berc.......... *(présent)*. (Baudelaire) – L'alambic, avec ses récipients de forme étrange, ses enroulements sans fin de tuyaux, gard.......... *(imparfait)* une mine sombre. (Zola) – Un rossignol ! c'est-à-dire l'invisible témoin des rendez-vous d'amour qu'invoqu.......... *(imparfait)* Juliette sur son balcon. (Maupassant) – Viens, toi qui l'ignor.......... *(présent)*, viens que je te dis.......... *(présent du subj.)* tout bas : le parfum du bois de mon pays égal.......... *(présent)* la fraise et la rose. (Colette) – Autour du front uni et bas, comme l'exige.......... *(imparfait)* les lois de la beauté antique, se mass.......... des cheveux d'un noir de jais. (T. Gautier)

3 a. Réécrivez les GN en mettant au pluriel le nom en gras.

1. Un **écrivain** naturaliste vraiment très célèbre, auteur de nombreux romans et engagé dans l'affaire Dreyfus.

....

....

....

2. Un **romancier** réaliste très connu qui a vécu dans la première moitié du XIXe siècle et qui a analysé la société de la Restauration.

....

....

....

....

3. Un **auteur** essentiel du mouvement romantique, à la fois romancier, dramaturge et poète.

....

....

....

....

b. Écrivez à côté de chaque nom d'écrivain le numéro du descriptif (ci-dessus) qui le caractérise.

Victor Hugo ....
Honoré de Balzac.. ......
Émile Zola ....

4 Barrez les mots en gras qui ne conviennent pas.

Les poèmes **écrit / écrits** par Rimbaud **révolutionne / révolutionnent** la poésie française. Il les **compose / composent** quand il n'a pas vingt ans. Les règles et les codes **traditionnels / traditionnelles** lui **semble / semblent inadaptés / inadaptées** à son ambition poétique **démesuré / démesurée**. Il les **rejette / rejettes** et **libère / libères** la poésie du carcan de la versification. Les images qui **jaillisse / jaillissent** de sa plume sont **vraiment / vraiments originales / originale**, voire **déroutante / déroutantes**. On peut rencontrer « un gros ours **au / aux** gencives **violette / violettes** » ou des « accidents **atmosphériques / atmosphériquent** les plus **surprenant / surprenants** ».

5 Un élève a mal recopié cet extrait de *Candide* de Voltaire. Soulignez les erreurs et corrigez-les.

En attendant, on leur fit voir la ville, les édifice public élevé jusqu'au nue, les marché orné de mille colonne, les fontaine d'eau pur, les fontaine d'eau rose, celles de liqueurs de canne de sucre, qui coulai continuellement dans de grande place, pavé […] de pierreries qui répandai une odeur semblable à celle du gérofle et de la cannelle.

....

....

....

....

....

6 Barrez et corrigez les mots mal accordés.

Émile Zola, le chef de file des écrivains naturaliste, reprend les intentions et les procédé d'écriture de ses prédécesseurs réalistes, Balzac puis Flaubert. Comme eux, il entreprend d'analyser les rouages souvents tragique de la société de son temps. Il s'agit de représenter mais aussi de dénoncer les comportements abusif et les institutions. Au projets réalistes, Zola ajoute une dimension scientifique inspiré par les travaux du médecin Claude Bernard. Pour démontrer l'emprise des milieux sociaux et de la famille, il écrit une histoire familiale et social. Pour cela, il étudie les différent membres d'une famille sous le second Empire et les situent dans des contextes variés. Les descendant de Gervaise, une femme détruite par l'alcool, s'avère également atteint d'une tare qui les mènent à leur perte : folie passagère pour le héros de *Germinal*, pulsions meurtrière dans *La Bête humaine*.

....

....

....

....

....

....

7 Vers l'oral du BAC

Réécrivez la phrase en mettant au pluriel le mot en gras. Justifiez les modifications en utilisant la terminologie grammaticale (nature et fonction).

« Cette impertinente **femme** de chambre est venue pour me demander pardon et [elle m'a dit] qu'elle était plus agréable, plus adroite que moi, qu'elle ferait bien passer l'amour du Prince. » (Marivaux)

....

....

....

....

....

....

....

....

....

....

....

....

....

....

....

....

8 Les homophones

Testez-vous avec des Quiz
bordas.media/733866_018

RETENIR

Les **homophones** sont des mots qui se prononcent de la même manière mais s'écrivent différemment.

	Exemples	Astuces
a • *à*	Don Diègue **a** fait confiance **à** Rodrigue.	On peut remplacer *a* par *avait*.
et • *est*	Don Diègue **est** insulté **et** humilié.	On peut remplacer *est* par *était*.
ou • *où*	**Où** se déroule l'intrigue ? Ici **ou** en Espagne ?	On peut remplacer *ou* par *ou bien*.
ce • *se*	– **Ce** livre **se** lit aisément. – **Ce** sera un duel sans merci car **ce** qui compte pour Rodrigue, **c'est** l'honneur.	*se* : uniquement devant un verbe. *ce* : devant un nom, devant *qui*, *que* ou le verbe *être*.
ces • *ses* • *c'est* • *s'est*	– **Ces** personnages ont le sens de l'honneur. – **Ses** alexandrins (= les siens) sont plus équilibrés que ces vers-là. – **C'est** Corneille qui **s'est** illustré avec *Le Cid*.	*ces* et *ses* : uniquement devant un nom. *Ses* signifie « les siens ». On peut remplacer *c'est* et *s'est* par *c'était* et *s'était* ; c'est impossible pour *ses* et *ces*. *S'est* est suivi d'un participe passé.
on, *on n'* • *ont*	– **On** admire Rodrigue et **on n'**aime pas le comte. – Les deux hommes **ont** entamé un duel.	On peut remplacer *ont* par *avaient*, *on* par *il* et *on n'* par *il n'*.
leur (pronom) • *leur/ leurs* (déterminant)	Ils ont appris **leurs** répliques et je **leur** confie des rôles importants.	*Leur*, pronom personnel invariable, est toujours devant un verbe.
la, *ma*, *ta*, • *l'a*, *m'a*, *t'a*	**La** confidente a vu Chimène et **l'a** rassurée.	On peut remplacer *l'a*, *m'a* et *t'a* par *l'avait*, *m'avait* et *t'avait*.
quand • *qu'en* • *quant*	– **Quant à** Rodrigue, il ne sait **qu'en** penser. – **Quand** apprendras-tu ton rôle ?	On peut remplacer *quand* par *lorsque* ou *à quel moment*. *quant* : uniquement devant *à*, *au*, ou *aux*.
sans • *s'en*	Il est **sans** défense et le comte **s'en** moque.	*Sans* est le contraire de *avec*.
tout • *tous*	– **Tous** les duels sont interdits mais **tous** veulent défendre leur honneur en **toute(s)** occasion(s). – Ils sont **tout** heureux de servir le roi.	*Tout*, pronom ou déterminant, s'accorde. *Tout* adverbe est invariable : on peut le remplacer par *très*.
même • *mêmes*	Ils ont les **mêmes** valeurs. Ils seront fidèles à leurs règles, **même** les plus inhumaines.	*Même*, adverbe, est invariable : on peut le remplacer par *et aussi*.
quoique • *quoi que* (= *quelque chose que*)	– **Quoiqu'**il soit très jeune, il affrontera le comte. – **Quoi qu'**il pense, il doit défendre son père.	On peut remplacer *quoique* par *bien que*.
quelle • *qu'elle* (*que* + *elle*)	– **Quel** héros ! **Quelles** héroïnes ! – Je me demande ce **qu'elles** ressentent.	On peut remplacer *qu'elle* par *qu'il*. On accorde *quel* ou *qu'elle*.
quel que (soit) • *quelque*	**Quelles que** soient les aspirations de Rodrigue, il doit défendre son honneur. Après **quelques** hésitations, il affronte le comte. **Quelque** courageux qu'il soit, il hésite devant le duel.	On peut remplacer *quel que soit* par *peu importe*. Il faut penser aux accords.

S'ENTRAÎNER

Corrigés *p. 127*

1 Surlignez les homophones qui conviennent.

1. Il a/à décidé d'apprendre a/à parler l'italien sans/s'en attendre. Son frère et/est lui s'en/sans vont même/mêmes a/à Rome l'an prochain !

2. C'est/Ces Marine qui a/à dit qu'elle/quelle est douée pour le théâtre quoiqu'elle/quoi qu'elle soit timide. Elle s'est/c'est présentée a/à un concours ou/où elle a/à pu montrer ces/ses talents.

3. Quand/Quant/Qu'en Mathieu et Inès iront trouver tout/tous leur/leurs amis, ils leur/leurs proposeront une randonnée, ce/se qui devrait leur plaire car ce/se sont de bons montagnards.

4. Quand/Quant/Qu'en a/à moi, je ne connais pas bien ces/ses fleurs-là mais on/ont m'a dit qu'elles/quelles étaient toxiques et on/on n'a donc pas intérêt a/à les cueillir ; finalement, je ne sais pas qu'elles/quelles plantes choisir.

5. La/L'a sœur de ma/m'a voisine a rencontré ta/t'a cousine et la/l'a abordée pour lui apprendre que ma/m'a mère ta/t'a proposé de passer des vacances chez ma/m'a cousine. Tu me suis ?

2 a. Complétez avec *quel*, *quelque* ou un de leurs homophones.

1. Rodrigue a .... batailles à son actif quand on lui décerne le titre de Cid. 2. Le dilemme tragique, ... qu'il soit, est sans issue. 3. .... soit la situation, le héros fait preuve de bravoure. 4. Les auteurs tragiques, ... qu'ils soient, proposent une réflexion sur le destin. 5. Les héroïnes cornéliennes, ... soient, ont un grand sens de l'honneur. 6. .... soit, la souffrance du héros tragique est intense et fatale. 7. Chimène a .... scrupules à recevoir Rodrigue qui a tué son père. .... soient ses sentiments, elle ne peut les laisser paraître. 8. .... effort que l'Infante fasse, elle ne parvient pas à oublier Rodrigue.

b. Écrivez une phrase avec la construction *quel qu'il* en l'accordant correctement.

....

....

3 Réécrivez les phrases en mettant au pluriel le mot en gras.

1. On a même écouté cette **chanson**-là et on a trouvé qu'elle était très émouvante.

....

....

2. Quand tu sauras quel **ami** tu veux inviter, on lui fera signe.

....

....

3. Quel que soit son **projet**, tu dois lui prêter attention.

....

....

4. Son **opinion**, quelle qu'elle soit, sera écoutée.

....

....

4 Employez chaque couple de mots dans une phrase sans les modifier.

1. *(s'est, l'a)* ....

....

2. *(quant, quelles)* ....

....

3. *(tout, mêmes)* ....

....

4. *(quoique, s'en)* ....

....

5. *(quoi que, leur)* ....

....

5 Lisez cet extrait et barrez les homophones qui ne conviennent pas.

Le directeur daignait rire, toute/toutes ces/ses demoiselles éclatèrent. Marguerite risqua un léger gloussement de fille distinguée qui se/ce retient ; Clara avait lâché une vente, pour se/ce faire du bon sang à/a son/sont aise ; mêmes/même des vendeuses de la lingerie étaient venues, attirées par la rumeur. Quant/Quand à ces/ses dames, elles s'amusaient plus discrètement, d'un air d'intelligence mondaine [...]. Denise avait encore pâli, au milieu de tous/tout se/ce monde qui se/ce moquait. Elle se/ce sentait violentée, mise a/à nu, sans/s'en défense. Quelle/Qu'elle était donc sa faute, pour qu'ont/on s'attaquât de la sorte à/a sa taille trop mince, à/a son chignon trop lourd ?

É. Zola, *Au Bonheur des Dames*, 1883.

6 Lisez ces extraits. Barrez et corrigez les erreurs.

1. Et dites-leurs que je gagnerai mon procès, qu'en je devrais y manger ma dernière chemise !

2. On peut être honnête partout, et il y a même plus de mérite a l'être, quand on est pas riche.

3. Alors, Mme Baudu et Geneviève comprirent, sur un regard, quelles pouvaient arranger les choses. Tout fut réglé. Il n'y avait point a s'occuper de Jean. Quand à Pépé, il serait à merveille chez Mme Gras, une vieille dame qui habitait un grand rez-de-chaussée, rue des Orties, ou elle prenait en pension complète des enfants jeunes, moyennant quarante francs par mois. Denise déclara quelle avait de quoi payer le premier mois.

4. Quel existence ! ce voir à la continuelle merci d'un caprice ! être jeté dehors d'une heure a l'autre, s'en pouvoir même exiger les appointements du mois entier ! Denise monta prévenir Mme Cabin, qu'elle tâcherait de faire prendre sa malle dans la soirée.

É. Zola, *Au Bonheur des dames*, 1883.

....

....

....

....

....

....

7 Écrit d'appropriation

Résumer une œuvre

Effectuez des recherches sur *Au Bonheur des Dames*. Présentez sur papier libre l'intrigue et ce que Zola a voulu montrer dans ce roman. Expliquez ensuite en quoi la question des grandes surfaces est toujours d'actualité. Vous emploierez au moins vingt des homophones de la leçon.

9 L'orthographe lexicale

Testez-vous avec des Quiz
bordas.media/733866_020

RETENIR

L'**orthographe lexicale** désigne la **graphie du mot dans le dictionnaire**. Elle est étroitement liée à l'orthographe de la famille du mot : un trait / traiter / traitement.

Quelques mots invariables fréquents

- *parmi* • *davantage* • *malgré* • *lorsque* • *hormis* • *certes* • *d'ailleurs* • *volontiers* • *toujours* • *jamais*

Le doublement des consonnes

- Les **mots en *-on*** doublent leur *n* pour former un autre mot de la famille.
  Ex. : un poisso**n** / un poisso**nn**ier.
  Exceptions : les mots suivis du suffixe *-al*.
  Ex. : région / régional / régionaux.
- Les **mots qui commencent par *ac-*, *ap-*, *af-*, *ar-*** doublent souvent la consonne s'ils contiennent un verbe dans leur famille.
  Ex. : un a**rr**osoir / a**rr**oser mais une araignée / ~~j'araigne~~.
  Exceptions : *apaiser, apercevoir, aplanir, aplatir, apitoyer, apostropher.*
- Les **mots qui commencent par *ef-*, *of-*** doublent leur consonne.
  Ex. : un e**ff**ort / o**ff**rir.

L'orthographe des adverbes en *-ment*

- En règle générale, les **adverbes en *-ment*** se forment à partir de l'adjectif féminin auquel on ajoute le suffixe *-ment*.
  Ex. : réel / réelle → réellement
  (= d'une manière réelle).
- Quand l'adjectif au **féminin** se termine par un **-e muet**, ce *-e* n'apparaît pas dans l'adverbe.
  Ex. : vrai(e) → vraiment ; absolu(e) → absolument ; poli(e) → poliment.
- Dans certains cas, le **-e final de l'adjectif** est remplacé par un *-é* dans l'adverbe correspondant.
  Ex. : précis / précise → précisément.
- Les **adverbes** formés à partir des adjectifs en *-ant* et *-ent* se terminent respectivement par *-amment* et *-emment*.
  Ex. : courant → couramment ; notant → notamment ; fréquent → fréquemment .

Féminin-masculin

- Les **noms féminins en *-té* ou *-tié*** ne prennent pas de *-e* à la fin.
  Ex. : la réalité, une amitié.
  Exceptions : *la dictée, la montée, la pâtée, la jetée* et les noms exprimant un contenu (*une assiettée*).

Les mots qui se ressemblent : homophones (mêmes sons) et paronymes délicats (sons proches)

- *voir / voire. Voire* s'écrit avec un *-e* quand on peut le remplacer par « et même ».
  Ex. : Nous irons voir (~~et même~~) ce film au cinéma dans la semaine, voire (et même) dès ce soir.
- *conjoncture / conjecture.*
  Ex. : La conjoncture (~~conjecture~~) économique n'est pas très bonne en cette rentrée. Ils firent des conjectures (~~conjonctures~~) sur l'avenir.

S'ENTRAÎNER

Corrigés *p. 128*

1 Trouvez la terminaison des mots en gras en vous aidant d'un autre mot de la même famille que vous noterez à côté.

Marcel était un homme **courtoi**..... (.........................) et **discre**..... (.........................), un **voisi**..... (.........................) sans histoire. Il était **fran**..... (.........................) et **patien**..... (.........................). **Préci**..... (.........................), il pratiquait son **ar**..... (.........................) sans **repo**..... (.........................). Jamais un **accro**..... (.........................) ou un **écar**..... (.........................).

2 Voici sept mots qui se terminent par *-on* : question / position / précaution / abolition / raison /nation / révolution.

a. Trouvez un mot de leur famille et placez-le dans le texte. Au besoin, aidez-vous d'un dictionnaire.

En 1981, Robert Badinter .... l'Assemblée .... sur la peine de mort. Son .... va .... notre justice. Avant lui, de grands hommes ...., tels que Camus, s'étaient déjà .... contre des esprits trop ....

b. Quelle est l'exception orthographique ? Pourquoi ?

....

3 Complétez avec la ou les lettres manquantes. Surlignez l'intrus s'il y en a un. Justifiez votre choix.

1. a......ablant, un a......ort, a......ession, l'a......tualité, une a......ostrophe, une a......usation

....

2. une a......aire, une a......iche, a......olé, l'a......ection, a......reux, une a......irmation

....

....

3. une a......arition, un a......éritif, un a......erçu, a......artenir, des a......laudissements, un a......ui

....

....

4. un a……angement, l'a……estation, un a……ivage, un a……ondissement, une a……ène, a……ière

……………………………………………………………………………

……………………………………………………………………………

5. un e……aceur, une o……re, e……ectivement, e……royable, o……iciel ……………………………………………………

4 **Voici une liste d'adjectifs. Écrivez l'adverbe en *-ment* issu de leur famille.**

lent • constant • direct • vain • précis • prudent • réel • vif • notant • officiel

……………………………………………………………………………

……………………………………………………………………………

……………………………………………………………………………

5 **Soulignez huit mots féminins qui relèvent de la même règle orthographique. Quelle est cette règle ? Surlignez l'exception.**

Todd Strasser n'a rien inventé dans son film *La Vague*. En réalité, il s'inspire de faits survenus aux États-Unis dans les années 1970. Un professeur, Ron Jones, a alors proposé une activité à ses étudiants : créer une société fondée sur des règles telles que : « La Force grâce à la communauté, la Force grâce à l'action, la Force grâce à l'esprit de fierté. ». Beaucoup d'étudiants sont entrés dans le jeu avec une facilité déconcertante. Ron Jones a ainsi montré la fragilité de notre comportement face à l'autorité. La portée de son expérience sera retentissante.

……………………………………………………………………………

6 **Deux mots sont erronés dans chaque phrase. Corrigez-les.**

1. Anne est omnubilée par le paiement de son inscription. Elle doit passer au secrétairiat.

……………………………………………………………………………

2. Ce professeur fait de longues disgressions sur la révolution fromentée par les ouvriers.

……………………………………………………………………………

3. Après de nombreuses périgrinations, Ulysse put rentrer chez lui. En filigramme de son épopée, Poséidon le punit.

……………………………………………………………………………

4. Il est mort d'un infractus mais il avait une tumeur maline au cerveau.

……………………………………………………………………………

7 **a. Dans chaque parenthèse, barrez le ou les mots qui ne conviennent pas.**

En (vue/vu) de réussir son devoir, Mathis corrige des erreurs (voire/voir) reformule des phrases. En (thermes/termes) stylistiques, le passage dans lequel Phèdre déclare son amour pour Hippolyte est (empreint/emprunt) d'une tonalité pathétique. Analyser la violence des réactions de Phèdre fait (parti/partie) de l'interprétation. Le lecteur se rend (compte/comte/conte) de la puissance de sa passion.

b. Employez chaque mot barré dans une phrase qui éclairera son sens.

……………………………………………………………………………

……………………………………………………………………………

……………………………………………………………………………

……………………………………………………………………………

……………………………………………………………………………

……………………………………………………………………………

……………………………………………………………………………

……………………………………………………………………………

……………………………………………………………………………

……………………………………………………………………………

……………………………………………………………………………

8 **Inventez plusieurs phrases mnémotechniques afin de mieux mémoriser l'orthographe lexicale des mots courants qui vous posent un problème.**

Ex. : un héros – lorsque – le dilemme – toujours

Pas de dilemme, même lorsqu'un héros est seul, il s'écrit toujours avec un *-s*.

– votre liste : ……………………………………………………

– vos phrases : ……………………………………………………

……………………………………………………………………………

……………………………………………………………………………

……………………………………………………………………………

……………………………………………………………………………

9 **Placez chaque paronyme dans la phrase qui convient.**

1. perpétué, perpétré

Un crime sordide a été …………………… dans ma rue, hier soir. Marc a …………………… la tradition de nos beaux sapins de Noël.

2. effraction, infraction

Le voleur est entré par …………………… . Il a commis une …………………… au code de la route.

3. éminente, imminente

Sa nomination est …………………… . C'est une …………………… scientifique.

4. affligé, infligé

On lui a …………………… une sévère punition. Simon est très …………………… par la mort de son grand-père.

5. influence, affluence

L'…………………… de Monet sur les artistes de son temps est impressionnante. Mieux vaut éviter le centre-ville quand il y a une forte …………………… .

10 **Écrit d'appropriation**

Rédiger une critique

Rédigez sur papier libre la critique d'un livre ou d'un film de votre choix en employant au moins cinq mots invariables de la leçon et cinq mots variables qui représentent les difficultés orthographiques abordées.

10 La ponctuation

Testez-vous avec des Quiz
bordas.media/733866_022

RETENIR

L'organisation d'un texte

- La **ponctuation forte** est indispensable à l'organisation d'un texte à l'écrit.
Les phrases trop longues engendrent des difficultés de compréhension.
Il faut préférer les phrases plus courtes et éviter l'emploi abusif des parenthèses.
- Par ailleurs, il ne faut pas abuser de la ponctuation expressive, sous peine d'en tuer l'effet.
Ex. : ~~Bel-Ami est un séducteur !!! Et un arriviste !!!~~
Bel-Ami est un séducteur et un arriviste !
- Chaque phrase, verbale ou non verbale, simple ou complexe, est délimitée par une **majuscule initiale** et un **signe de ponctuation forte** (point, point d'interrogation, point d'exclamation, points de suspension). Ces signes définissent les différents types de phrase et marquent une ponctuation expressive. Voir Fiche 3, p. 8

À l'intérieur d'une phrase

La **virgule** met en valeur un mot, marque une énumération ou sépare les groupes.	Surpris, muet, sidéré, il réagit trop tard. Il s'en voulut, mais, étonnamment, il passa vite à autre chose.
Les **deux-points** introduisent une explication, des paroles rapportées ou une citation.	« Beaucoup de choses sont ennuyeuses : il est ennuyeux de rendre l'argent qu'on avait emprunté. » (Gautier)
La **virgule**, le **point-virgule** ou les **deux-points** séparent des propositions juxtaposées.	« Va, cours, vole et nous venge. » (Corneille)
Les **points de suspension** marquent l'interruption volontaire, ou non, d'une phrase. Cette interruption peut suggérer un sous-entendu ou un sentiment.	« Attendez... ses regards sont bien doux... Savez-vous parler ? » (Marivaux)
Dans les récits, les **deux-points** précèdent les paroles rapportées, les **guillemets** les encadrent. Le changement d'interlocuteur est marqué par un retour à la ligne et un **tiret**.	Noé cria : « C'est honteux ! » La caissière s'insurgea alors : « Et après, qu'est-ce que cela peut vous faire ? – Jeter autant d'aliments est scandaleux. Donnez-les. – Mais de quoi vous mêlez-vous ? »

S'ENTRAÎNER

Corrigés *p. 128*

1 Surlignez les dix mots qui doivent être suivis d'une virgule et soulignez celui qui doit être suivi d'un point-virgule pour rendre cet extrait lisible.

À la réponse du directeur Claude avait reculé d'un pas. […] Cette main se leva et avant que le directeur eût pu pousser un cri trois coups de hache chose affreuse à dire assenés tous les trois dans la même entaille lui avaient ouvert le crâne. Au moment où il tombait à la renverse un quatrième coup lui balafra le visage puis comme une fureur lancée ne s'arrête pas court Claude Gueux lui fendit la cuisse droite d'un cinquième coup inutile. Le directeur était mort.

V. Hugo, *Claude Gueux*, 1834.

2 Ponctuez ces phrases avec des virgules, points-virgules, deux-points ou points de suspension.

1. Vite....... suivez mon conseil .... vous réussirez mieux !
2. Il s'arrêta....... la fixa silencieusement puis lui adressa quelques mots....... comme à regret.
3. J'aimerais tant qu'il....... m'aime !
4. Il exagère....... j'en conviens....... mais, dans le fond....... je crois qu'il a raison.

3 Réécrivez ces trois phrases en replaçant la ponctuation en rouge au bon endroit. N'oubliez pas de bien placer les majuscules.

Si vous en êtes d'accord. Lisez, ce paragraphe à haute voix ! afin d'en comprendre le sens maintenant, que c'est plus clair êtes-vous d'accord pour corriger la ponctuation ? Afin d'en faire un texte, correct à l'écrit à vous de jouer

....
....
....
....
....
....
....
....
....
....

4 Placez les majuscules et la ponctuation au bon endroit pour rendre le texte compréhensible.

quelqu'un monte l'escalier en pleine nuit la tête haute un dictionnaire à la main je l'attends debout derrière la porte mon mari se cache en tremblant de peur le voleur pousse la porte sans crainte je m'avance un coup un cri et tout est fini

5 Remplacez les signes de ponctuation en rouge par des conjonctions de coordination pour expliciter le lien logique sous-entendu.

1. Il est beau, je ne l'apprécie pas : il est désagréable.

2. Elle était cloîtrée chez elle : pas de spectacle, de concert, de dîner au restaurant.

3. Je me demande ce qu'il devient ; je l'appelle.

4. Le misanthrope ne définit pas l'honnêteté comme le ferait son ami. Alceste préfère la sincérité ; Philinte défend l'art de la politesse.

6 Réécrivez ce dialogue avec la ponctuation qui convient.

Mes deux sœurs ne sont jamais d'accord : « La poésie, ça m'ennuie, déclare l'une. Moi, cela me détend. Franchement, souvent, je n'y comprends rien. Mais c'est cela qui est agréable ! Je ne suis pas vraiment convaincue. »

7 Transformez cette phrase trop longue en plusieurs phrases pour rendre le texte plus compréhensible.

De toute évidence un incipit a d'abord une fonction informative, il permet d'abord au lecteur d'acquérir des connaissances sur le cadre spatio-temporel, sur les personnages et sur l'histoire pour rentrer dans l'univers qui lui est proposé – deux extraits étudiés dans la séquence remplissent cette fonction – en jouant sur un mélange de discours descriptif et narratif : ici, l'on découvrira le portrait du personnage principal (Colin, le héros « sympa » de Boris Vian), là, un décor (un lieu dans la nature avec une rivière) qui plante une action assez réduite chez Steinbeck l'arrivée de deux hommes.

8 Vers l'oral du BAC

a. Rétablissez les alexandrins et la ponctuation expressive. Pensez aux majuscules.

b. Quels renseignements sur l'état d'esprit de Créon peut-on tirer de son usage de la ponctuation expressive ?

CRÉON. – peux-tu, sans t'effrayer, soutenir ma présence ignores-tu l'arrêt de ton bannissement fais-tu si peu cas de mon commandement voyez comme elle s'enfle d'orgueil et d'audace ses yeux ne sont que feu ; ses regards, que menace gardes, empêchez-la de s'approcher de moi

P. Corneille, *Médée*, 1635.

11 La construction de la phrase

Testez-vous avec des Quiz
bordas.media/733866_024

RETENIR

Construire correctement une phrase verbale complexe

- Une **proposition subordonnée** ne peut former une **phrase correcte à elle seule.** Il faut toujours l'associer à une proposition principale.
- Les propositions **subordonnées relatives** complètent le plus souvent un nom de la proposition principale. Elles sont introduites par un **pronom relatif** *(qui, que, quoi, dont, où, lequel...).*
  Ex. : ~~L'auteur que nous allons étudier.~~ (subordonnée relative sans principale → phrase incorrecte)
  → [L'auteur [**que nous allons étudier**] est né au siècle des Lumières.]
  relative — principale
- Les propositions **subordonnées conjonctives** complètent le plus souvent un verbe. Elles sont introduites par des conjonctions de subordination *(que, quand, si, parce que, afin que...).*
  Ex. : ~~Quand soudain le père de Chimène insulte Don Diègue.~~ (conjonctive sans principale → phrase incorrecte)
  → [Les deux hommes dialoguent] [**quand soudain le père de Chimène insulte Don Diègue**].
  principale — conjonctive

Bien utiliser le participe en position détachée

- Dans une phrase qui comporte un **participe présent ou passé en construction détachée** :
  – soit il faut s'assurer que le **groupe participe**, séparé du reste de la phrase par une virgule, a le **même sujet** que celui du **verbe principal** ;
  Ex. : ~~Redoutant la chaleur, les volets furent tous fermés.~~ (→ phrase incorrecte)
  → Redoutant la chaleur, Léa ferma les volets.
  – soit il faut donner au participe **son propre sujet**, différent de celui du verbe principal. Dans ce cas, on parle de **subordonnée participiale**.
  → [La chaleur montant], Léa ferma les volets.
  participiale

S'ENTRAÎNER

Corrigés *p. 128*

1 Surlignez les phrases non verbales qui ont un sens. Réécrivez les autres de façon à en faire des phrases non verbales correctes.

Victoire de l'équipe de France. • Baisse du prix de l'essence à la pompe. • Cette belle histoire. • Malgré le manque de temps. • Un philosophe au siècle des Lumières. • Les poètes de la Résistance. • Car la liberté menacée. • L'Italie à la Renaissance.

....

2 Rectifiez les phrases non verbales suivantes pour en faire des phrases simples correctes.

1. Un bouillonnement d'idées, le siècle des Lumières.

....

2. Les genres narratifs tels le roman, la nouvelle et le conte.

....

3. Une fois analysés les rapports entre poésie et réalité.

....

4. 1830 la célèbre bataille d'*Hernani*, le drame romantique de Victor Hugo.

....

3 Soulignez chaque proposition subordonnée conjonctive sans principale et corrigez la phrase pour en faire une phrase simple correcte.

1. Moi, pauvre médecin de campagne, quand je faisais mes visites chaque matin.

....

2. Parce qu'elle est gentille.

....

3. Lorsque brusquement surgit un fantôme effrayant.

....

4. Une bonne nouvelle afin que vous soyez rassurés.

....

4 Complétez les phrases pour en faire des phrases complexes correctes. Soulignez la proposition principale et surlignez la proposition subordonnée.

1. La fable que je préfère ....

....

2. Quand Robert Desnos mesure l'horreur du projet nazi,

....

3. Comme Louis XIV trouve *Le Tartuffe* irrespectueux envers la religion, ...

4. Les valets que Molière met en scène dans ses pièces

....

5. Chez Molière, les pères, qui, comme dans la comédie latine, sont égoïstes, ...

....

5 Soulignez les propositions subordonnées relatives sans principale et corrigez chaque passage pour en faire une phrase simple correcte puis une phrase complexe.

1. Ce texte bouleversant qui évoque la question de l'esclavage.

....

....

....

....

2. Rastignac, héros que nous avons déjà rencontré dans un autre roman de Balzac.

....

....

....

....

....

3. Voltaire, réfugié en Suisse, là où il ne pourra pas être poursuivi.

....

....

....

4. L'étonnant recueil des *Calligrammes* dont Guillaume Apollinaire est l'auteur.

....

....

....

....

....

....

5. Le travail des enfants que Victor Hugo dénonce dans son poème « Mélancholia ».

....

....

....

....

....

....

6 Réécrivez les phrases suivantes pour qu'elles soient correctes. Surlignez chaque fois le sujet du verbe principal et soulignez le sujet du participe quand il en a un.

1. Arrivés à la gare, le train partit aussitôt.

....

....

2. Surpris par l'averse, un porche fut son refuge.

....

....

3. Critiquant le pouvoir absolu, le roi a condamné le fabuliste.

....

....

4. Applaudis à la fin de la pièce, les spectateurs saluèrent les acteurs.

....

....

....

7 Barrez dans le texte les phrases incorrectes. Expliquez pourquoi elles ne sont pas correctes et corrigez-les.

Balzac marque la littérature française de la première moitié du XIXe siècle. Né en 1799, mort en 1850. Son enfance se déroule sous l'Empire quand Napoléon galvanise les esprits. Lorsque soudain, la défaite de Waterloo marque la fin d'un rêve. Balzac continuera d'admirer l'Empereur. Déçu par la société médiocre qu'elle propose, la Restauration lui déplaît. Le romancier ne cesse d'étudier l'emprise de l'argent pour mieux la dénoncer. L'ambition sociale égoïste qui gouverne le monde.

....

....

....

....

....

....

....

....

....

....

....

....

....

....

8 Écrit d'appropriation

Rédiger une notice biographique

Sur papier libre, rédigez la biographie de Guy de Maupassant. Votre texte devra contenir au moins deux phrases non verbales, six phrases simples et cinq phrases complexes dont une phrase avec une proposition relative, une avec une proposition conjonctive et une avec une proposition participiale.

12 La construction des subordonnées

Testez-vous avec des Quiz
bordas.media/733866_026

RETENIR

- Les **propositions subordonnées relatives** sont introduites par un **pronom relatif** *(qui, que, quoi, dont, où, lequel, auquel...)* ; elles complètent un nom ou un pronom. Ce mot est l'**antécédent** du pronom relatif, c'est-à-dire le mot que le pronom relatif remplace.

  Ex. : J'ai aimé ce film. Tu m'avais conseillé ce film.
  → J'ai aimé le film [**que** tu m'avais conseillé].
  (le film : antécédent ; [que tu m'avais conseillé] : relative)

Attention !

– *Dont* remplace un groupe nominal introduit par *de*, *du* (*de* + *le*), *des* (*de* + *les*).
  Ex. : Tu m'avez parlé de ce film.
  → J'ai bien aimé le film [**dont** tu m'avais parlé].

– Il ne faut pas confondre *dont* et *d'où* (lieu).
  Ex. : C'est le pays **d'où** je viens.
  C'est le pays **dont** on m'a parlé.

- Les **propositions subordonnées interrogatives indirectes** sont introduites par un **pronom** *(qui, ce que, lequel...)*, un déterminant *(quel...)* ou un **adverbe** *(quand, pourquoi, où...)* **interrogatifs**.

  Ex. : Je lui demanderai [**quel** film il a vu].

Attention !

– À la différence de l'interrogation directe, le GN sujet n'est pas repris dans l'interrogation indirecte et la phrase s'achève par un point et non un point d'interrogation.
  Ex. : Quel film **ton ami** a-t-il vu ?
  → Je te demande quel film **ton ami** a vu.

– L'expression *est-ce que* n'est pas possible dans l'interrogative indirecte.
  Ex. : Qu'est-ce que l'auteur veut prouver ?
  → Nous verrons ce que veut prouver l'auteur.

- Les **propositions subordonnées conjonctives** sont introduites par une **conjonction de subordination** *(que, parce que, quand, dès que, puisque, bien que, afin que....)*.

Attention !

– La subordonnée introduite par *si* est à l'indicatif, jamais au conditionnel.
  Ex. : Si j'avais réfléchi, j'aurais évité l'erreur.

– Les conjonctions de subordination *bien que, afin que, pour que* sont toujours suivies du subjonctif.
  Ex. : Je te montre ce devoir **pour que** / **afin que** tu puisses avoir un exemple.
  Bien que tu ne saches pas encore bâtir un plan, tu peux commencer à chercher des arguments.

– Il faut éviter *malgré que* et utiliser *malgré* ou *bien que*.
  Ex. : ~~Il est venu malgré qu'il soit malade.~~ → Il est venu malgré sa maladie. / Il est venu bien qu'il soit malade.

S'ENTRAÎNER

Corrigés *p. 129*

1 Barrez le pronom relatif qui ne convient pas.

1. C'est le poème que/dont je me souviens. C'est le poème que/dont je vais apprendre.

2. C'est une mise en scène que/dont j'ai bien aimée. C'est une mise en scène que/dont la presse a loué l'originalité.

3. C'est un metteur en scène que/dont la renommée n'est plus à faire. C'est un metteur en scène que/dont je ne connais pas.

4. C'est l'accessoire que/dont vous avez besoin dans cette scène. C'est l'accessoire que/dont je cherche depuis hier !

2 Complétez les phrases avec *qui*, *que* ou *dont*. Soulignez les subordonnées relatives.

La maison .... tu regardes avec étonnement a été construite à la Renaissance. Les sculptures .... la décorent sont des grotesques .... les visages grimacent pour nous amuser. On appelle « grotesque » un élément décoratif .... représente une créature imaginaire étrange. Les pierres .... les bâtisseurs ont employées sont très grosses ; certaines d'entre elles proviennent de bâtiments romains .... on peut encore voir les traces. On peut reconnaître parfois un chapiteau .... se trouvait en haut d'une colonne ou bien le fragment d'un fronton .... la décoration rappelle celle des temples.

3 Effectuez les recherches nécessaires et complétez les phrases avec une proposition subordonnée relative.

Le recueil que .... s'intitule *Les Regrets*. Il est écrit notamment pour dénoncer la cour pontificale qui .... « Heureux qui comme Ulysse... », que ...., est un poème auquel .... Le « petit Liré » dont .... est un village proche d'Angers. Le poète dont .... est Ronsard.

4 Transformez les couples de phrases simples en phrases complexes en utilisant les conjonctions de subordination entre parenthèses. Soulignez les verbes au subjonctif.

1. La poésie est, au XXIe siècle, un genre mal connu. Diverses manifestations ont été organisées. (bien que)

……………………………………………………………………

……………………………………………………………………

……………………………………………………………………

2. Voltaire se réfugie en Suisse. Sinon ses œuvres seraient interdites. (de crainte que)

……………………………………………………………………

……………………………………………………………………

……………………………………………………………………

3. Molière a été censuré. Le théâtre ne pouvait pas parler de religion. (si)

……………………………………………………………………

……………………………………………………………………

……………………………………………………………………

5 Corrigez de deux manières les phrases incorrectes, d'abord avec *malgré* puis avec *bien que*.

1. Malgré qu'il soit bref, ce récit propose une réflexion approfondie sur la vie.

……………………………………………………………………

……………………………………………………………………

……………………………………………………………………

2. Malgré qu'il n'ait pas de succès, Vincent Van Gogh continue à peindre.

……………………………………………………………………

……………………………………………………………………

……………………………………………………………………

3. Malgré que la censure veille, les philosophes des Lumières défendent les libertés.

……………………………………………………………………

……………………………………………………………………

……………………………………………………………………

6 Transformez les interrogations directes en subordonnées interrogatives indirectes en utilisant la proposition principale « Nous nous demanderons ».

1. Quelle image de la société de son temps l'auteur nous donne-t-il ?

……………………………………………………………………

……………………………………………………………………

……………………………………………………………………

2. Est-ce que la poésie a pour première vocation de nous émouvoir ?

……………………………………………………………………

……………………………………………………………………

……………………………………………………………………

3. Pourquoi les poètes ont-ils souvent recours à un langage difficile ?

……………………………………………………………………

……………………………………………………………………

4. En quoi le théâtre peut-il être considéré comme un spectacle total ?

……………………………………………………………………

……………………………………………………………………

7 Barrez les mots incorrects et corrigez les phrases incorrectes.

1. *Le Tartuffe* est une comédie dont je vous recommande vivement.

2. Le personnage éponyme que Molière imagine est un faux religieux dont les propos sont toujours hypocrites et les intentions malveillantes.

3. La ville dont il vient est Paris.

4. Malgré qu'il ait tout prévu, Tartuffe ne parviendra pas à ses fins.

5. Si Orgon, le maître de maison, aurait davantage réfléchi, il n'aurait pas été piégé par l'imposteur.

6. Tartuffe accorde beaucoup d'importance à une religion austère dont il ne se lasse pas d'en louer la morale.

7. Nous verrons dans notre étude comment Molière dénonce-t-il l'hypocrisie.

……………………………………………………………………

……………………………………………………………………

……………………………………………………………………

……………………………………………………………………

……………………………………………………………………

……………………………………………………………………

……………………………………………………………………

……………………………………………………………………

……………………………………………………………………

……………………………………………………………………

8 Vers l'oral du BAC

Relevez les différentes propositions et précisez leur classe grammaticale. Indiquez la fonction des subordonnées.

Je sais bien que mon pays est peu de chose ; mais, quand on est passablement quelque part, il faut y rester ; je n'ai pas assurément le droit de retenir des étrangers ; c'est une tyrannie qui n'est ni dans nos mœurs, ni dans nos lois.

Voltaire, *Candide*, chapitre 18, 1759.

……………………………………………………………………

……………………………………………………………………

……………………………………………………………………

……………………………………………………………………

……………………………………………………………………

……………………………………………………………………

……………………………………………………………………

13 Les constructions propres à l'écrit

Testez-vous avec des Quiz
bordas.media/733866_028

RETENIR

Les niveaux de langue

- L'usage de la langue varie en fonction de la situation de communication. On distingue généralement trois **niveaux de langue**.

	Familier	Courant	Soutenu
Vocabulaire	populaire ou argotique	usuel	précis et recherché
Syntaxe	incorrections syntaxiques ponctuation excessive Voir Fiche 10, p. 22	syntaxe correcte	syntaxe soignée
Exemples	Tu zieutes quoi ?	Qu'est-ce que tu regardes ?	Que contemples-tu ?

Les points de vigilance

- **Éviter d'utiliser le vocabulaire familier** Voir Fiche 16, p. 34

– Le vocabulaire familier et les tournures familières ne sont pas acceptés dans les écrits ou les oraux scolaires.

Expression familière	Expression attendue
~~Cette mise en scène du *Cid* est nulle !!! Quand l'acteur genre « mister Bean » réalise qu'il fait rigoler, ça le panique~~	Cette mise en scène du *Cid* est **un échec**. Lorsque l'acteur **maladroit comprend** qu'il fait **rire, il s'affole.**

– Quelques mots à éviter absolument : *ça, par contre, c'est nul, genre, rigoler, réaliser, baser sur, voire même, à la base, au final, je gère, dû à...*

- **Bien employer la négation**

La négation et la restriction *ne... que* se construisent toujours en deux parties : *ne + pas, point, guère...*
Les erreurs sont souvent liées à un oubli de la première partie de la négation *(ne, n')* ou à un mauvais placement de la négation dans la phrase.

Expression incorrecte	Expression correcte
~~J'apprécie~~ pas ta façon de parler.	Je **n'**apprécie pas ta façon de parler.
J'ai conseillé aux passagers de porter un masque ~~pour pas qu'ils tombent malades~~.	... pour qu'ils **ne** tombent **pas** malades.

- **Bien employer les pronoms**

Erreur à éviter	Expression incorrecte	Expression correcte
Erreur de personne	Nous devions faire attention ~~à ne pas se faire voir.~~	Nous devions faire attention à ne pas **nous** faire voir.
Répétition inutile du sujet	Aragon, ~~il~~ a été un grand poète français.	Aragon a été un grand poète français.
Répétition inutile d'un complément par le biais des pronoms *en* et *y*	Sur place, on ~~y~~ fait la rencontre de nouveaux amis. J'ai vu des paysages merveilleux et de cela j'~~en~~ garde de mémorables souvenirs.	Sur place, on fait la rencontre de nouveaux amis. J'ai vu des paysages merveilleux et de cela je garde de mémorables souvenirs.

- **Bien employer les prépositions et les conjonctions**

Erreur à éviter	Expression incorrecte	Expression correcte
Mauvais choix de préposition	C'est le mari ~~à~~ Emma. Je vais ~~au~~ coiffeur.	C'est le mari **d'**Emma. Je vais **chez** le coiffeur.
Mot mal placé	~~Tellement que~~ l'excitation était grande, je ne pus dormir.	L'excitation était **tellement** grande **que** je ne pus dormir.

S'ENTRAÎNER

Corrigés p. 129

1 Réécrivez ces phrases argotiques, extraites des « Boloss des belles lettres », dans un niveau de langue courant ou soutenu. Chacune résume le début d'un texte littéraire célèbre. Lequel ?

1. « Ça commence à l'aise à London City. Y a Sherlock Holmes et le docteur Watson, ils crèchent ensemble. »

....

....

....

2. « Jean Jean, il sort de zonzon après 19 ans de taule. Il danse la capoeira du seum tellement il a balancé sa vie aux orties. »

....

....

....

2 Soulignez les mots ou expressions familiers. Réécrivez le texte en proposant des synonymes courants ou soutenus.

À la base, le docteur Kersten dans *Les Mains du miracle* est un type lambda. Par contre, à la fin, ça m'a plu, on le voit plus pareil car c'est « genre » un héros. Dû à son courage, Kersten, il soigne Himmler contre des vies qu'il sauve. Il devient son ami voire même son gourou. Des fois, il risque sa peau. Il s'en rend compte mais il gère.

....

....

....

....

....

....

....

3 Réécrivez chaque phrase pour qu'elle soit correcte.

1. Zadig, il a un vrai sens de l'observation dans le chapitre « Le chien et le cheval ».

....

....

2. Mais la cour ne l'écoute pas, ils le punissent sévèrement.

....

3. Puis, à la fin du conte, Zadig y fait la rencontre d'un ange.

....

4. Nous devons étudier ce conte philosophique sans se perdre dans les péripéties merveilleuses.

....

....

4 Réécrivez les phrases en veillant à la correction de la négation ou de la restriction.

1. Il fallait ne pas se faire remarquer. ....

....

2. On y arrivera jamais. ....

3. C'était un surhomme reculant devant rien ni personne.

....

4. Maylis de Kerangal, dans son dernier roman, parle que du cœur de Simon. ....

....

5. Il fallait absolument marquer ce but pour pas qu'on perde.

....

....

5 Ces deux morales de La Fontaine ont été mal recopiées. Corrigez les trois erreurs d'emploi de la négation ou de la restriction.

1. On n'a souvent besoin d'un plus petit que soi.
(« Le Lion et le Rat »)

2. Nous écoutons d'instincts que ceux qui sont les [nôtres,
Et croyons le mal que quand il est venu.
(« L'Hirondelle et les petits Oiseaux »)

....

....

....

6 Corrigez les erreurs d'emploi des conjonctions et des prépositions dans cette copie d'élève.

Dans *L'Écume des jours* de Boris Vian, suite à la soirée à Isis de Ponteauzanne, Colin tombe amoureux de Chloé et l'épouse. Très vite, Chloé est malade et Colin va au fleuriste acheter des fleurs fraîches pour la soigner. Malgré qu'il fasse des efforts, bientôt le second poumon de Chloé est pareil que le premier. Mais Colin est ruiné : soit il est obligé de travailler ou il ne peut plus faire soigner Chloé.

....

....

....

....

....

....

....

....

7 Vers l'oral du BAC

Quelle construction relève de la langue orale et non du langage écrit dans cet extrait de roman de Louis-Ferdinand Céline ? Réécrivez-la dans un niveau de langue courant.

Il dormait comme tout le monde. Il avait l'air bien ordinaire. Ça serait pourtant pas si bête s'il y avait quelque chose pour distinguer les bons des méchants.

Céline, *Voyage au bout de la nuit*, 1932.

....

....

....

14 L'association des modes et des temps

Testez-vous avec des Quiz
bordas.media/733866_030

RETENIR

Associer les temps verbaux

- Les **temps verbaux** permettent de situer un fait dans le cours du temps (présent, passé, futur).
- Pour qu'un texte soit cohérent, il faut que l'emploi des temps et celui des modes **concordent**. Dans notre langue, deux systèmes prédominent.

– Le **système du présent**

	action antérieure	repère au présent	action postérieure
temps :	**passé composé / imparfait**	**présent**	**futur**
	Hier, j'ai rédigé mon devoir. **Autrefois**, je rédigeais lentement.	**Maintenant**, je le relis.	Je le rendrai **demain**.

– Le **système du passé**

	action antérieure	repère au passé	action postérieure
temps :	**plus-que-parfait**	**passé simple / imparfait**	**conditionnel présent**
	La veille, j'avais rédigé mon devoir.	**Ce jour-là**, tandis que mon chat dormait, je le relus.	Je le rendrais **le lendemain**. (futur dans le passé)

Attention !
Chaque temps peut avoir une valeur différente selon la phrase dans laquelle il est employé. Voir Fiche 1, p. 4
Ex. : Rodolphe a promis qu'il **partirait** avec Emma. Le conditionnel présent exprime un futur dans le passé.
Si Robinson avait un bateau, il **partirait**. Le conditionnel présent exprime une action soumise à une condition.

Associer les modes

- **Le système hypothétique**
  – L'hypothèse porte sur l'avenir : l'action peut se réaliser.
  Ex. : Si tu lui **dis** (présent) de venir, il **viendra** (futur).
  – L'hypothèse porte sur le présent : l'action ne peut se réaliser.
  Ex. : Si j'**étais** (imparfait) Victor Hugo, on m'**écouterait** (présent du conditionnel).
  – L'hypothèse porte sur le passé : l'action ne peut plus se réaliser.
  Ex. : Si tu lui **avais dit** (plus-que-parfait) de venir, il **serait venu** (passé du conditionnel).
- **Le mode des propositions subordonnées**
  Certaines conjonctions de subordination appellent mécaniquement certains modes dans des propositions subordonnées. Voir Fiche 12, p. 26
  Ex. : *Quand, tandis que, après que, parce que* sont suivies de l'indicatif.
  Bien que, afin que, pour que, avant que sont suivies du subjonctif.

S'ENTRAÎNER

Corrigés *p. 129*

1 a. Précisez à quel système de temps (présent ou passé) appartient chaque paragraphe.

1. Ce matin, Victor Hugo se réveille (....) en entendant les bruits du port. Le boulanger qui a livré (....) le pain est déjà reparti (....). Les marins s'affairent (....) sur les bateaux depuis l'aube. Quand il aura déchargé (....) sa cargaison, l'un d'eux lui apportera-t-il (....) une lettre de France, ce cher pays dont Napoléon III l'a chassé (1) ?

Système du ....

2. Ce jour-là, le 9 septembre 1843, Victor Hugo se trouvait (....) en Espagne avec sa maîtresse Juliette Drouet. Assis dans un café, il commanda (....) une bière et le journal. Il avait déjà commencé (....) sa lecture quand il tomba (....) sur une terrible nouvelle : sa fille Léopoldine avait péri (1) noyée dans la Seine cinq jours auparavant. Sa vie ne serait (....) plus jamais la même.

Système du ....

b. Classez les actions à partir de la plus ancienne qui est donnée (1) jusqu'à la plus récente.

2 a. Réécrivez le texte 1 de l'exercice 1 p. 30 en changeant le système des temps.

b. Réécrivez le texte 2 de l'exercice 1 p. 30 en changeant le système des temps.

3 Transformez en discours indirect les répliques extraites de *L'Île des esclaves* de Marivaux. Veillez à adapter le système des temps.

1. « Que deviendrons-nous dans cette île ? »
→ Iphicrate demanda à Arlequin ...

2. « Nous sommes seuls échappés du naufrage. »
→ Il lui apprit ...

3. « Quand tu auras souffert, tu seras plus raisonnable ; tu sauras mieux ce qu'il est permis de faire souffrir aux autres. »
→ Arlequin répondit à son maître ...

4. « Cette scène-ci vous a un peu fatiguée ; mais cela ne vous nuira pas. »
→ Trivelin expliqua à Euphrosine ...

4 Créez des phrases complexes en utilisant les éléments demandés dans l'ordre que vous souhaitez.

1. *si* + verbe au plus-que-parfait :
2. indicatif présent, subjonctif présent :
3. passé simple + action antérieure + action postérieure :
4. *après que* :
5. *quand* + futur antérieur :
6. *si* + imparfait :

5 Corrigez les formes verbales incorrectes. Proposez éventuellement les différentes solutions possibles.

1. Il faut que le lecteur voit la scène. ...
2. Chaque automne, Emma se tenait près de la fenêtre qui donna sur la grille et attendit la lettre du vicomte.
3. Elle pensait que si elle ne bougerait pas, la lettre arriverait le jour même. ...
4. Emma a cru qu'elle connaîtra avec Rodolphe une de ces liaisons amoureuses dont parlent les romans.
5. Rodolphe Boulanger est un séducteur qui avait jeté son dévolu sur la naïve femme du médecin.
6. Si Charles réussissait l'opération du pied bot d'Hippolyte, Emma aurait été éblouie par son talent.

6 Vers l'oral du BAC

Identifiez les modes et temps des verbes en gras et justifiez leur emploi (reportez-vous au besoin aux leçons de la page ci-contre et de la page 5).

Elle ne **pouvait** être que le témoignage de ce qu'il **avait fallu** accomplir et que, sans doute, **devraient** accomplir encore,[…] tous les hommes qui, ne pouvant être des saints et refusant d'admettre les fléaux, **s'efforcent** cependant d'être des médecins.

Camus, *La Peste*, 1947.

15 Améliorer la cohérence de son texte

Testez-vous avec des Quiz
bordas.media/733866_032

RETENIR

Assurer l'enchaînement des informations ou des idées pour écrire un texte clair et cohérent

- Garder le même narrateur et le même système des temps. Voir Fiche 14, p. 30
- Veiller à bien choisir les mots de reprise, appelés **substituts**.
  Pour éviter les répétitions, on emploie des pronoms ou des groupes de mots. Voir Fiche 2, p. 6
  Ces reprises peuvent être :
  – des mots génériques, c'est-à-dire des noms plus généraux qui désignent une catégorie (une femme) ;
  – des synonymes (la jeune fiancée) ;
  – des périphrases (celle qui ne renonça jamais).
  Ex. : Mathilde cherche Manech pendant de longs mois. **Ce dernier** a disparu au front.
  Sa jeune fiancée le croit toujours en vie.
- Relier correctement les propositions ou les phrases en employant :
  – soit des **compléments circonstanciels** ;
  Ex. : Mathilde cherche longtemps son fiancé Manech, déclaré « mort au champ d'honneur ».
  Pendant des années (CCT), elle tentera de comprendre ce qui s'est passé.
  – soit des **connecteurs logiques** afin d'exprimer le lien logique.

Rapport logique	Connecteurs logiques correspondants
addition : ajouter une idée, un élément, un fait	et, ni, ou, en outre, de surcroît, d'autre part, de plus, aussi...
cause : exposer l'origine d'un fait ou d'une idée	car, en effet, parce que, puisque, comme...
conséquence : énoncer le résultat d'un fait ou d'une idée	donc, aussi, ainsi, alors, si... que, c'est pourquoi...
but : indiquer la visée d'un fait, d'une action	afin que, pour que, de crainte que...
concession : accepter une idée pour mieux la contester	quoique, néanmoins, certes, toutefois, bien que, même si...
opposition : exprimer une idée contraire à la précédente	mais, cependant, en revanche, pourtant, alors / tandis que...

Attention !

– L'emploi des pronoms ne doit pas gêner la compréhension.
Ex. : Bénédicte et Mathilde se soutiennent. Elle l'encourage.
Il y a deux noms féminins dans la phrase 1. Qui est « elle » dans la phrase 2 ? Mathilde ou Bénédicte ?

– L'emploi des pronoms ne doit pas être incorrect.
Ex. : L'armée avance. Soudain, ~~ils s'arrêtent~~ elle s'arrête. (armée = nom collectif féminin)

– On peut choisir de faire une répétition pour insister sur un effet que l'on veut rendre.
Ex. : Mathilde **souffre**. Et cette **souffrance**, oui cette **souffrance**, envahit toute sa vie !

S'ENTRAÎNER

1 Soulignez les substituts du mot *femmes* dans ce texte, inspiré du *Bonheur des Dames* de Zola. Précisez leur classe grammaticale.

1. Le grand magasin ouvrit ses portes. La foule se précipita.

2. Toutes les clientes cherchaient à entrer.

3. Certaines poussaient, d'autres se plaignaient du manque d'organisation.

4. Plusieurs d'entre elles se réjouissaient.

5. On aurait dit une ruche en pleine activité : les abeilles acheteuses étaient déjà au travail tandis que les ouvrières employées les attendaient avec le sourire.

....
....
....
....
....

2 Réécrivez les phrases en évitant les répétitions.

1. Marc attendait Mila à la sortie de l'école. Où était Mila ? Les classes sortaient les unes après les autres et la classe de Mila sortit en dernier. Mais Mila n'arrivait toujours pas !

....
....
....
....

2. Quentin parlait avec Marc. Marc se taisait. Quentin racontait ses vacances à Marc, mais Quentin était décidément trop bavard !

....

....

3. Une femme et sa domestique vivent seules. La femme se montre sans cesse méprisante envers sa domestique : la femme maltraite presque sa domestique.

....

....

....

3 **Vers l'oral du BAC**

Soulignez les répétitions dans chaque extrait et analysez l'effet recherché.

1. « Paris ! Paris outragé ! Paris brisé ! Paris martyrisé ! Mais Paris libéré ! »

Charles de Gaulle, extrait du discours du 25 août 1944.

....

....

2. *Argan évoque sa maladie avec sa servante Toinette…*

TOINETTE. – Ce sont tous des ignorants : c'est du poumon que vous êtes malade.
ARGAN. – Du poumon ?
TOINETTE. – Que sentez-vous ?
ARGAN. – Je sens de temps en temps des douleurs de tête.
TOINETTE. – Justement, le poumon.
ARGAN. – Il me semble parfois que j'ai un voile devant les yeux.
TOINETTE. – Le poumon.

Molière, *Le Malade imaginaire*, 1673.

....

....

3. MME SMITH. – Voilà : Une fois, un fiancé avait apporté un bouquet de fleurs à sa fiancée qui lui dit merci ; mais avant qu'elle lui eût dit merci, lui, sans dire un seul mot, lui prit les fleurs qu'il lui avait données pour lui donner une bonne leçon et, lui disant je les reprends, il lui dit au revoir en les reprenant et s'éloigna par-ci, par-là.

Eugène Ionesco, *La Cantatrice chauve*, 1950.

....

....

4 **Proposez des substituts pour chaque reprise des textes 1 et 2 de l'exercice 3.**

1. ....

....

2. ....

....

....

....

5 **Réécrivez le texte 3 de l'exercice 3 pour supprimer les répétitions.**

....

....

....

....

....

....

6 **Corrigez les incorrections ou les ambiguïtés dans les phrases suivantes.**

1. La troupe du lycée attend le lever du rideau. Ils sont concentrés et silencieux.

....

2. Les récits d'amour et de mort nous plaisent, nous allons se demander pourquoi.

....

3. Un groupe de la 2de 4 part en Australie : ils sont ravis.

....

....

4. Jean est fâché contre Paul. Vraiment, il n'apprécie pas cette attitude !

....

5. La nation tout entière fête ses héros. Ils crient leurs noms à tue-tête.

....

7 **Replacez les connecteurs suivants dans le texte. Précisez dans les parenthèses le type de lien logique exprimé.**

et • car • mais • bien que • toutefois

.... (..............................) tu n'aimes pas les tragédies classiques, tu es allé voir jouer *Britannicus* .... (......................) tu as été surpris par la modernité de la pièce. .... (..............................), tu reconnais avoir eu un peu de mal à rentrer dans l'histoire, ... (..............................) la langue du XVIIe siècle est parfois difficile à comprendre. .... (..............................) certains vers de Racine te restent encore en mémoire. .... (..............................), le célèbre « J'embrasse mon rival mais c'est pour l'étouffer » te hante-t-il encore.

8 **Sur papier libre, après avoir fait l'exercice 5 page 111, rédigez une des trois parties de la dissertation en utilisant au moins trois connecteurs logiques.**

9 **Écrit d'appropriation**

Rédiger un récit fictif

Choisissez un tableau réaliste sur le site du musée d'Orsay. Sur papier libre, faites revivre la scène en commençant par : « Ce jour-là… » Utilisez au moins cinq compléments circonstanciels et cinq connecteurs.

16 Améliorer son style en employant le mot juste

Testez-vous avec des Quiz
bordas.media/733866_034

RETENIR

Employer le mot adapté

- Par souci de clarté, certains **hyperonymes** (mots génériques) tels *gens, chose, texte, avoir, dire, faire, voir*... doivent **être précisés**.
  Ex. : Ce ~~texte~~ **poème** de Victor Hugo, *Demain dès l'aube*, ~~a~~ **est composé de** deux parties. Il est ~~fait pour~~ **destiné à** nous émouvoir. Nous ~~voyons~~ **observons** la tristesse de l'auteur qui ~~dit~~ **exprime** son chagrin lorsqu'il perd sa fille. La souffrance liée au deuil est ~~une chose~~ **un sentiment** que les ~~gens~~ **lecteurs** partageront avec l'écrivain.

- Le **pronom *on*** est réservé aux **vérités générales**. Dans les autres cas, il vaut mieux :
  – préciser le sujet ;
  Ex. : On m'a dit que... → Isabelle m'a dit que...
  – ou employer une tournure passive ;
  Ex. : On a rendu hommage... → Un hommage a été rendu...
  – ou employer le pronom *nous*.
  Ex. : On verra en quoi... → Nous verrons en quoi...

Éviter certaines expressions incorrectes ou familières

Éviter	Préférer
comme par exemple	comme *ou* par exemple
car en effet	car *ou* en effet
au final	enfin, en définitive
dû à (en préposition)	en raison de

Éviter	Préférer
une autre alternative	une alternative *ou* une autre possibilité
voire même	voire *ou* même
au niveau de	pour ce qui est, en ce qui concerne...
se baser sur	se fonder sur

Éviter certaines constructions plates ou maladroites

- Pour éviter **la tournure impersonnelle *il y a***, on emploie le GN qui la suit comme sujet d'un verbe.
  Ex. : Il y a un quatrain qui est consacré à l'évocation du village natal.
  → Un quatrain est consacré à l'évocation du village natal.

- Les **cascades de subordonnées** et les **formes en *-ant*** (notamment *ayant* et *étant*) alourdissent la phrase. Préférer les phrases courtes et éviter les accumulations. Pour cela, il ne faut exprimer qu'une seule idée par phrase.
  Ex. : Baudelaire ayant ressenti un spleen profond qui le torturait exprime sa souffrance en étant poète.
  → Baudelaire est torturé par un profond spleen. Il exprime sa souffrance dans ce poème.

S'ENTRAÎNER

1 Réécrivez les phrases en évitant les noms *gens* et *chose(s)*.

1. Le personnage imagine des choses qui ne peuvent pas avoir lieu dans la réalité.

....

....

....

2. La plupart des gens qui écrivent des romans veulent représenter la société de leur temps.

....

....

3. Ce musée expose des choses préhistoriques précieuses que les gens peuvent admirer.

....

....

4. Beaucoup de gens trouvent la poésie inaccessible et préfèrent lire des choses plus simples.

....

....

2 Remplacez chaque forme du verbe *avoir* par deux verbes de la liste.

connaître • *éprouver* • *habiter* • *obtenir* • *posséder* • *recevoir* • *rencontrer* • *ressentir*

1. Le Clézio a eu le prix Nobel.

....

2. Victor Hugo a une grande tristesse à la mort de sa fille.

....

3. Flaubert a une grande maison de famille en Normandie.

....

4. Baudelaire a eu des difficultés dans sa carrière de poète.

....

3 Remplacez les verbes *faire* et *dire* par un verbe de la liste.

annoncer • causer • concevoir • confier • dévoiler • ériger • formuler • prétendre • tourner • visiter

1. Nous avons fait l'Écosse. ....
2. Noa dit qu'il est le meilleur. ....
3. Ce projet est fait de façon originale. ....
4. L'orage a fait des dégâts. ....
5. L'auteur dit ses souffrances. ....
6. Cette séquence du film a été faite en Italie. ....
7. Dites plus clairement votre pensée. ....
8. Des colonnes ont été faites pour rendre l'espace solennel. ....
9. Emma ne veut pas dire à son mari qu'elle le quitte. ....
10. La fin de l'histoire d'Antigone est dite dès le début. ....

4 Dans chaque expression, remplacez le nom *texte* par un terme plus précis.

1. ce texte du *Monde* → ....
2. ce texte des *Regrets* de Du Bellay → ....
3. le texte qui ouvre *Tartuffe* → ....
4. le long texte du personnage seul sur scène → ....
5. ce texte de *La Nouvelle Héloïse* → ....
6. *Candide*, un texte de Voltaire → ....

5 Réécrivez les phrases de façon à éviter le pronom *on*.

1. On ne m'a pas prescrit d'antibiotique. ....
2. On est allés à Rome en avril. ....
3. On fabrique de nombreux objets en Chine. ....
4. On montrera en quoi ce poème est lyrique. ....

6 Réécrivez les phrases de façon à éviter *il y a*.

1. Il y a le proviseur à la cantine. ....
2. Il y a plusieurs élèves qui sont candidats. ....
3. Il y a beaucoup de personnages dans *Madame Bovary*. ....
4. Il y a longtemps que Molière souhaitait jouer devant le roi. ....

7 Réécrivez les phrases en supprimant les formes en *-ant*.

1. Ayant rencontré des mineurs, Zola évoque avec justesse les corons. ....
2. S'intéressant à son temps, Balzac cherche à le représenter en mettant en avant ses grandes caractéristiques. ....
3. Victor Hugo étant sensible à la misère et l'ayant dénoncée dans *Claude Gueux* en fait le thème de son roman s'appelant *Les Misérables*. ....

8 Surlignez les maladresses et réécrivez le texte en l'améliorant. Privilégiez les phrases courtes.

Ayant souffert lui-même et n'aimant pas les prétentieux, Molière qui aime bien s'en moquer, dit que les médecins sont des charlatans en faisant rire les gens. Il y a de nombreuses comédies de Molière, comme par exemple *Le Malade imaginaire*, qui ont ce thème-là en ayant pourtant des histoires qui sont un peu différentes. Il se base sur ce qu'il a vu, car en effet il n'y a pas de médecins compétents à son époque dû à des connaissances scientifiques insuffisantes. Au final, on voit au niveau de la morale que ces gens ont de la vanité mais pas de bon sens.

....

9 Écrit d'appropriation

Résumer une œuvre

Résumez une pièce de théâtre ou un film que vous avez vu. Relisez-vous attentivement et supprimez les tournures maladroites de votre synthèse.

17 Améliorer la qualité de son argumentation

Testez-vous avec des Quiz
bordas.media/733866_036

RETENIR

Qu'est-ce qu'argumenter ?

- **Argumenter, c'est défendre une opinion, prendre une position** (= une thèse) à l'aide d'arguments (= idées), illustrés d'exemples, dans le but de convaincre quelqu'un. Voir Fiches 40 et 41, p. 81 à 86
  Ex. : Être libre nous rend heureux (= une thèse)
  car cela nous permet de faire nos propres choix (= argument)
  comme celui de notre métier (= un exemple).

- On distingue deux façons d'argumenter.

Argumentation directe	Argumentation indirecte
On argumente directement en exposant ses idées dans un article, un discours, un plaidoyer, etc. le discours de Victor Hugo sur la misère	On argumente indirectement par le biais d'une fiction. fable, conte, roman, théâtre

Petite méthode pour argumenter

- 1° Commencer par se documenter sur le sujet que l'on aborde. (Ex. : la lutte contre le tabac.)
- 2° Varier les **arguments** en distinguant les arguments pour (**thèse** : arguments contre le tabagisme) ou contre (**antithèse** : arguments en faveur de la consommation de tabac) et en les recherchant dans différents **domaines**.
  De l'argument le plus rationnel, celui qui fait appel à la raison du locuteur...

argument **économique**	Consommer du tabac régulièrement coûte cher au consommateur. Les entreprises de tabac font vivre beaucoup d'employés.
argument **politique**	Vous ne pouvez pas accepter que l'on vende du tabac aux mineurs. La vente de tabac doit être contrôlée par des lois précises.
arguments **scientifique**, **historique**, **sociologique**, **culturel**...	Fumer nuit à la santé. Au début du XXe siècle, on célébrait les bienfaits du tabac.
arguments **d'expérience** (constat fondé sur l'observation)	L'expérience montre que plus on commence tôt à fumer, plus il est difficile de s'arrêter.
arguments **de valeur**, **moral**	Fumer dans la rue est vulgaire. Fumer est scandaleux. Fumer est criminel.
argument **esthétique**	Les volutes de la fumée de cigarette sont magnifiques.
argument qui s'appuie sur des **croyances**	Pensez-vous sérieusement que fumer rend plus créatif ?
argument **d'autorité**	Le professeur Loïc Josseran pense qu'il faut absolument renforcer la lutte contre le tabagisme.
argument ***ad hominem*** (attaque de la personne plus que de son idée)	Serge Gainsbourg était un provocateur : il fumait pendant ses entretiens télévisés pour braver les interdits.

... à l'argument le moins rationnel, qui renvoie à des croyances ou à des valeurs.
Tous les arguments ne se valent pas ; certains sont même fallacieux, c'est-à-dire mensongers (fumer ferait mincir).

- 3° Varier les **modes de raisonnement** en faisant appel à :
  – la **logique** : on s'appuie sur les relations logiques fondamentales, telles que la cause (car, parce que), la conséquence (puisque, c'est pourquoi), la déduction (si..., alors) ou le résultat (et donc) ;
  – la **réfutation** : on prend en compte les arguments opposés ou contre-arguments pour mieux les contester. On s'appuie sur les relations de l'opposition (mais, alors que, cependant) ou de la concession (bien que, quoique, certes) ;
  – l'**analogie** : on établit une comparaison avec d'autres données (de même que..., de même) ;
  – la **succession** : on enchaîne ses idées (tout d'abord, ensuite, enfin).
- 4° Utiliser différents **outils rhétoriques**, tels que les figures d'insistance (hyperbole, anaphore), l'interpellation de l'interlocuteur, la question rhétorique Voir Fiche 22, p. 46, les connecteurs Voir Fiche 15, p. 32.

S'ENTRAÎNER

1 Classez les arguments présentés dans le point 2 du « Retenir » en deux catégories.

1. Thèse : arguments contre le tabagisme

2. Antithèse : arguments en faveur de la consommation de tabac

2 Complétez chaque phrase avec un argument ou un exemple. Soulignez les arguments.

1. ……………………………………………: ainsi, le gouvernement français, dans le dernier plan de lutte contre la pauvreté, a-t-il proposé des repas à un euro à la cantine et des petits déjeuners dans les écoles prioritaires.

2. Il est juste que l'art soit accessible à tous, gratuitement,

3. ……………………………………………, comme le montre l'enquête sur la santé des infirmières qui travaillent en horaires décalés.

3 a. Identifiez, dans les arguments du point 2 du « Retenir », les quatre procédés rhétoriques évoqués dans le point 4.

argument économique : ……………………

argument politique : ……………………

argument de valeur : ……………………

croyance : ……………………

b. Présentez un argument contre la mondialisation en utilisant un procédé rhétorique de votre choix.

4 Identifiez les modes de raisonnement utilisés pour présenter les arguments suivants.

1. Si l'on veut expliquer l'évolution du genre romanesque au XIXe siècle, on peut la rapprocher de l'évolution des mouvements picturaux.

2. Les romanciers créent des personnages attachants au cœur de leurs récits parce que les lecteurs aiment s'identifier aux héros romanesques.

3. Même si l'école du nouveau roman a tenté d'inventer des romans sans personnage central, le héros est indispensable à la naissance du récit.

4. Les surréalistes commencent par rejeter toutes les habitudes littéraires et artistiques, puis ils ouvrent de nouvelles voies en libérant l'inconscient et la créativité de l'emprise de la raison.

5 Présentez sur papier libre une argumentation en faveur de l'éradication de l'esclavage qui procède de la réfutation. Utilisez les deux arguments proposés ainsi que trois connecteurs logiques. Illustrez chaque argument d'un exemple.

Les consommateurs souhaitent acheter des objets toujours moins chers.

Les droits de l'homme sont le fondement de notre démocratie.

6 Écrit d'appropriation

Préparer un débat oral

Choisissez un des sujets proposés et faites des recherches documentaires. Notez votre position face à la question posée (oui ou non). Sur papier libre, listez vos arguments et exemples. Rédigez deux arguments en employant au moins deux modes de raisonnement et deux procédés rhétoriques différents.

- Devons-nous être d'abord européens ?
- Peut-on tout dire ?
- La musique doit-elle être libre de droits ?

7 Vers l'écrit du BAC

Dans cet extrait du célèbre discours de Victor Hugo contre la misère, quelle figure de style celui-ci utilise-t-il pour persuader les députés ?

Vous n'avez rien fait, j'insiste sur ce point, tant que l'ordre matériel raffermi n'a point pour base l'ordre moral consolidé ! Vous n'avez rien fait tant que le peuple souffre ! Vous n'avez rien fait tant qu'il y a au-dessous de vous une partie du peuple qui désespère ! Vous n'avez rien fait, tant que ceux qui sont dans la force de l'âge et qui travaillent peuvent être sans pain !

Victor Hugo, *Discours à l'Assemblée*, 9 juillet 1849.

18 Préparer un exposé et construire un discours

RETENIR

Les spécifités d'une présentation orale

- Une **présentation orale** (exposé, discours, examen scolaire, etc.) n'est pas un écrit lu, mais un exercice bien spécifique qui nécessite un entraînement particulier.

Les compétences à travailler

- Travailler l'oral, c'est développer **quatre compétences** Voir Fiche 19, p. 40 et Voir Fiche 17, p. 36 :
  - compétence **vocale** : voix, débit et rythme, intonations ;
  - compétence **visuelle** : tenue, attitude, regard, gestuelle ;
  - compétence **persuasive** : art de toucher les auditeurs, le jury ;
  - compétence **argumentative** : plan clair et cohérent, argumentation pertinente, connaissances bien employées.

La préparation d'une présentation orale

- **Les étapes du travail préparatoire**
  - Réunir les **connaissances** nécessaires en effectuant des recherches. Noter les mots, les expressions qui seront utiles et les mémoriser. Utiliser un lexique adapté et varier la syntaxe.
  - Illustrer les **arguments** avec des exemples réels et précis. Inscrire sous forme de notes ce que l'on veut dire.
  - Surligner les **idées importantes** et, pour une étude de texte, les **passages** à citer.
  - Bâtir un **plan clair et simple** en notant le **titre des sous-parties**.
- Pour un **exposé**, créer au moins deux parties encadrées d'une introduction et d'une conclusion.
- Pour une **étude de texte**, surligner de différentes couleurs les passages que l'on compte citer.
- Pour un **discours**, construire un plan en cinq parties.

Exorde	salutation et accueil de l'auditoire
Narration	présentation d'un fait ou d'un exemple qui justifie le discours et accroche l'attention
Argumentation	présentation d'arguments variés en faveur de la thèse défendue, à illustrer par des exemples
Réfutation	réponse à l'avance aux objections éventuelles (on pourrait me dire que..., mais...) ;
Péroraison	rappel de l'essentiel, enchaînement avec une citation significative, une interrogation rhétorique qui pourra toucher l'assistance (= phrase marquante)

L'entraînement

- Choisir les **procédés de style** Voir Fiche 22, p. 46 : apostrophes, questions rhétoriques, répétitions et anaphores, énumérations, antithèses... Préparer des **phrases marquantes** en variant les procédés de style, notamment pour la péroraison, et les mémoriser.
- Ne garder en notes que le **plan** et les **mots-clés** qui vont aider à se repérer dans le propos.
- **Se réciter plusieurs fois son intervention orale** pour bien la maîtriser et pour gérer son temps.

S'ENTRAÎNER

1 Voici deux plans pour un exposé sur Victor Hugo. Lequel adopteriez-vous ? Pourquoi ? Justifiez votre réponse.

Plan A – Introduction : Le XIXe siècle, une période d'instabilité – 1 Le romantisme : ses principes et ses grands auteurs – 2 L'enfance de Victor Hugo – 3 La jeunesse de Victor Hugo – 4 Victor Hugo en exil – 5 Le retour en France – Conclusion : Les auteurs qui ont suivi des voies similaires

Plan B – Introduction : Victor Hugo, un homme aux multiples talents (dessinateur, homme politique, écrivain…) – 1 De 1802 à 1885 : une vie mouvementée à une époque mouvementée – 2 Un homme engagé dans son temps – 3 Un écrivain hors pair : un dramaturge, un poète, un romancier – Conclusion : Les héros de Victor Hugo aujourd'hui (Quasimodo, Cosette…), les combats qui sont les nôtres

....

....

....

....

....

....

....

....

....

....

....

2 **Parmi les événements suivants, lequel choisiriez-vous de développer pour commencer votre exposé sur Victor Hugo ? Justifiez votre choix.**

1. La mort tragique de Léopoldine
2. L'internement d'Adèle
3. La venue de Juliette Drouet à Guernesey auprès de l'écrivain et de sa famille
4. Un convoi funèbre suivi par près de deux millions de personnes

3 **Parmi les citations de Victor Hugo, lesquelles pourraient être proposées dans la péroraison d'un discours sur l'importance de cet auteur ? Justifiez votre choix.**

1. Vous avez été enfant, lecteur, et vous êtes peut-être assez heureux pour l'être encore. *(Notre-Dame de Paris)*
2. Le peuple donne son sang et son argent, moyennant quoi on le mène. *(L'Homme qui rit)*
3. Aujourd'hui, je refais ainsi la définition de la Révolution : une grande lumière mise au service d'une grande justice. *(Tas de pierres)*
4. Comme à tous les bons cœurs, le malheur lui avait ôté l'amertume. *(Les Misérables)*
5. Le néant des géants m'importune ; / Moi j'admire, ébloui, la grandeur des petits. *(L'Art d'être grand-père)*
6. Partons d'un vol égal vers un monde meilleur. *(Hernani)*

4 **Préparez votre discours sur le thème : « L'erreur est-elle un droit ? » Cherchez la définition du mot *erreur* dans un dictionnaire. Trouvez des exemples précis pour illustrer chacun de vos arguments. Utilisez au moins cinq connecteurs logiques que vous surlignerez.**

a. Préparez sous forme de notes les cinq étapes d'un discours en faveur de l'erreur.

1. Exorde :

2. Narration :

3. Argumentation :

4. Réfutation :

5. Péroraison :

b. Préparez sous forme de notes les cinq étapes d'un discours contre l'erreur.

1. exorde :

2. narration :

3. argumentation :

4. réfutation :

5. péroraison :

5 **Écrit d'appropriation**

Préparer un discours dans le cadre d'un concours d'éloquence

Choisissez dans la liste suivante une question qui vous intéresse. Prenez position pour ou contre l'affirmation sur laquelle vous allez travailler. Préparez votre discours sous forme de notes sur un quart de feuille A4 puis présentez-le à un(e) ami(e).

– Pour ou contre la Saint-Valentin ?
– Peut-on se passer de l'essence ?
– Les impôts sont-ils utiles ?
– La morale est-elle l'ennemie du progrès ?
– Peut-on rire de tout ?
– Faut-il tout dire ?

19 Présenter un discours

Testez-vous avec des Quiz et entraînez-vous à l'oral
bordas.media/733866_040

RETENIR

Développer ses compétences vocales et visuelles

Compétences **visuelles**

Regard	Pour convaincre l'auditoire, il faut **regarder les personnes**. Si l'on a peur et que l'on s'adresse à un seul individu, on peut commencer par le regarder juste au-dessus des sourcils. Si l'on s'adresse à une assemblée, on peut fixer d'abord le mur au fond de la salle en hauteur puis poser son regard tour à tour sur chacun afin d'**attirer l'attention**.
Apparence	**S'habiller convenablement** et sobrement, c'est reconnaître l'importance du public. Il faut donc soigner son apparence, ne pas porter de vêtements ou d'accessoires qui pourraient détourner l'attention de l'auditoire. Les cheveux dans les yeux qu'on relève sans cesse, le stylo avec lequel on joue, certains gestes soulignent la nervosité et empêchent l'assistance de se concentrer sur les propos.

Compétences **vocales**

Puissance	Il est inutile de crier, s'il s'agit de parler à un professeur qui est juste en face de soi. En revanche, devant un public plus nombreux, il faut **veiller à être entendu(e) de tous** : pour cela, on peut imaginer que l'on ne s'adresse qu'au dernier rang.
Tonalité	Donner de l'expressivité au discours en veillant au phrasé mélodieux des propos. Faire descendre la tonalité de la voix au moment des pauses de sens. **Éviter un ton monocorde** ou une voix trop stridente.
Articulation	**Prononcer** toutes les syllabes.
Rythme	Prendre son temps, **ménager des effets de silence**, ralentir ou accélérer selon l'importance que l'on veut prêter à ses propos. Ne pas oublier de respirer en profondeur.
Niveau de langue	**Éviter le registre familier**, les hésitations, les phrases inachevées, les tics de langage.

Adopter l'attitude qui convient

Lors d'un exposé, d'un discours	Lors d'un entretien
Sur la forme : – être poli(e), attendre pour commencer que l'auditoire soit prêt à écouter ; – regarder le plus souvent possible le public ; – être serein(e), spontané(e) et convaincu(e) ; – bouger en même temps que l'on parle. **Sur le fond :** – formuler explicitement le plan que l'on va suivre et annoncer les changements de partie (maintenant, nous allons voir…) ; – ne pas oublier les mots de liaison (d'abord, ainsi, enfin, par exemple…) ; – être sincère et montrer son engagement, transmettre ses émotions, son indignation ou sa pitié ; utiliser le « je », le « vous », le « nous » ; – faire rire (prendre quelques risques sans se montrer irrespectueux).	**Sur la forme :** – regarder l'examinateur ; – être poli(e) et serein(e) ; – être convaincu(e) sans se montrer rigide. **Sur le fond :** – écouter avec attention l'examinateur et ne pas hésiter à lui demander de reformuler sa question ; – développer les réponses en mobilisant ses connaissances, en proposant des arguments et des exemples variés ; – accepter sans contrariété de revenir sur un point pour le rectifier en tenant compte des nouvelles pistes de réponse proposées.

S'ENTRAÎNER

1 a. Lisez plusieurs fois à voix haute les mots suivants en distinguant bien les sons-voyelles en gras.

chapeau • vautour • élève • touffu • cadeau • rougeaud • dindon • neveu • chaudron • autour • jambon • mouton • heureux • verrine • pinçon • hélice • bateau • menton • parent • mérite • cheveu • essai

b. Refaites cet exercice en lançant chaque mot comme un ballon à un camarade.

2 Travaillez votre voix en faisant varier sa hauteur et son intensité.

a. Lisez sans aucune expression, à voix haute pour votre voisin(e), une fable de La Fontaine de votre choix.

b. Relisez-la comme si vous vouliez être entendu(e) de la pièce voisine, puis comme un secret.

c. Refaites cet exercice en maintenant un crayon dans la bouche.

d. Refaites cet exercice sans le crayon.

3 **Surlignez en rose les manifestations qui traduisent une anxiété ou un repli, en jaune celles qui pourraient être des tics. Soulignez celles qui accompagnent simplement le discours.**

se tordre les mains • tapoter la table • pousser un soupir • se gratter le front • avancer une main vers le public • s'essuyer le front • tirer sur ses vêtements • faire des arabesques avec ses mains • se gratter le nez • se balancer d'un pied sur l'autre • mettre ses mains dans ses poches

4 **Prononcez les phrases « On va être encore en retard. Vite, dépêche-toi ! » en endossant les différents rôles présentés ci-dessous pour travailler votre expressivité.**

1. Une petite fille en colère contre son père avant de partir à l'école.
2. Un enfant qui imite ses parents en se moquant de leur impatience.
3. Un époux qui attend sa femme pour l'emmener dîner chez des amis.

5 **a. Notez les différentes étapes d'un fait divers que vous inventerez.**

....
....
....
....
....
....
....
....
....
....
....
....
....
....
....
....

b. Racontez ce fait divers à voix haute en l'accompagnant de gestes comme s'il s'agissait d'une nouvelle vraiment amusante, puis tout à fait extraordinaire, ensuite particulièrement choquante et enfin très triste.

6 **Voici plusieurs sujets de discours. Quelle tonalité pourriez-vous adopter pour chacun d'eux afin de persuader votre auditeur ?**

1. Yes, we can.

....

2. La pauvreté, une fatalité ?

....

3. Pour ou contre les petits-beurre à cinq coins ?

....

7 **Sur papier libre, préparez les grandes étapes de votre discours sur le thème : « L'homme doit-il dominer l'animal ? » Choisissez quatre expressions dans la liste suivante et employez-les durant les temps forts de votre discours en jouant sur les mots.**

coup de maître • être son propre maître • tel maître, tel chien • maître du monde • petit maître • trouver son maître • maître d'œuvre • grand maître • aujourd'hui maître, demain valet

8 **Lisez sur Wikisource l'incipit de *Madame Bovary* (du début à « Toute la classe se mit à rire »), puis l'introduction présentée oralement par un(e) élève retranscrite ci-dessous.**

Voilà donc, c'est un texte de Flaubert, de *Madame Bovary*. Il date de 1857. Bon, le titre, il n'attire pas l'attention mais il nous dit l'intrigue. En fait, madame Bovary, elle s'appelle Emma Rouault et dans le titre elle est mariée et c'est le problème. C'est un passage avec des moments tristes ou drôles. On est surpris car on voit pas Emma mais un nouveau. Voilà donc, on va voir comment Flaubert donne des informations et après comment il surprend le lecteur.

a. Que reprochez-vous à l'introduction retranscrite ?

....
....
....
....
....

b. Présentez-la sous forme de notes.

....
....
....
....
....
....
....
....
....
....

c. Cachez le texte et, en vous aidant de vos notes, présentez à votre tour oralement une introduction. Demandez à votre voisin(e) de relever d'éventuels tics de langage.

9 **Écrit d'appropriation et exercice oral**

Rédiger et prononcer un éloge

Effectuez des recherches sur une des personnes suivantes, puis préparez et prononcez son éloge funèbre. Utilisez au moins cinq formules marquantes que vous emploierez durant les temps forts de votre propos, une anaphore, des allitérations et des assonances que vous soulignerez dans vos phrases. Enregistrez-vous pour vous améliorer.

Léonard de Vinci • Émile Zola • Charlie Chaplin • Ghandi • Martin Luther King • Georges Charpak

20 Le lexique

RETENIR

La formation des mots

- Les mots ont des **origines** variées.

Modes de création d'un mot	Exemples
Emprunt à une autre langue	a priori (latin), scénario (italien), selfie (anglais)
Dérivation par ajout d'un préfixe ou d'un suffixe	aphone, phonétique, réellement
Composition à partir de mots existants ou de racines d'origine latine ou grecque	portefeuille, biologie (bios : « vie » ; logos : « parole »), courriel (courrier électronique)
Changement de catégorie grammaticale	devoir (verbe → nom) ; poubelle (nom propre → nom commun)
Réduction	vélo (vélocipède), télé (télévision)
Acronymie (initiales des mots composant une expression)	radar (radio detection and ranging), ONU
Onomatopée	buzz

Un **néologisme** est un mot nouveau. S'il devient d'usage courant, il entre dans le dictionnaire.

Attention !

Il ne faut pas créer de néologismes dans les écrits scolaires.

Le sens des mots

- **Champ sémantique d'un mot**

On appelle **champ sémantique** l'ensemble des significations d'un même mot.

Ex. : passer = se déplacer, dans le temps, dans l'espace, être fané (au passif)

– Les mots **monosémiques** ont **un seul sens**. Ce sont surtout des mots techniques (octosyllabe, parallélépipède).

– De nombreux mots ont **plusieurs sens** : ils sont **polysémiques**.

Sources de la polysémie	Exemples
Évolution du sens au fil des siècles	Le nom *fortune* : à l'origine, la chance, aujourd'hui, principalement un avoir financier.
Sens **propre** et un ou plusieurs sens **figurés**, plus imagés	Il porte un **manteau**. (sens propre) Un **manteau** de neige recouvre le jardin. (sens figuré)
Sens **concret** et sens **abstrait**	roman : le livre (sens concret) ; le genre littéraire (sens abstrait)
Présence dans une **expression figée**	**rugir** de plaisir, déclarer sa **flamme**
Dénotation (sens objectif) **Connotation** (sens subjectif, impression)	*original* : dénotation = la différence. connotations variables : positives (= créatif), négatives (= inadapté)

- Les mots qui expriment un jugement positif sont dits **mélioratifs** (lumineux, sourire) ; ceux qui expriment un jugement négatif sont dits **péjoratifs** (sinistre, étouffer).

Rapprochements de mots ou d'expressions

Mots ou expressions de mêmes classes grammaticales	Mots ou expressions de classes grammaticales variées
Synonymes : mots de sens voisins (*content* et *satisfait*). **Antonymes** : mots de sens contraires (*partir* et *rester*). **Hyperonyme** (ou mot générique) : mot dont le sens inclut celui d'autres mots (*poème* est un hyperonyme de *sonnet* et de *rondeau*).	**Mots de la même famille** : mots ayant un radical commun (***port**er*, *ap**port**er*, *ex**port**ation*). **Champ lexical** : ensemble de mots en lien avec une même notion (*frayeur, trembler, terrorisé, claquer des dents* appartiennent au champ lexical de la peur).

S'ENTRAÎNER

1 Placez les mots suivants dans les phrases.

alexandrin • bruyant • charbon • connoté • coron • filon • mine • négativement • péjoratif • pestilentiel • raffiné • repoussant • silencieux • soleil • suave • suffixe • terril • trottinoir • vers

1. Le mot .... est un néologisme. **2.** Le .... de l'adjectif *verdâtre* est .... **3.** .... et .... sont deux antonymes. **4.** ...., ..., ..., ...appartiennent au champ lexical de la .... **5.** .... est un hyperonyme d'........................ **6.** Le mot .... peut être .... positivement ou .... **7.** Les adjectifs .... et .... sont péjoratifs alors que .... et .... sont mélioratifs.

2 **Complétez le tableau avec ❶ des mots de la même famille, ❷ le champ sémantique, ❸ les connotations, ❹ le champ lexical.**

	plume	arbre
❶		
❷		
❸		
❹		

3 **« Pangloss enseignait la métaphysico-théologo-cosmolonigologie ». Comment le dernier mot est-il formé ? Quel est le procédé employé par Voltaire ? Quel effet a-t-il ?**

4 **Lisez l'extrait suivant et répondez aux questions.**

Aricie, prisonnière de Thésée qui a détrôné sa famille en conquérant Athènes, expose son terrible destin à sa confidente Ismène.

ARICIE

Reste du **sang** d'un roi noble fils de la Terre,
Je suis seule échappée aux fureurs de la guerre[1] :
J'ai perdu, dans la **fleur** de leur jeune **saison**,
Six frères... Quel espoir d'une illustre **maison** !
Le **fer** moissonna tout ; et la terre humectée
But à regret le sang des **neveux** d'Érechthée[2].
Tu sais, depuis leur mort, quelle sévère loi
Défend à tous les Grecs de **soupirer** pour moi :
On craint que de la sœur les **flammes** téméraires
Ne raniment un jour la cendre de ses frères.

J. Racine, *Phèdre*, 1677.

1. Aricie appartient à la famille des Pallantides, les rivaux de Thésée. 2. Roi légendaire d'Athènes.

a. Associez chaque mot en gras à son sens figuré.

– famille : .... – éprouver de l'amour : ....
– famille, lignée : .... – épanouissement : ....
– âge : .... – épée : ....
– descendants : .... – passions : ....

b. Relevez deux adjectifs mélioratifs.

5 **Comparez les connotations du mot « nuit » dans ces deux extraits de poèmes.**

EXTRAIT 1

Ô nuit ! ô rafraîchissantes ténèbres ! vous êtes pour moi le signal d'une fête intérieure, vous êtes la délivrance d'une angoisse !

Baudelaire, « Le crépuscule du soir », *Spleen et Idéal*, 1857.

EXTRAIT 2

Ainsi, toujours poussés vers de nouveaux rivages,
Dans la nuit éternelle emportés sans retour,
Ne pourrons-nous jamais sur l'océan des âges
Jeter l'ancre un seul jour ?

Lamartine, « Le lac », *Méditations poétiques*, 1820.

6 **Lisez l'extrait suivant et répondez aux questions.**

Dom Juan s'adresse à son valet Sganarelle.

DOM JUAN. – [...] Il n'est rien de si doux que de triompher de la résistance d'une belle personne, et j'ai sur ce sujet l'ambition des conquérants, qui volent perpétuellement de victoire en victoire, et ne peuvent se résoudre à borner leurs souhaits. Il n'est rien qui puisse arrêter l'impétuosité de mes désirs : je me sens un cœur à aimer toute la terre ; et comme Alexandre, je souhaiterais qu'il y eût d'autres mondes, pour y pouvoir étendre mes conquêtes amoureuses.

Molière, *Dom Juan*, 1665.

a. Nommez les deux champs lexicaux surlignés et expliquez leur rapprochement.

b. Quel groupe nominal rassemblant les deux champs lexicaux montre comment Dom Juan conçoit l'amour ?

7 **Dégagez le champ sémantique du mot « pied » dans le tercet suivant, puis montrez que ce nom est à la confluence de deux champs lexicaux que vous relèverez.**

[...] rimant au milieu des ombres fantastiques,
Comme des lyres, je tirais les élastiques
De mes souliers blessés, un pied près de mon cœur !

A. Rimbaud, « Ma bohème », *Cahier de Douai*, 1870.

8 **Vers l'écrit du BAC**

Trouvez sur Internet l'intégralité du sonnet de Rimbaud intitulé « Ma bohème ». Relevez les différents champs lexicaux puis rédigez sur papier libre un paragraphe dans lequel vous montrerez comment le poète joue avec les mots.

21 Les tonalités

RETENIR

La **tonalité** d'un texte est un ensemble d'éléments expressifs visant à produire une émotion.

Tonalité	Effets	Procédés
Comique	Elle vise à **provoquer le rire** ou l'amusement.	Répétitions, décalage de mots, de gestes, de situations.
Satirique	Elle **dénonce, par la moquerie**, les défauts d'un individu ou d'une société.	Figures d'exagération (hyperbole, etc.) et ironie (antiphrase, etc.).
Tragique	Elle vise à **créer une émotion douloureuse** (crainte, désespoir, pitié) face à la fatalité.	Figures d'exagération, exclamations, champ lexical de la souffrance et de la mort.
Pathétique	Elle cherche à **inspirer l'attendrissement et la compassion.**	Champ lexical de la tristesse et de la souffrance, figures d'exagération (hyperbole, etc.), exclamations, etc.
Lyrique	Elle **exalte les sentiments** : amour, communion avec la nature.	Musicalité pour exprimer les sentiments du moi, pronom *je*, champ lexical des sentiments et des sensations.
Élégiaque	Elle **exprime la nostalgie**, le regret (par exemple, la fuite du temps).	
Polémique	Elle vise à **discréditer l'adversaire.** Elle s'attaque aux mœurs, aux valeurs ou aux institutions dénoncées.	Pronoms *je* ou *nous*, vocabulaire péjoratif.
Épique	Elle vise à **susciter l'admiration ou l'effroi** car les personnages sont confrontés à des situations exceptionnelles, des combats héroïques.	Figures d'exagération, amplification des phrases et des images, champ lexical de l'héroïsme, du merveilleux, images.
Réaliste	Elle cherche à **donner l'illusion du vrai.**	Nombreux détails, choix de thèmes de la vie quotidienne sans rien embellir.
Fantastique	Elle cherche à **susciter des sentiments d'incertitude, d'angoisse** par le surgissement d'éléments surnaturels au sein du quotidien.	Figures d'exagération, champ lexical de la peur, de l'étrange, expression du doute.

S'ENTRAÎNER

1 Identifiez la tonalité de chaque extrait et surlignez les indices qui ont guidé votre choix.

Un songe (me devrais-je inquiéter d'un songe ?)
Entretient dans mon cœur un chagrin qui le ronge.
Je l'évite partout, partout il me poursuit.
C'était pendant l'horreur d'une profonde nuit.

J. Racine, *Athalie*, 1691.

....

Ah ! tout ce qui s'est agité là de démence et de sottise, des imaginations folles, des pratiques de basse police, des mœurs d'inquisition[1] et de tyrannie, le bon plaisir de quelques galonnés[2] mettant leurs bottes sur la nation, lui rentrant dans la gorge son cri de vérité et de justice, sous le prétexte menteur et sacrilège de la raison d'État !

1. Enquête abusive et humiliante.
2. Officiers ou sous-officiers.

É. Zola, « J'accuse », *Lettre à M. Félix Faure, président de la République*, 1898.

....

Mais la grande pitié de Gervaise était surtout le père Bru, dans son trou, sous le petit escalier. Il s'y retirait comme une marmotte, s'y mettait en boule, pour avoir moins froid ; il restait des journées sans bouger, sur un tas de paille. La faim ne le faisait même plus sortir, car c'était bien inutile d'aller gagner dehors de l'appétit, lorsque personne ne l'avait invité en ville.

É. Zola, *L'Assommoir*, 1877.

....

2 Quelle tonalité est employée pour décrire le jeu de la concurrence ? Pourquoi ? Appuyez votre analyse sur le champ lexical surligné que vous identifierez.

Denise est embauchée comme vendeuse au « Bonheur des Dames », un grand magasin de Paris.

C'était la femme que les magasins se disputaient par la concurrence, la femme qu'ils prenaient au continuel piège de leurs occasions, après l'avoir étourdie devant leurs étalages. Ils avaient éveillé dans sa chair de nouveaux désirs, ils étaient une tentation immense, où elle succombait fatalement, cédant d'abord à des achats de bonne ménagère, puis gagnée par la coquetterie, puis dévorée. En décuplant la vente, en démocratisant le luxe, ils devenaient un terrible agent de dépense, ravageaient les ménages, travaillaient[1] au coup de folie de la mode, toujours plus chère.

É. Zola, *Au Bonheur des Dames*, 1883.

1. Excitaient, obsédaient.

....

3 Lisez cet extrait et répondez aux questions.

Un Persan, Rica, voyage en France et fait part de ses impressions à son ami Rhédi, resté en Perse. Sa lettre 99 commente la mode des Parisiennes.

Que me servirait de te faire une description exacte de leur habillement et de leurs parures ? Une mode nouvelle viendrait détruire tout mon ouvrage, comme celui de leurs ouvriers[1] ; et, avant que tu eusses reçu ma lettre, tout serait changé.

Une femme qui quitte Paris pour aller passer six mois à la campagne en revient aussi antique que si elle s'y était oubliée trente ans. Le fils méconnaît le portrait de sa mère, tant l'habit avec lequel elle est peinte lui paraît étranger ; il s'imagine que c'est quelque Américaine[2] qui y est représentée, ou que le peintre a voulu exprimer quelqu'une de ses fantaisies.

Montesquieu, *Lettres persanes*, Lettre XCIX, 1721.

1. Les couturiers.
2. Il s'agit ici d'une Indienne d'Amérique, souvent représentée le visage peint

a. Quelle tonalité est employée dans ce passage ? Sur quels procédés Rica s'appuie-t-il pour construire son propos ? Surlignez les indices correspondants.

....

b. Que dénonce ici Montesquieu ?

....

4 Écrit d'appropriation

Rédiger un récit

Nouveau/Nouvelle dans votre établissement scolaire, vous rencontrez pour la première fois vos camarades le jour de la rentrée. En vous inspirant de cette situation, proposez, sur papier libre, deux récits différents, très brefs : l'un sera de tonalité satirique, l'autre de tonalité pathétique.

5 Vers l'écrit du BAC

Lisez cet extrait de poème et répondez aux questions.

Les feuilles qui gisaient dans le bois solitaire,
S'efforçant sous ses pas de s'élever de terre,
Couraient dans le jardin ;
Ainsi, parfois, quand l'âme est triste, nos pensées
S'envolent un moment sur leurs ailes blessées,
Puis retombent soudain.
Il[1] contempla longtemps les formes magnifiques
Que la nature prend dans les champs pacifiques ;
Il rêva jusqu'au soir ;
Tout le jour il erra le long de la ravine,
Admirant tour à tour le ciel, face divine,
Le lac, divin miroir !

V. Hugo, « Tristesse d'Olympio »,
Les Rayons et les Ombres, 1840.

1. Désigne Olympio, double poétique de Victor Hugo.

a. Quelle est l'intention du poète dans cet extrait ? Justifiez votre analyse.

b. Quel rôle joue la nature ? Relevez des procédés à l'appui de votre réponse (figures de style, rythme, etc.).

....

22 Les figures de style

Testez-vous avec des Quiz
bordas.media/733866_046

RETENIR

■ Les **figures de style** (ou **figures de rhétorique**) modifient l'emploi ordinaire des mots pour toucher le destinataire.

Les figures d'insistance	
La répétition et l'anaphore	Reprise d'un même mot ou groupe de mots, sans modification. Dans l'anaphore, cette répétition est en début de vers ou de phrase : « Faut-il laisser un affront impuni ? Faut-il punir le père de Chimène ? » (Corneille)
Le parallélisme	Reprise d'une même construction grammaticale. « Se venger est de l'individu, punir est de Dieu. » (Hugo)
Le chiasme	Disposition des termes de manière croisée. « Un roi chantait en bas, en haut mourait un Dieu. » (Hugo)
L'énumération	Accumulation, liste de termes. « Puis des tricots, des bas, des chaussettes, des dentelles. » (Zola)
Les figures d'amplification et d'atténuation	
La gradation	Succession de plusieurs termes d'intensité croissante ou décroissante. « Je me meurs, je suis mort, je suis enterré. » (Molière)
L'hyperbole	Emploi d'un terme très fort, exagéré. « Les femmes mêmes faisaient un arc-en-ciel nuancé de mille couleurs. » (Montesquieu)
L'euphémisme et la litote	Atténuation d'une expression afin d'en limiter la brutalité (euphémisme) ou d'en suggérer davantage (litote). Euphémisme : « qui dort son sommeil » (Baudelaire) pour « qui est mort ». Litote : « Je ne te hais point » (Corneille) pour « je t'aime ».
Les figures d'opposition	
L'oxymore	Association de deux mots contradictoires dans une même unité grammaticale. « Cette obscure clarté qui tombe des étoiles. » (Corneille)
L'antithèse	Rapprochement de mots désignant des réalités opposées. « Selon que vous serez puissant ou misérable, les jugements de cour vont rendront blanc ou noir. » (La Fontaine)
Les figures d'analogie	
La comparaison et la métaphore	Rapprochement de deux réalités, sans outil de comparaison pour la métaphore. Métaphore : « Mais la chevelure est une rivière tiède. » (Mallarmé)
La personnification	Assimilation d'un objet ou d'un animal à une personne. « Charmant rayon, que me veux-tu ? » (Lamartine)
L'allégorie	Représentation concrète d'une idée abstraite. « Le spectre Rien levait sa tête hors du gouffre. » (Hugo)
Les figures de substitution	
La métonymie et la synecdoque	Remplacement d'un mot par un autre mot en s'appuyant sur leur relation logique (et sur un rapport d'inclusion pour la synecdoque). *Une voile* au lieu d'*un bateau* = synecdoque.
La périphrase	Remplacement d'un mot par un groupe de mots désignant la même réalité. *Le Roi Soleil* pour désigner Louis XIV.
L'antiphrase	Remplacement d'une phrase par son contraire, souvent par ironie. « Des appartements d'une extrême fraîcheur » pour désigner la prison, chez Voltaire.

S'ENTRAÎNER

1 Lisez cet extrait et répondez aux questions.

Avant de connaître Thérèse, Laurent avait la lourdeur, le calme prudent, la vie sanguine d'un fils de paysan. Il dormait, mangeait, buvait en brute. À toute heure, dans tous les faits de l'existence journalière, il respirait d'un souffle large et épais, content de lui, un peu abêti par sa graisse. À peine, au fond de sa chair alourdie, sentait-il parfois des chatouillements. C'étaient ces chatouillements que Thérèse avait développés en horribles secousses.

É. Zola, *Thérèse Raquin*, 1867.

a. Surlignez la figure de style qui apparaît dans les trois premières phrases. Quelle est-elle ? Quel est l'effet visé ?

....

....

....

b. Identifiez les deux figures de style dans les deux dernières phrases. Que révèlent-elles sur la métamorphose de Laurent ?

....

....

....

....

2 Dégagez le sens implicite de chaque phrase et précisez la figure de style utilisée.

1. Je suis morte de peur : ....

2. Ce n'est pas pour me déplaire... : ....

....

3. J'y vais, je cours, je vole ! : ....

4. Il nous a quittés, après sa longue maladie : ....

....

3 Lisez cet extrait et répondez aux questions.

Tout est bien sortant des mains de l'Auteur des choses[1], tout dégénère entre les mains de l'homme. Il force une terre à nourrir les productions d'une autre, un arbre à porter les fruits d'un autre ; il mêle et confond les climats, les éléments, les saisons ; il mutile son chien, son cheval, son esclave ; il bouleverse tout, il défigure tout, il aime la difformité, les monstres ; il ne veut rien tel que l'a fait la nature, pas même l'homme ; il le faut dresser pour lui, comme un cheval de manège ; il le faut contourner à sa mode, comme un arbre de son jardin.

J.-J. Rousseau, *Émile ou De l'éducation*, 1762.

1. Désigne Dieu.

a. Que met en valeur la construction de la première phrase ?

....

....

....

....

b. Dans la seconde phrase, de quoi le narrateur accuse-t-il l'homme ? Quels procédés renforcent le ton de reproche ?

....

....

....

c. Soulignez les comparaisons. À quoi servent-elles dans cette argumentation ?

....

....

....

4 Écrit d'appropriation

Inventer des formules

Dans *Le Misanthrope* de Molière (1666), Alceste déclarait : « Et c'est n'estimer rien, qu'estimer tout le monde. » Aujourd'hui encore, la formule est célèbre car on se souvient de l'alliance de l'antithèse et du parallélisme. À votre tour, sur papier libre, inventez cinq formules de quelques phrases pour évoquer un sentiment : l'amour, la colère, la joie, etc. Chaque formule s'appuiera sur une figure de style différente que vous nommerez.

5 Vers l'écrit du BAC

Lisez ce poème et répondez aux questions.

Vous êtes un beau ciel d'automne, clair et rose !
Mais la tristesse en moi monte comme la mer,
Et laisse, en refluant, sur ma lèvre morose
Le souvenir cuisant de son limon amer.

– Ta main se glisse en vain sur mon sein qui se pâme ;
Ce qu'elle cherche, amie, est un lieu saccagé
Par la griffe et la dent féroce de la femme.
Ne cherchez plus mon cœur ; les bêtes l'ont mangé.

Mon cœur est un palais flétri par la cohue ;
On s'y soûle, on s'y tue, on s'y prend aux cheveux !
– Un parfum nage autour de votre gorge nue !...

Ô Beauté, dur fléau des âmes, tu le veux !
Avec tes yeux de feu, brillants comme des fêtes,
Calcine ces lambeaux qu'ont épargnés les bêtes !

Ch. Baudelaire, « Causerie », *Les Fleurs du mal*, 1857.

a. Surlignez les figures de style qui désignent les émotions du poète. Que soulignent-elles ?

b. Quelles figures de style dominent dans toute la dernière strophe ? Quel est l'effet visé ? Justifiez votre réponse.

....

....

....

....

....

....

....

....

....

23 L'image fixe

Testez-vous avec des Quiz
bordas.media/733866_048

RETENIR

L'image est une **imitation** et une **représentation**, qui fait partager la vision du monde d'un artiste.

Observer les caractéristiques de l'image

- La **nature** de l'image est définie par les techniques de sa fabrication : tableau, gravure, dessin, photographie, collage, etc.
- Le **genre** de l'image peut être un portrait, une caricature, une nature morte, une photographie d'art ou de presse.

Observer le sujet représenté

- L'image **figurative** représente des éléments appartenant à la réalité. **Abstraite**, elle n'a pas de référent dans le monde réel.
- L'image peut être **en rapport avec un texte** quand elle l'illustre ou accompagne un slogan.

Comprendre la composition de l'image

- **Cadrer**, c'est faire une sélection entre ce qui est dans le champ ou hors champ. Le cadrage est plus ou moins resserré : plan d'ensemble, plan moyen (personnage en pied), gros plan (cadrage serré sur un visage, par exemple).
- Les **lignes de force** verticales, horizontales ou obliques sont les grands axes qui structurent l'image.
- Les **lignes de fuite** donnent l'illusion de profondeur, selon les lois de la perspective. Elles convergent vers un point de fuite.
- Les **plans** (premier ou second plan, arrière-plan…) structurent la profondeur de l'image.
- Les **couleurs froides** (tirant vers le bleu) et **chaudes** (tirant vers l'orange), et les zones éclairées ou sombres créent des contrastes.

Comprendre le langage de l'image

- Les **connotations** : éléments symboliques, références à d'autres œuvres.
- Les **tonalités** : polémique, épique, satirique, lyrique, comique, tragique ou pathétique.

Analyser la fonction de l'image

- **Informative** : pratique, elle rend compte du réel ou illustre un texte explicatif.
- **Argumentative** : elle veut persuader dans le domaine politique, religieux ou économique.
- **Narrative** : elle raconte une histoire ou illustre un récit.
- **Émotive** : elle cherche à faire rire, choquer ou apitoyer.
- **Esthétique** : elle vise à séduire par sa beauté.

S'ENTRAÎNER

OBSERVER LA COMPOSITION D'UN TABLEAU

1 Observez ce tableau.

Delacroix représente l'insurrection des « Trois Glorieuses » (les 27, 28 et 29 juillet 1830), qui renversa la monarchie des Bourbons pour y instaurer la monarchie constitutionnelle.

E. Delacroix (1798-1863), *La Liberté guidant le peuple*, huile sur toile, 1830, musée du Louvre, Paris.

a. **Tracez les lignes de force. Que met en valeur la composition du tableau ?**

....

....

....

....

....

....

....

....

....

b. **Comment le choix du cadrage et l'organisation des plans mettent-ils en valeur la violence de cette insurrection ?**

....

....

....

....

....

....

....

....

....

....

....

c. **Quel lien pouvez-vous faire entre le titre du tableau et la scène représentée ?**

....

....

ANALYSER LA FONCTION D'UN TABLEAU

2 **Observez ce tableau.**

Claude Vignon (1593-1670), *Crésus*, 1629, musée des Beaux-Arts, Tours.

a. **Qui est Crésus ? Comment la composition du tableau souligne-t-elle l'importance du personnage ?**

....

....

....

....

....

....

....

....

....

....

b. **Tracez la principale ligne de force. Que signifie l'élément central du tableau qu'elle met en valeur ?**

....

....

....

....

....

....

c. **Étudiez le jeu des regards. À partir de cette observation, quelle fonction principale pouvez-vous attribuer à cette image ?**

....

....

....

....

....

....

....

COMPARER DEUX TABLEAUX

3 **Observez ces tableaux.**

Philippe de Champaigne (1602-1674), *Vanité*[1], *ou Allégorie de la vie humaine*, 1644, musée de Tessé, Le Mans.

1. Nature morte qui symbolise le caractère éphémère de la vie humaine.

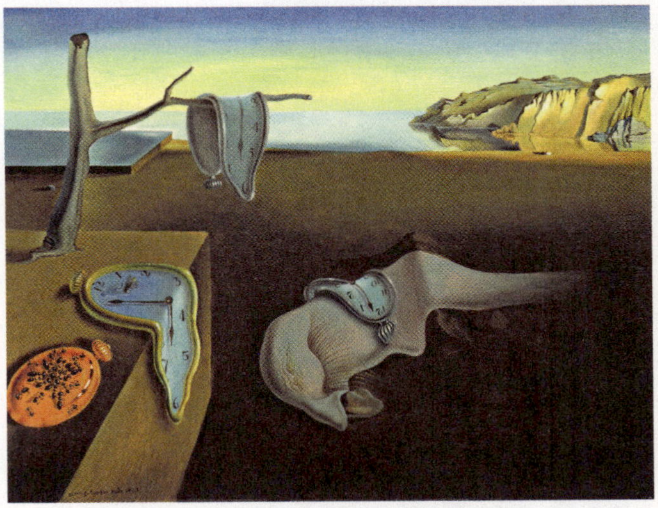

Salvador Dalí (1904-1989), *La Persistance de la mémoire*, 1931, musée d'Art moderne, New York.

a. **Quel est le sujet commun à ces deux œuvres ? Indiquez tous les objets qui s'y rattachent.**

....

....

....

....

b. **Quelles différences de composition relevez-vous dans les deux tableaux ?**

....

....

....

c. **Montrez que ces deux tableaux, par leurs connotations, ont des fonctions différentes auprès du spectateur.**

....

....

....

....

....

....

ANALYSER DES IMAGES DE NATURES DIFFÉRENTES

4 Observez ces images.

1. Affiche pour Amnesty International, 2003.

2. **Honoré Daumier** (1808-1879), « Les représentants représentés – Assemblée législative. 13. », *Le Charivari*, 20 juillet 1849.

3. **Émile Bayard** (1837-1891), illustration de Cosette dans *Les Misérables* de V. Hugo.

4. **Marc Chagall** (1887-1985), *La Mariée*, huile sur toile, 1950, collection particulière.

a. Quelle est la nature et la fonction de chaque image ?

1.

2.

3.

4.

b. Quelle est la tonalité de chaque image ? Quels procédés mettent en valeur le message de l'image ?

1.

2.

3.

4.

COMPARER UN TEXTE ET UNE PHOTOGRAPHIE

4 Observez la photographie et lisez le texte.

DOCUMENT 1

S. Salgado, *Mine d'or de Serra Pelada*, Brésil, 1986.

DOCUMENT 2

Étienne Lantier est embauché dans une mine de charbon. Le premier jour, il découvre le puits.

Le puits avalait des hommes par bouchées de vingt et de trente, et d'un coup de gosier si facile, qu'il semblait ne pas les sentir passer. Dès quatre heures, la descente des ouvriers commençait. Ils arrivaient de la baraque, pieds nus, la lampe à la main, attendant par petits groupes d'être en nombre suffisant. Sans un bruit, d'un jaillissement doux de bête nocturne, la cage de fer montait du noir, se calait sur les verrous, avec ses quatre étages contenant chacun deux berlines pleines de charbon. [...]

Son tour était arrivé, la cage avait reparu, de son mouvement aisé et sans fatigue. Il s'y accroupit avec des camarades, elle replongea, puis jaillit de nouveau au bout de quatre minutes à peine, pour engloutir une autre charge d'hommes. Pendant une demi-heure, le puits en dévora de la sorte, d'une gueule plus ou moins gloutonne, selon la profondeur de l'accrochage où ils descendaient, mais sans un arrêt, toujours affamé, de boyaux géants capables de digérer un peuple. Cela s'emplissait, s'emplissait encore, et les ténèbres restaient mortes, la cage montait du vide dans le même silence vorace.

É. Zola, *Germinal*, 1885.

a. Que dénoncent ces deux documents ?

....

....

....

....

....

....

....

b. Surlignez, dans l'extrait de Zola, les termes qui rappellent les éléments représentés sur la photographie de Salgado.

c. Quels éléments connotent l'enfer dans ces deux œuvres ?

....

....

....

....

....

....

....

....

....

d. Quelle est la tonalité commune à ces deux documents ? Justifiez votre réponse.

....

....

....

....

....

....

....

....

....

....

....

....

6 Écrit d'appropriation

Décrire un tableau

Regardez sur Internet le tableau d'Édouard Manet intitulé *Le Chemin de fer*. Sur papier libre, décrivez-le en étudiant sa composition et ses couleurs. Exprimez ce que vous ressentez en contemplant cette toile et dégagez ce qu'elle signifie selon vous.

24 Le Moyen Âge

Testez-vous avec des Quiz
bordas.media/733866_052

RETENIR

La littérature au Moyen Âge

- Le Moyen Âge en littérature couvre une longue période qui va de la toute fin du XIe siècle, avec *La Chanson de Roland*, à la fin du XVe siècle. La littérature française médiévale est née à partir du moment où des lettrés ont mis par écrit les œuvres jusqu'alors interprétées à l'oral par des jongleurs, **troubadours** (langue d'oc) ou **trouvères** (langue d'oïl).
- Ces œuvres nous ont été transmises dans des **manuscrits** élaborés par des **copistes**. Certains sont richement **enluminés** : ils comportent des miniatures et des lettrines, c'est-à-dire des lettres ornées qui peuvent indiquer le début d'une œuvre ou d'un épisode.

Les genres littéraires au Moyen Âge

Les récits d'aventures courtoises et chevaleresques	– Les **chansons de geste** célèbrent la « geste », c'est-à-dire les hauts faits d'éminents chevaliers au service des rois de France. – Les **romans de chevalerie** : les premiers « romans » écrits en français abordent les aventures, souvent merveilleuses, des chevaliers de la cour du roi Arthur. – Les **lais** sont des récits brefs qui racontent en vers les aventures « vraies » d'hommes et de femmes du passé.	*La Chanson de Roland* *Le Conte du Graal* de Chrétien de Troyes Les *Lais* de Marie de France
Les récits comiques	– Les aventures de personnages-animaux. – Les **fabliaux** sont de courts contes comiques, au ton souvent grossier. Ces récits comiques parodient les genres nobles à travers des personnages stéréotypés.	*Le Roman de Renart*
La tradition lyrique	– La poésie **lyrique** et **courtoise** fait entendre les joies et les souffrances d'un poète amant au service d'une dame dont il espère les faveurs. C'est la ***fin'amor***. – Diverses formes comme la **ballade** ou le **rondeau** se développent.	*Le Livre du Voir Dit* de Guillaume de Machaut *Ballades* de Charles d'Orléans
La naissance du théâtre en français	Les pièces à sujet religieux (les **miracles**) cohabitent avec des pièces comiques. Le genre de la **farce** s'épanouit au XVe siècle, autour de personnages stéréotypés, comiques par leur ruse ou par leur bêtise spectaculaire.	*La Farce de maître Pathelin*

S'ENTRAÎNER

DÉCOUVRIR UN HÉROS DE ROMAN DU MOYEN ÂGE

1 Lisez le texte.

À leur suite, s'élance, piquant des éperons, un chevalier nommé Érec. Il faisait partie de la Table Ronde et jouissait d'une très grande faveur à la cour. Depuis qu'il y séjournait, il n'y eut chevalier plus aimé et il était d'une beauté telle qu'en nulle terre on ne pouvait espérer trouver plus beau que lui. Plein de beauté, de prouesse et de noblesse, il n'avait pourtant pas vingt-cinq ans. Jamais homme de son âge ne fut de plus grande bravoure.

Que dirais-je de ses qualités ? Il était monté sur un destrier et vêtu d'un manteau d'hermine ; il suit au galop le chemin, portant une cotte en brocart somptueux, tissé à Constantinople, des chausses en tissu de soie, parfaitement confectionnées et taillées. Il était campé sur ses étriers et avait mis une paire d'éperons en or. Il n'avait emporté avec lui d'autre arme que son épée. Il vient rejoindre la reine à bride abattue, au tournant d'une rue : « Dame, fait-il, je ferais route à vos côtés, s'il vous plaisait. Je ne suis venu ici que dans cette seule intention : vous tenir compagnie. »

Chrétien de Troyes, *Érec et Énide*, entre 1160 et 1170.

a. Dressez le portrait physique du personnage d'Érec.

....

....

....

b. Que montrent les passages surlignés dans le texte ?

....

....

....

c. Dressez le portrait moral du personnage.

....

....

....

d. En quoi tout cela en fait-il un parfait chevalier de la Table Ronde ?

....

....

DÉCOUVRIR LA POÉSIE MÉDIÉVALE

2 Lisez ce texte.

Le temps a laissié son manteau
De vent, de froidure et de pluye,
Et s'est vestu de brouderie[1],
De soleil lyant[2], cler[3] et beau.
Il n'y a beste, ne[4] oyseau,
Qu'en son jergon[5] ne chante ou crie :
Le temps a laissié son manteau !

Rivière, fontaine et ruisseau
Portent, en livree[6] jolie,
Gouttes d'argent, d'orfavrerie[7],
Chascun s'abille de nouveau :
Le temps a laissié son manteau !

Ch. d'Orléans, « Le temps a laissé son manteau »,
Rondeaux, XVe siècle (texte en ancien français).

1. Broderie. 2. Luisant. 3. Clair. 4. Ni. 5. Jargon (qu'en sa langue).
6. Tenue. 7. Orfèvrerie.

a. Lisez ce poème et définissez ce qu'est un rondeau.

....

....

....

b. Le texte médiéval est ici compréhensible. Certaines graphies ont toutefois évolué. Commentez l'évolution des mots « vestu » et « beste ».

....

....

c. Sur quelle métaphore le poème repose-t-il ?

....

....

DÉCOUVRIR LE THÉÂTRE MÉDIÉVAL

2 Lisez ce texte.

L'avocat Pathelin a recommandé à son client, un berger, de passer pour fou devant le tribunal en répondant « bée » à chaque question. La ruse ayant réussi, il cherche à se faire payer.

PATHELIN. – À dire vrai, tu as très bien joué ton rôle, tu as fait bonne figure. Ce qui lui a donné le change, c'est que tu t'es retenu de rire.
LE BERGER. – Bée !
PATHELIN. – Quoi « bée ! » ? Il ne faut plus le dire. Paie-moi et bien gentiment.
LE BERGER. – Bée !
PATHELIN. – Quoi « bée ! » ? Parle raisonnablement et paie-moi ; alors je m'en irai.
LE BERGER. – Bée !
[...]
PATHELIN. – Par Saint-Jean, tu as raison : les oisons mènent paître les oies.

La Farce de maître Pathelin, entre 1456 et 1469.

a. Sur quoi le comique de la scène repose-t-il ?

....

....

....

....

b. Au regard de la situation, comment peut-on qualifier Pathelin ?

....

c. Citez d'autres personnages qui se font tromper ainsi dans le théâtre français.

....

....

ANALYSER UNE IMAGE MÉDIÉVALE

4 Observez cette image.

Maître de Philippe de Croy, « Les trois ordres », *in Commencement des seigneuries et des diversités des États*, vers 1470, BnF.

a. D'où cette image provient-elle ? Comment appelle-t-on une telle image ?

....

....

b. On distingue sur cette image les trois catégories de la société médiévale. Quelles sont-elles ?

....

....

....

....

c. Que distingue-t-on à l'arrière-plan ? Comment s'organisait la société médiévale ?

....

....

....

....

....

....

25 La Renaissance

Testez-vous avec des Quiz
bordas.media/733866_054

RETENIR

Qu'est-ce que la Renaissance ?

- La **Renaissance** désigne un renouveau dans les arts, la littérature et les sciences au XVIe siècle.
Artistes et écrivains s'inspirent du **raffinement italien** et célèbrent l'**héritage antique gréco-romain**. Le savoir se diffuse largement en Europe depuis l'invention de l'imprimerie en 1454, mais le XVIe siècle est assombri par les **guerres de Religion** entre catholiques et protestants.
- Le mouvement littéraire et philosophique de l'**humanisme** s'interroge sur l'homme, son éducation et sa place dans le monde. Grâce aux **progrès de la navigation et de l'astronomie**, les Européens découvrent que la Terre n'est pas au centre de l'univers et qu'il existe un **nouveau continent, l'Amérique**.
- Un groupe de sept poètes réunis autour de Ronsard et Du Bellay prend le nom de la **Pléiade**, une constellation de sept étoiles. Il a pour ambition :
  - d'imiter les poètes antiques, qui se disaient inspirés par les muses ;
  - d'associer l'inspiration poétique à un travail soigneux sur la langue pour composer des vers ;
  - de défendre et d'enrichir la langue française devenue langue officielle au détriment du latin ;
  - de célébrer la poésie, qui donnerait accès à la gloire et à l'immortalité.

Formes privilégiées d'écriture

- Récits en prose : le roman épique et la nouvelle, récit bref inspiré de la littérature italienne.
- Argumentation directe : la forme libre de l'essai, le manifeste.
- Argumentation indirecte : l'utopie, la parodie, le roman comique et philosophique.
- Poésie : le sonnet, forme fixe venue d'Italie, mis à l'honneur par la Pléiade et par les poètes lyonnais (Maurice Scève, Louise Labé).

Écrivains et œuvres

- Rabelais : *Pantagruel* (1532) et *Gargantua* (1535)
- Du Bellay : *Défense et illustration de la langue française* (1549)
- Ronsard : *Les Odes* (1550-1552), *Les Amours* (1552-1555, 1578)
- Montaigne : *Essais* (1580-1592)

S'ENTRAÎNER

COMPRENDRE L'ART POÉTIQUE DE LA PLÉIADE

1 Lisez ces extraits.

EXTRAIT 1

Le jour que je fus né, Apollon qui préside
Aux Muses, me servit en ce monde de guide,
M'anima d'un esprit subtil et vigoureux,
[...]
Me donna pour partage une fureur d'esprit[1],
Et l'art de bien coucher ma verve[2] par écrit.

P. de Ronsard, *Hymne de l'Automne*, 1555.

EXTRAIT 2

Qui veut voler par les mains et bouches des hommes, doit longuement demeurer dans sa chambre[3] : qui désire vivre en la mémoire de la postérité, doit comme mort en soi-même suer et trembler maintes fois, et autant que nos poètes courtisans boivent, mangent et dorment à leur aise, endurer[4] de faim, de soif et de longues vigiles[5].

J. Du Bellay, *Défense et illustration de la langue française*, 1549.

1. Un élan créateur. 2. Éloquence. 3. Chez lui. 4. Supporter. 5. Veilles.

a. **Surlignez les expressions qui mettent en valeur la gloire et l'ambition du poète.**

b. **Dans chaque extrait, à quoi est due la gloire du poète ?**

....

....

....

....

c. **Pourquoi ces extraits donnent-ils deux visions opposées de la création poétique ?**

....

....

....

....

ÉTUDIER UN POÈME DE LA RENAISSANCE

2 Lisez ce poème.

Ni la fureur de la flamme enragée,
Ni le tranchant du fer victorieux,
Ni le dégât du soldat furieux,
Qui tant de fois, Rome, t'a saccagée,

Ni coup sur coup ta fortune changée,
Ni le ronger des siècles envieux[1],
Ni le dépit des hommes et des dieux,
Ni contre toi ta puissance rangée,

Ni l'ébranler des vents impétueux,
Ni le débord de ce dieu tortueux
Qui tant de fois t'a couvert de son onde[2],

Ont tellement ton orgueil abaissé,
Que[3] la grandeur du rien qu'ils t'ont laissé
Ne fasse encore émerveiller le monde.

J. Du Bellay, *Les Antiquités de Rome*, XIII, 1558.

1. L'érosion causée par le temps.
2. Référence aux inondations de son fleuve, le Tibre.
3. *tellement... que* : suffisament... pour que.

a. Quelle est la forme de ce poème ?

b. Pourquoi le poète s'adresse-t-il à la ville de Rome en particulier ? Que symbolise-t-elle ?

c. Du Bellay fait-il l'éloge ou le blâme de la ville ? Justifiez votre réponse.

RECONNAÎTRE UNE ÉDUCATION HUMANISTE

3 Lisez ce texte.

Gargantua écrit une lettre à son fils Pantagruel, un géant qui a quitté le royaume d'Utopie pour étudier à l'université.

Maintenant toutes les disciplines sont restituées, les langues instaurées, le grec sans lequel il est honteux qu'une personne se dise savante, l'hébreu, le chaldéen, le latin. Des impressions fort élégantes et correctes sont utilisées partout, qui ont été inventées à mon époque par inspiration divine, comme inversement l'artillerie l'a été par suggestion du diable. Tout le monde est plein de gens savants, de précepteurs[1] très doctes[2], de librairies très amples, tant et si bien que je crois que ni à l'époque de Platon, de Cicéron ou de Papinien, il n'y avait de telle commodité d'étude qu'il s'en rencontre aujourd'hui. [...] Pour cette raison, mon fils, je te conjure[3] d'employer ta jeunesse à bien profiter dans tes études et dans la vertu.

F. Rabelais, *Pantagruel*, chapitre 8, 1532.

1. Professeurs. 2. Savants. 3. Conseille.

a. Surlignez l'énumération de la première phrase. À quelle période les langues évoquées font-elles référence ?

b. Résumez en une phrase le constat de Gargantua sur la société de cette époque.

c. Quelles qualités Gargantua espère-t-il chez son fils ?

ÉTUDIER UNE RÉFLEXION HUMANISTE

4 Lisez ces extraits.

EXTRAIT 1 : Livre I ....

Chacun appelle barbarie ce qui n'est pas de son usage ; comme de vrai, il semble que nous n'avons autre mire[1] de la vérité et de la raison que l'exemple et idée des opinions et usages[2] du pays où nous sommes.

EXTRAIT 2 : Livre I ....

« Je ne veux pas qu'il[3] invente et parle seul, je veux qu'il écoute son disciple parler à son tour. Socrate[4], et depuis Arcesilas[4], faisaient premièrement parler leurs disciples, et puis ils parlaient à eux. *Obest plerumque iis qui discere volunt auctoritas eorum qui docent*[5].

M. de Montaigne, *Essais*, 1580-1592.

1. Vision.
2. Coutumes.
3. Désigne le professeur idéal selon Montaigne.
4. Philosophes grecs.
5. « L'autorité de ceux qui enseignent nuit la plupart du temps à ceux qui veulent apprendre » (Cicéron).

a. Attribuez à ces extraits le sous-titre des *Essais* qui leur correspond : « De l'institution des enfants » ou « Des cannibales » (populations anthropophages d'Amérique).

b. Comment Montaigne fait-il référence aux Anciens dans ses *Essais* ?

c. Quelles qualités Montaigne défend-il dans ces deux extraits?

26 Le baroque et le classicisme

Testez-vous avec des Quiz
bordas.media/733866_056

RETENIR

Qu'est-ce que le baroque ?

- Le **baroque** est un **mouvement littéraire et culturel** qui domine toute l'Europe au XVIIe siècle.
- Dans une Europe fortement marquée par les bouleversements politiques et les guerres de Religion, le sentiment qui domine, au début du XVIIe siècle, est celui d'une **grande instabilité du monde**. Le baroque est **représentatif de cette vision d'un monde instable**.
- Il s'impose en France dès la fin du XVIe siècle avant de cohabiter avec le mouvement de la **préciosité**. Les précieux, représentés surtout par des femmes, s'attachent à exprimer l'amour d'une manière raffinée. Réunis dans des salons littéraires, ils aiment les jeux de l'esprit et les poèmes galants.

Qu'est-ce que le classicisme ?

- Le **classicisme** est un courant qui se développe uniquement en France **en réaction au mouvement baroque**.
- **Son apogée correspond au règne personnel de Louis XIV** qui débute en 1661. Le Roi-Soleil instaure un nouvel ordre politique fondé sur le renforcement de la monarchie absolue et la centralisation du pouvoir.
- Cette nouvelle ère politique coïncide avec **un changement profond des valeurs** : rejetant la vision baroque du monde, le classicisme prône l'**ordre**, l'**équilibre** et l'**harmonie**.

	Le baroque	Le classicisme
Principes esthétiques	– Le beau est lié au mouvement, à l'ornementation, à l'illusion. – On l'atteint par l'imagination, la liberté, l'originalité, la démesure.	– Le beau est lié à l'équilibre, à l'harmonie, à l'ordre, à la sobriété. – On l'atteint par la raison, l'imitation des Anciens, le respect des règles, la mesure.
Thèmes et motifs récurrents	– L'illusion et l'instabilité, la métamorphose, les miroirs, les masques, les images macabres. – Les incertitudes, le bonheur menacé.	– L'analyse des caractères, des désirs et des sentiments. L'individu confronté aux contraintes sociales, politiques et morales. – L'idéal d'équilibre et d'honnêteté.
Genres, œuvres et auteurs	– Théâtre : Corneille, *L'Illusion comique* (1636). – Roman : Honoré d'Urfé, *L'Astrée* (1619) ; Scarron, *Le Roman comique* (1657). – Poésie : Saint-Amant, Viau, L'Hermite.	– Théâtre : tragédies de Corneille et Racine ; la plupart des comédies de Molière. – Roman : Mme de La Fayette, *La Princesse de Clèves* (1678). – Argumentation : La Fontaine, *Fables* (1668) ; *La Rochefoucauld, Maximes* (1664) ; La Bruyère, *Les Caractères* (1688).
Texte théorique		Boileau, *L'Art poétique* (1674).

Remarque : on retrouve fréquemment des éléments baroques dans des œuvres classiques.
Exemple : le récit de la mort sanglante d'Hippolyte à la fin de *Phèdre*, de Racine (1677).

S'ENTRAÎNER

ÉTUDIER LES PRINCIPES ESTHÉTIQUES D'UN ÉCRIVAIN CLASSIQUE

1 Lisez ce texte.

Les fables ne sont pas ce qu'elles semblent être ;
Le plus simple animal nous y tient lieu de Maître.
Une morale nue apporte de l'ennui :
Le conte fait passer le précepte avec lui.
En ces sortes de feinte il faut instruire et plaire,
Et conter pour conter me semble peu d'affaire.
C'est par cette raison qu'égayant leur esprit,
Nombre de gens fameux en ce genre ont écrit.
Tous ont fui l'ornement et le trop d'étendue.
On ne voit point chez eux de parole perdue.
Phèdre[1] était si succinct qu'aucuns l'en ont blâmé ;
Ésope[1] en moins de mots s'est encore exprimé.

J. de La Fontaine, *Fables*, VI, 1, début, 1668.

1. Célèbres auteurs de fables de l'Antiquité.

En quoi cette définition du genre de la fable est-elle représentative de l'esthétique classique ? Pour répondre, complétez les phrases ci-dessous en vous référant aux passages surlignés dans le texte.

Le genre de la fable, selon La Fontaine, répond parfaitement à l'objectif de la littérature classique, qui vise à .... La forme du récit bref, imitée des auteurs antiques comme .... et .... permet d'éviter l'........................ que causerait ....

COMPARER UN TABLEAU BAROQUE ET UN TABLEAU CLASSIQUE

2 Observez ces tableaux.

Charles Le Brun, *L'Adoration des bergers*, 1689 (1,51 m × 2,15 m), musée du Louvre, Paris.

Georges de La Tour, *L'Adoration des bergers*, v. 1645 (1,07 m × 1,31 m), musée du Louvre, Paris.

a. Comparez les titres des tableaux. Que constatez-vous ?

b. Observez le cadrage, la composition, les couleurs, le décor, la lumière et les personnages des deux tableaux.

- **Quel tableau est le plus sobre ? Justifiez votre réponse.**

- **Caractérisez le style de l'autre tableau.**

c. Pour conclure, dites lequel des deux tableaux est baroque et lequel est classique.

RECONNAÎTRE UN DÉCOR DE THÉÂTRE BAROQUE

3 Lisez ce texte.

Dorante conseille à un ami, inquiet pour son fils, de consulter un savant magicien.

DORANTE.

Ce mage, qui d'un mot renverse la nature,
N'a choisi pour palais que cette grotte obscure.
La nuit qu'il entretient sur cet affreux séjour,
N'ouvrant son voile épais qu'aux rayons d'un faux jour,
De leur éclat douteux n'admet en ces lieux sombres
Que ce qu'en peut souffrir le commerce des ombres[1].
N'avancez pas : son art[2] au pied de ce rocher
A mis de quoi punir qui s'en ose approcher ;
Et cette large bouche[3] est un mur invisible,
Où l'air en sa faveur devient inaccessible[4],
Et lui fait un rempart, dont les funestes bords
Sur un peu de poussière étalent mille morts.

P. Corneille, *L'Illusion comique*, acte I, scène 1, 1636.

1. Uniquement ce qui est accepté par les ombres.
2. Le savoir-faire du mage.
3. Ouverture de la grotte.
4. Où il n'est plus possible de respirer.

a. Quels éléments rappellent le goût baroque pour le macabre ? Surlignez de deux couleurs différentes les champs lexicaux qui s'y rattachent.

b. En quoi ce décor entretient-il l'illusion et les incertitudes propres à l'esthétique baroque ?

27 Le siècle des Lumières

Testez-vous avec des Quiz
bordas.media/733866_058

RETENIR

Qu'est-ce que les Lumières ?

- Les Lumières est un mouvement qui se développe en Europe au XVIIIe siècle. Les philosophes et écrivains prônent l'usage de la « **raison éclairée** ».
- Ce mouvement est une des causes de la **Révolution française** de 1789.
- Il combat l'ignorance et les préjugés par la diffusion des **connaissances** scientifiques et techniques et le **développement de l'esprit critique**.
- Il rejette l'autorité arbitraire et toute forme d'oppression, au nom de la **liberté**, de la **justice** et de la **tolérance**.
- La liberté de pensée s'incarne à l'extrême dans le **mouvement libertin** qui s'affranchit de tout précepte moral ou religieux, et privilégie le raffinement et la galanterie.

L'épanouissement de la sensibilité

- L'homme du XVIIIe siècle s'affirme en tant qu'individu sensible : il exprime ses passions et revendique son droit au bonheur. À la manière de Rousseau, il s'enthousiasme pour la nature et les paysages exotiques, annonçant le mouvement du romantisme au XIXe siècle.

Formes privilégiées d'écriture

- La littérature d'idée se développe :
  - l'argumentation directe : essai, pamphlet, encyclopédie ;
  - l'argumentation indirecte : dialogue, conte philosophique, roman, théâtre, utopie.
- Le roman permet aussi de véhiculer l'esprit du siècle, notamment à travers la forme du roman épistolaire chez Montesquieu, Laclos ou Rousseau.

Écrivains et œuvres essentiels

- Diderot et d'Alembert : ***L'Encyclopédie*** (1751-1772). Ce vaste ouvrage collectif vise à exposer l'ensemble des connaissances de l'époque.
- Diderot : *Le Neveu de Rameau* (1762), *Jacques le fataliste* (1765)
- Voltaire : *Lettres philosophiques* (1734), *Candide* (1759)
- Montesquieu : *Lettres persanes* (1721), *De l'esprit des lois* (1748)
- Rousseau : *Du contrat social* (1762), *Les Confessions* (1765-1770), *La Nouvelle Héloïse* (1761)
- Choderlos de Laclos : *Les Liaisons dangereuses* (1782)

S'ENTRAÎNER

RECONNAÎTRE UNE UTOPIE DES LUMIÈRES

1 Lisez ce texte.

Candide et son valet découvrent une magnifique contrée d'Amérique du Sud : l'Eldorado. Ils sont accueillis par les habitants.

Candide et Cacambo sautèrent au cou de Sa Majesté, qui les reçut avec toute la grâce imaginable et qui les pria poliment à souper. En attendant, on leur fit voir la ville, les édifices publics élevés jusqu'aux nues, les marchés ornés de mille colonnes, les fontaines d'eau pure, les fontaines d'eau rose, celles de liqueurs de canne de sucre, qui coulaient continuellement dans de grandes places, pavées d'une espèce de pierreries qui répandaient une odeur semblable à celle du girofle et de la cannelle. Candide demanda à voir la cour de justice, le parlement ; on lui dit qu'il n'y en avait point, et qu'on ne plaidait jamais. Il s'informa s'il y avait des prisons, et on lui dit que non. Ce qui le surprit davantage, et qui lui fit le plus de plaisir, ce fut le palais des sciences, dans lequel il vit une galerie de deux mille pas, toute pleine d'instruments de mathématiques et de physique.

Voltaire, *Candide*, 1759.

a. Surlignez les expressions hyperboliques. Quelles caractéristiques font de l'Eldorado un lieu invraisemblable ?

b. Comment le roi se comporte-t-il avec les étrangers ? Son attitude est-elle conforme à la réalité en France ?

c. Dans quelle mesure cette représentation de l'Eldorado a-t-elle aussi une portée argumentative en défendant l'idée du progrès ? Comment appelle-t-on cette représentation de l'Eldorado ?

REPÉRER LES IDÉAUX DES LUMIÈRES

2 Lisez ce texte.

En Angleterre, Collins et Bolingbroke ; en France, Bayle, Fontenelle, Voltaire, Montesquieu et les écoles formées par ces hommes célèbres, combattirent en faveur de la vérité, employant tour à tour toutes les armes que l'érudition, la philosophie, l'esprit, le talent d'écrire peuvent fournir à la raison ; prenant tous les tons, employant toutes les formes, depuis la plaisanterie jusqu'au pathétique, depuis la compilation la plus savante et la plus vaste, jusqu'au roman, ou au pamphlet du jour.

N. de Condorcet, *Esquisse d'un tableau historique des progrès de l'esprit humain*, 1793.

a. Le mouvement des Lumières est-il uniquement français ou bien a-t-il une dimension européenne ?

....

....

....

....

b. Repérez et surlignez les deux grandes valeurs des Lumières exprimées dans ce texte.

c. À quelle œuvre l'expression soulignée peut-elle faire référence ?

....

....

....

ANALYSER UNE PAROLE CONTESTATAIRE

3 Lisez ce texte.

MARCELINE, *s'échauffant par degrés*. – [...] J'étais née, moi, pour être sage, et je le suis devenue sitôt qu'on m'a permis d'user de ma raison. Mais dans l'âge des illusions, de l'inexpérience et des besoins, où les séducteurs nous assiègent, pendant que la misère nous poignarde, que peut opposer une enfant à tant d'ennemis rassemblés ? Tel nous juge ici sévèrement[1], qui peut-être en sa vie a perdu dix infortunées[2] !

FIGARO. – Les plus coupables sont les moins généreux ; c'est la règle.

MARCELINE, *vivement*. – Hommes plus qu'ingrats, qui flétrissez par le mépris les jouets de vos passions, vos victimes ! c'est vous qu'il faut punir des erreurs de notre jeunesse ; vous et vos magistrats, si vains[3] du droit de nous juger, et qui nous laissent enlever, par leur coupable négligence, tout honnête moyen de subsister. Est-il un seul état pour les malheureuses filles ? Elles avaient un droit naturel à toute la parure des femmes[4] : on y laisse former mille ouvriers de l'autre sexe.

Beaumarchais, *Le Mariage de Figaro*, 1784.

1. Allusion à Bartholo, qui lui reproche ses fautes de jeunesse.
2. Malheureuses femmes.
3. Glorieux sans raison valable.
4. On laissait aux femmes les métiers liés à la parure.

a. Quelles sont les cibles de la critique de Marceline ?

....

....

....

....

....

....

....

....

b. Reformulez en une phrase la revendication de Marceline sur les femmes.

....

....

....

....

....

c. Beaumarchais a-t-il recours à une argumentation directe ou indirecte ?

....

....

....

....

....

....

ANALYSER LES ÉMOTIONS DANS UN TEXTE

4 Lisez ce texte.

Qu'as-tu fait, ah ! qu'as-tu fait, ma Julie ? tu voulais me récompenser, et tu m'as perdu. Je suis ivre, ou plutôt insensé. Mes sens sont altérés, toutes mes facultés sont troublées par ce baiser mortel. Tu voulais soulager mes maux ! Cruelle ! tu les aigris. C'est du poison que j'ai cueilli sur tes lèvres ; il fermente, il embrase mon sang, il me tue, et ta pitié me fait mourir.

J.-J. Rousseau, *La Nouvelle Héloïse*, I, Lettre XIV, 1761.

a. Quelle est la particularité de ce roman dans sa forme ? Observez bien le titre.

....

....

....

....

b. À quoi est due la forte réaction du locuteur ?

....

....

....

....

c. Quels champs lexicaux mettent en valeur son extrême sensibilité ? Surlignez les mots qui s'y rattachent.

....

....

....

....

28 Le romantisme

Testez-vous avec des Quiz
bordas.media/733866_060

RETENIR

Qu'est-ce que le romantisme ?

- Le **romantisme** est un mouvement littéraire et artistique européen qui naît à la fin du XVIIIe siècle en Angleterre et en Allemagne.
- En France, il s'affirme au cours de la **première moitié du XIXe siècle**, période d'instabilité politique et de progrès scientifiques et économiques, marquée par une opposition entre l'ancien et le moderne.
- Dans les arts, cette opposition divise les partisans du **classicisme** et ceux du **romantisme**, comme en 1830 lors de la « bataille d'*Hernani* », où les deux camps s'affrontèrent lors des premières représentations du drame romantique de Victor Hugo.
- Les **artistes romantiques** :
  - rejettent les règles du classicisme au nom de la **liberté du créateur** ;
  - valorisent l'**expression de la sensibilité** ;
  - recherchent de **nouvelles formes artistiques** qui rendent compte de la totalité de l'expérience humaine (le bien et le mal, le beau et le laid), tels le **drame romantique** au théâtre, ou l'invention du **poème en prose**.
- Face à un monde devenu instable et décevant, certains écrivains romantiques (Chateaubriand, Musset...) éprouvent « **le mal du siècle** » : ils rejettent le présent et la réalité pour se réfugier dans le passé, la religion et l'exotisme ; d'autres choisissent l'**engagement** (Hugo) dans des causes politiques et sociales.

Formes privilégiées d'écriture

- L'autobiographie
- La poésie lyrique (expression d'une sensibilité) et la poésie épique (engagement politique)
- Le drame romantique, nouveau genre théâtral fondé sur le mélange des genres et des registres
- Le roman noir et le roman social

Écrivains et œuvres

- Chateaubriand : *René* (1802), *Mémoires d'outre-tombe* (1848, posthume)
- Vigny : *Cinq-Mars* (1826), *Les Destinées* (1864)
- Lamartine : *Méditations poétiques* (1820)
- Hugo : Préface de *Cromwell* (1827), *Hernani* (1830), *Les Contemplations* (1856)
- Musset : *Lorenzaccio* (1834), *Les Nuits* (1853)

S'ENTRAÎNER

COMPRENDRE L'ESTHÉTIQUE DU DRAME ROMANTIQUE

1 Lisez ces extraits.

EXTRAIT 1

L'unité de temps n'est pas plus solide que l'unité de lieu. L'action, encadrée de force dans les vingt-quatre heures, est aussi ridicule qu'encadrée dans le vestibule[1]. Toute action a sa durée propre comme son lieu particulier. Verser la même dose de temps à tous les événements ! Appliquer la même mesure sur tout ! On rirait d'un cordonnier qui voudrait mettre le même soulier à tous les pieds.

EXTRAIT 2

Que si nous avions le droit de dire quel pourrait être, à notre gré, le style du drame, nous voudrions un vers libre, franc, loyal, osant tout dire sans pruderie[2], tout exprimer sans recherche ; passant d'une naturelle allure de la comédie à la tragédie, du sublime au grotesque ; [...] sachant briser à propos et déplacer la césure[3] pour déguiser sa monotonie d'alexandrin.

V. Hugo, Préface de *Cromwell*, 1827.

1. Couloir ou entrée d'une maison.
2. Pudeur excessive.
3. Coupe principale au milieu des douze syllabes de l'alexandrin.

a. Dans l'extrait 1, à quelle époque et à quel mouvement littéraire V. Hugo s'oppose-t-il quand il critique l'« unité de temps » ?

....

....

....

b. Par quels procédés V. Hugo dévalorise-t-il ces règles du théâtre ?

....

....

....

....

....

....

c. Surlignez l'expression qui exprime clairement un mélange des tons dans l'extrait 2. Quels mots sont en opposition ?

....

....

....

d. Pourquoi V. Hugo défend-il ainsi le mélange des tons dans le drame romantique ?

....

....

....

OBSERVER UN DRAME ROMANTIQUE

2 Lisez ce texte.

LA REINE, *entrant.*
Don César !

RUY BLAS, *se retournant avec un mouvement d'épouvante, et fermant précipitamment la robe qui cache sa livrée.*
Dieu ! c'est elle ! – Au piège horrible
Elle est prise !
Haut.
Madame !...

LA REINE.
Eh bien ! quel cri d'effroi !
César...

RUY BLAS.
Qui vous a dit de venir ici ?

LA REINE.
Toi.

RUY BLAS.
Moi ? – Comment ?

LA REINE.
J'ai reçu de vous...

RUY BLAS, *haletant.*
Parlez donc
[vite !

LA REINE.
Une lettre.

RUY BLAS.
De moi ?

LA REINE.
De votre main écrite.

RUY BLAS.
Mais c'est à se briser le front contre le mur !
Mais je n'ai pas écrit, pardieu ! j'en suis bien sûr !

V. Hugo, *Ruy Blas*, acte V, scène 2, 1838.

a. Observez la versification. Quel est le mètre du vers ? Observez pour cela le dernier vers.

....

b. En quoi cette versification répond-elle au projet exprimé par Hugo dans la préface de *Cromwell* (extrait 2) ?

....
....
....
....
....

c. Comment cette scène apparaît-elle comme un moment de crise ?

....
....
....
....
....

ÉTUDIER LE LYRISME ROMANTIQUE

3 Lisez ce texte.

Comment exprimer cette foule de sensations fugitives, que j'éprouvais dans mes promenades ? Les sons que rendent les passions dans le vide d'un cœur solitaire ressemblent au murmure que les vents et les eaux font entendre dans le silence d'un désert ; on en jouit, mais on ne peut les peindre.

L'automne me surprit au milieu de ces incertitudes : j'entrai avec ravissement dans les mois des tempêtes.

F.-R. de Chateaubriand, *René*, 1802.

a. À quoi reconnaît-on le ton de l'intimité ? Repérez et surlignez le champ lexical dominant.

....
....
....
....

b. Quel est le rôle de la nature dans cet extrait ?

....
....
....
....
....

ÉTUDIER L'ENGAGEMENT DU POÈTE ROMANTIQUE

4 Lisez ce texte.

Ce poème a été publié deux semaines après la révolution de 1830.

Nous avons vu le peuple et la cour face à face :
Elle, ameutant encore ses rouges bataillons ;
Lui, sous leur feu cruel, marchant aux Tuileries[1] ;
Elle, tremblante et vile avec ses broderies
Lui sublime avec ses haillons !

G. de Nerval, « Le peuple », 1830.

1. Référence à la résidence du roi Charles X.

a. Quel rôle se donne le poète dans le premier vers ?

....
....

b. Sur quelle opposition est construit cet extrait ?

....
....
....
....
....

c. Pour quel camp le poète prend-il parti ? Justifiez votre réponse en vous appuyant sur les connotations des adjectifs.

....
....
....
....

29 Le réalisme et le naturalisme

Testez-vous avec des Quiz
bordas.media/733866_062

RETENIR

Qu'est-ce que le réalisme ?

- Le **réalisme** est un mouvement qui se constitue dès les années 1830 avec Stendhal et surtout Balzac, en réaction contre les excès du romantisme centré sur l'expression personnelle.
- Le projet des artistes réalistes (écrivains et peintres) est de :
  - **représenter la réalité avec exactitude** ;
  - **rendre compte de tous les milieux sociaux** de leur époque.

Qu'est-ce que le naturalisme ?

- À partir des années 1860, le **naturalisme** prolonge l'ambition réaliste en cherchant à **décrire le monde social de manière scientifique.** Il s'appuie sur les théories de l'hérédité et montre l'influence du milieu social sur les individus.
- Un groupe se constitue autour d'Émile Zola et aboutit à la publication d'un recueil collectif qui définit l'écriture naturaliste : *Les Soirées de Médan* (1880).

	Du réalisme...	**... au naturalisme**
Thèmes et motifs principaux	– l'apprentissage de la vie et l'initiation sentimentale – l'ascension sociale et la chute – la puissance de l'argent et du pouvoir politique chez les bourgeois et aristocrates	– les instincts que l'individu ne peut contrôler – les mutations du monde moderne – les malheurs du peuple, amplifiés par l'urbanisation et le capitalisme
Procédés privilégiés	– la multiplication des détails vrais – l'expansion de la description – le point de vue interne	– l'usage du langage populaire – le vocabulaire technique – le discours indirect libre
Œuvres et auteurs	– Stendhal, *Le Rouge et le Noir* (1830) – Balzac, *La Comédie humaine* (1829-1850) : 90 volumes – Flaubert, *Madame Bovary* (1857) – Peinture : Courbet, Millet, Corot, Manet	– Edmond et Jules de Goncourt, *Germinie Lacerteux* (1865) – Zola, *Les Rougon-Macquart* (1871-1893) : 20 romans – Huysmans, *Les Sœurs Vatard* (1879)

S'ENTRAÎNER

COMPRENDRE L'ENTREPRISE RÉALISTE DE BALZAC

1 Lisez ce texte.

Dans cet avant-propos, Balzac expose ses principes d'écriture mis en œuvre dans sa monumentale Comédie humaine, *qui regroupe plus de 90 volumes.*

Le hasard est le plus grand romancier du monde : pour être fécond, il n'y a qu'à l'étudier. La société française allait être l'historien, je ne devais être que le secrétaire. En dressant l'inventaire des vices et des vertus, en rassemblant les principaux faits des passions, en peignant les caractères, en choisissant les événements principaux de la Société, en composant des types[1] par la réunion de traits de plusieurs caractères homogènes[2], peut-être pouvais-je arriver à écrire l'histoire oubliée par tant d'historiens, celles des mœurs.

H. de Balzac, Avant-propos de *La Comédie humaine*, 1842.

1. Des modèles de personnages.
2. Qui se ressemblent.

a. Quel objectif poursuit Balzac dans la rédaction de *La Comédie humaine* ?

....

b. Quelle fonction Balzac s'attribue-t-il dans ce projet d'écrivain ? Surlignez le mot-clé dans le texte.

c. Où Balzac puise-t-il ses idées d'intrigue et de personnages ? Citez les mots qui justifient votre réponse.

....

....

....

ÉTUDIER UN PORTRAIT RÉALISTE

2 Lisez ce texte.

Lors d'une cérémonie agricole, Catherine Leroux vient recevoir une récompense pour cinquante-quatre ans de service dans la même ferme.

Alors on vit s'avancer sur l'estrade une petite vieille femme de maintien craintif, et qui paraissait se ratatiner dans ses pauvres vêtements. Elle avait aux pieds de grosses galoches de bois, et, le long des hanches, un grand tablier bleu. Son visage maigre, entouré d'un béguin[1] sans bordure, était plus plissé de rides qu'une pomme de reinette flétrie, et des manches de sa camisole rouge dépassaient deux longues mains à articulations noueuses. La poussière des granges, la potasse des lessives et le suint des laines les avaient si bien encroûtées, éraillées, durcies, qu'elles semblaient sales quoiqu'elles fussent rincées d'eau claire ; et à force d'avoir servi, elles restaient entrouvertes, comme pour présenter d'elles-mêmes l'humble témoignage de tant de souffrances subies.

G. Flaubert, *Madame Bovary*, 1857.

1. Coiffure féminine, fichu.

a. Quelle catégorie sociale Catherine Leroux représente-t-elle ?

....

....

b. Quelle partie du corps est privilégiée dans ce portrait ? De quoi est-elle révélatrice ?

....

....

....

c. Quelle est la visée de cette description ?

....

....

....

RECONNAÎTRE DES ÉLÉMENTS RÉALISTES DANS UN ROMAN

3 Lisez ce texte.

C'est aux bénéfices qu'il a faits sur sa grande fabrique de clous, que le maire de Verrières doit cette belle habitation en pierres de taille qu'il achève en ce moment. Sa famille, dit-on, est espagnole, antique, et, à ce qu'on prétend, établie dans le pays bien avant la conquête de Louis XIV.

Depuis 1815 il rougit d'être industriel : 1815 l'a fait maire de Verrières. Les murs en terrasse qui soutiennent les diverses parties de ce magnifique jardin, qui, d'étage en étage, descend jusqu'au Doubs, sont aussi la récompense de la science de M. de Rênal dans le commerce du fer.

Stendhal, *Le Rouge et le Noir*, 1830.

a. Quel est le statut social de M. de Rênal ? Quels indices vous ont permis de répondre ?

....

....

....

....

....

b. En quoi le cadre spatio-temporel est-il réaliste ?

....

....

....

....

....

c. Quelle est la visée de ce passage ?

....

....

....

REPÉRER L'IMPORTANCE DE L'HÉRÉDITÉ DANS UN ROMAN NATURALISTE

4 Lisez ce tetxe.

Jacques Lantier, mécanicien de locomotive, vient de tenter de tuer une jeune femme dans un accès de folie. Il s'interroge sur l'origine de sa pulsion meurtrière.

Peut-être aussi ses frères avaient-ils chacun son mal, qu'ils n'avouaient pas, l'aîné surtout qui se dévorait à vouloir être peintre, si rageusement qu'on le disait à moitié fou de son génie. La famille n'était guère d'aplomb, beaucoup avaient une fêlure. Lui, à certaines heures, la sentait bien, cette fêlure héréditaire ; non pas qu'il fût d'une santé mauvaise, car l'appréhension et la honte de ses crises l'avaient seules maigri autrefois ; mais c'étaient, dans son être, de subites pertes d'équilibre, comme des cassures, des trous par lesquels son moi lui échappait, au milieu d'une sorte de grande fumée qui déformait tout. Il ne s'appartenait plus, il obéissait à ses muscles, à la bête enragée. Pourtant, il ne buvait pas, il se refusait même un petit verre d'eau-de-vie, ayant remarqué que la moindre goutte d'alcool le rendait fou. Et il en venait à penser qu'il payait pour les autres, les pères, les grands-pères, qui avaient bu, les générations d'ivrognes dont il était le sang gâté, un lent empoisonnement, une sauvagerie qui le ramenait avec les loups mangeurs de femmes, au fond des bois.

É. Zola, *La Bête humaine*, 1890.

a. Par quel procédé le narrateur nous fait-il accéder à la conscience du personnage ?

....

....

....

....

....

....

....

....

b. Relevez les métaphores et comparaisons employées par le personnage pour caractériser sa folie meurtrière.

....

....

....

....

....

....

c. Comment le personnage explique-t-il l'origine de son mal ?

....

....

....

....

....

....

30 Les XXe et XXIe siècles L'absurde

Testez-vous avec des Quiz
bordas.media/733866_064

RETENIR

Qu'est-ce que l'absurde ?

- L'**absurde** n'est pas à proprement parler un mouvement littéraire. C'est davantage un thème commun aux œuvres de plusieurs auteurs du milieu du XXe siècle, lié au courant philosophique de l'**existentialisme**, qui réfléchit sur la destinée humaine.
- Tel qu'Albert Camus le définit dans son essai *Le Mythe de Sisyphe*, le **sentiment de l'absurde** naît lorsque l'homme qui veut comprendre le monde se retrouve confronté à l'**absence de sens** d'une existence qui aboutit inévitablement à la mort.
- Cette angoisse est notamment liée, au XXe siècle, aux **deux guerres mondiales**. Le thème de l'absurde est donc indissociable d'un certain **pessimisme** ; l'homme peut néanmoins échapper à son sort par sa **lucidité** et sa **révolte** contre sa condition.

Caractéristiques littéraires de l'absurde

- Style dépouillé
- Effets de rupture dans le ton
- Utilisation de la dérision et de l'humour noir pour faire réfléchir

Formes privilégiées d'écriture

- L'essai
- Le roman, avec des personnages en marge de la société
- Le théâtre, qui met en scène la crise de la parole

Écrivains et œuvres

- Franz Kafka, *Le Procès* (1925)
- Albert Camus, *L'Étranger*, *Le Mythe de Sisyphe* (1942)
- Jean-Paul Sartre, *L'existentialisme est un humanisme* (1946), *La Nausée* (1948)
- Eugène Ionesco, *La Cantatrice chauve* (1950), *Rhinocéros* (1960)
- Samuel Beckett, *En attendant Godot* (1952)

S'ENTRAÎNER

DÉCOUVRIR LE COMIQUE DE L'ABSURDE

1 Lisez ce texte.

J'ouvris et je vis la voisine du dessus qui se tenait devant moi en grand deuil. Sa figure portait les marques d'un chagrin récent et elle ruisselait sur mon tapis. Elle paraissait sortir de la Seine.
– Vous êtes tombée à l'eau ? demandai-je avec intérêt.
– Je m'excuse de vous déranger, Monsieur, dit-elle. C'est que j'ai une fuite chez moi... J'avais demandé le plombier et il devait venir il y a trois jours...
– J'en ai un ici, dis-je. C'est peut-être le vôtre ?
– Mes sept enfants sont noyés, me dit-elle. Seuls les deux aînés respirent encore, parce que l'eau ne leur arrive qu'au menton. Mais si le plombier a encore du travail chez vous... je ne veux pas vous déranger...
– Je suppose qu'il s'est trompé, dis-je. Je vais aller le lui demander pour en avoir le cœur pur. En réalité, ma salle de bains fonctionnait de façon satisfaisante.

B. Vian, « Le plombier », *in Les Fourmis*, 1949.

a. Le texte est-il comique ? Pourquoi ?

....
....
....
....
....
....
....

b. Peut-on qualifier ce texte d'absurde ?

....
....
....

PRENDRE CONSCIENCE DE L'ABSURDE

2 Lisez ce texte.

Le personnage principal, Meursault, a tué un homme. Il est jugé pour ce meurtre, mais le procès ne s'attarde que sur son insensibilité face à la mort de sa mère qu'il avait placée en maison de retraite. Les témoins défilent à la barre.

C'est à peine si, ensuite, on a écouté Masson qui a déclaré que j'étais un honnête homme « et qu'il dirait plus, j'étais un brave homme ». C'est à peine encore si on a écouté Salamano quand il a rappelé que j'avais été bon pour son chien et quand il a répondu à une question sur ma mère et sur moi en disant que je n'avais plus rien à dire à maman et que je l'avais mise pour cette raison à l'asile. « Il faut comprendre, disait Salamano, il faut comprendre. » Mais personne ne paraissait comprendre. On l'a emmené.

A. Camus, *L'Étranger*, 1942.

a. Quelle figure de construction structure les deux premières phrases ? Quel est l'effet produit ?

....
....

b. Quel mot est répété plusieurs fois à la fin de l'extrait ? En quoi a-t-il un lien avec le thème de l'absurde ?

....
....

c. Quelle est l'image de la justice ici ?

....
....
....

S'INTÉRESSER À LA MISE EN SCÈNE DE L'ABSURDE

3 Lisez ce texte.

VLADIMIR. – Il faut revenir demain.
ESTRAGON. – Pour quoi faire ?
VLADIMIR. – Attendre Godot.
ESTRAGON. – C'est vrai. *(Un temps.)* Il n'est pas venu ?
VLADIMIR. – Non.
ESTRAGON. – Et maintenant il est trop tard.
VLADIMIR. – Oui, c'est la nuit. [...]
ESTRAGON *(regardant l'arbre)*. – Qu'est-ce que c'est ?
VLADIMIR. – C'est l'arbre.
ESTRAGON. – Non, mais quel genre ?
VLADIMIR. – Je ne sais pas. Un saule.
ESTRAGON. – Viens voir. *(Il entraîne Vladimir vers l'arbre. Ils s'immobilisent devant. Silence.)* Et si on se pendait ?
VLADIMIR. – Avec quoi ?
ESTRAGON. – Tu n'as pas un bout de corde ?
VLADIMIR. – Non.
ESTRAGON. – Alors on ne peut pas.
VLADIMIR. – Allons-nous-en.
ESTRAGON. – Attends, il y a ma ceinture.
VLADIMIR. – C'est trop court.
ESTRAGON. – Tu tireras sur mes jambes.
VLADIMIR. – Et qui tirera sur les miennes ?
ESTRAGON. – C'est vrai.
VLADIMIR. – Fais voir quand même. *(Estragon dénoue la corde qui maintient son pantalon. Celui-ci, beaucoup trop large, lui tombe autour des chevilles. Ils regardent la corde.)* À la rigueur ça pourrait aller. Mais est-elle solide ?
ESTRAGON. – On va voir. Tiens.
Ils prennent chacun un bout de la corde et tirent. La corde se casse. Ils manquent de tomber.
VLADIMIR. – Elle ne vaut rien.
Silence.

S. Beckett, *En attendant Godot*, Acte II, 1952.

A. Zahmani et Ch. Nelson dans une mise en scène de Jean-Pierre Vincent, Théâtre Dijon-Bourgogne, mai 2015 (photo : V. Arbelet).

a. En quoi la situation est-elle absurde ?

....

b. Peut-on parler de comique à propos de cette scène ?

....

c. Qui Godot pourrait-il représenter ?

....

d. En quoi le décor de la mise en scène de Jean-Pierre Vincent rejoint-il le style du texte ?

....

ÉTUDIER LA DISPARITION DU SENS

4 Lisez ce texte.

LE PROFESSEUR. – Bien, continuons. Je vous dis continuons... Comment dites-vous, par exemple, en français : les roses de ma grand-mère sont aussi jaunes que mon grand-père qui était Asiatique ?
L'ÉLÈVE. – J'ai mal, mal, mal aux dents.
LE PROFESSEUR. – Continuons, continuons, dites quand même !
L'ÉLÈVE. – En français ?
LE PROFESSEUR. – En français.
L'ÉLÈVE. – Euh... que je dise en français : les roses de ma grand-mère sont ?
LE PROFESSEUR. – Aussi jaunes que mon grand-père qui était Asiatique...
L'ÉLÈVE. – Eh bien, on dira, en français, je crois : les roses... de ma... Comment dit-on grand-mère, en français ?
LE PROFESSEUR. – En français ? Grand-mère.
L'ÉLÈVE. – Les roses de ma grand-mère sont aussi... jaunes, en français, ça se dit « jaunes ».
LE PROFESSEUR. – Oui, évidemment !
L'ÉLÈVE. – Sont aussi jaunes que mon grand-père quand il se mettait en colère.
LE PROFESSEUR. – Non... qui était A...
L'ÉLÈVE. – ... siatique. J'ai mal aux dents.
LE PROFESSEUR. – C'est cela.

E. Ionesco, *La Leçon*, 1951.

a. Quel est le rapport entre les deux personnages ?

....

b. En quoi la situation est-elle absurde ?

....

c. Pourquoi peut-on parler de disparition du sens ?

....

31 Les xxᵉ et xxıᵉ siècles Le Nouveau Roman

Testez-vous avec des Quiz
bordas.media/733866_066

RETENIR

Qu'est-ce que le Nouveau Roman ?

- Utilisée pour la première fois dans un but critique, en 1957, à propos des œuvres de Robbe-Grillet et de Sarraute, l'expression « **Nouveau Roman** » a été largement reprise ensuite et revendiquée par ces mêmes auteurs, liés par leur rejet du roman traditionnel (de style balzacien) et leur **désir d'expérimentation**. Sartre parle même d'« anti-roman » à propos des œuvres de Sarraute.
- **La remise en cause de l'intrigue**
  Le Nouveau Roman refuse l'histoire organisée en récit. L'**intrigue** se trouve **démantelée**, de même que la chronologie.
- **L'omniprésence de la description**
  La description n'est plus là pour expliquer ou démontrer quelque chose. Les descriptions minutieuses, souvent très longues, vont au contraire contribuer à la **déconstruction du roman**, tout en rendant les objets omniprésents.
- **La crise du narrateur**
  Le narrateur omniscient est rejeté. L'énonciation est brouillée et le lecteur circule d'une personne à une autre.
- **L'effacement du personnage**
  Le Nouveau Roman rejette l'idée de créer de toutes pièces un personnage que l'on suivrait de sa naissance à sa mort. Il privilégie ses états de conscience.

Forme privilégiée d'écriture

- Le roman devient un laboratoire d'expériences à la recherche de nouvelles formes d'écriture.

Écrivains et œuvres

- Alain Robbe-Grillet, *Les Gommes* (1953), *La Jalousie* (1957)
- Nathalie Sarraute, *L'Ère du soupçon* (1956), *Tropismes* (1957), *Le Planétarium* (1959)
- Michel Butor, *La Modification* (1957)
- Claude Simon, *La Route des Flandres* (1960)

S'ENTRAÎNER

CONSTATER LA REMISE EN CAUSE DE L'INTRIGUE

1 Lisez ce texte.

Alain fait visiter son appartement à Germaine. Celle-ci commente la présence d'un placard à linge sale.

« C'est bien, c'est très commode, je trouve, ces machins... » Quelque chose glisse en lui... Un vague malaise, un agacement, comme une très légère répulsion, il se rétracte légèrement, il a envie de se détourner, de s'écarter – c'est ce vieux réflexe de défense qui joue malgré lui, celui qu'il a... Mais où se croit-il ? Avec qui ? À quoi pense-t-il ? Contre quoi veut-il se défendre ici ? Contre quelle platitude ? Quel petit esprit pratique étroit ? Quelle mesquinerie ?

N. Sarraute, *Le Planétarium*, 1959.

a. Distinguez dans cet extrait les paroles prononcées de celles qui restent intérieures.

....

....

....

....

....

b. Peut-on parler d'intrigue ici ? Par quoi est-elle remplacée ?

....

....

....

....

ÉTUDIER LA TEMPORALITÉ

2 Lisez ce texte.

Et Blum : « Et alors... » (mais cette fois Iglésia n'était plus là : tout l'été ils le passèrent une pioche (ou, quand ils avaient de la chance, une pelle) en main à des travaux de terrassement puis au début de l'automne ils furent envoyés dans une ferme arracher les pommes de terre et les betteraves, puis Georges essaya de s'évader, fut repris (par hasard, et non par des soldats ou des gendarmes envoyés à sa recherche mais – c'était un dimanche matin – dans un bois où il avait dormi, par de paisibles chasseurs), puis il fut ramené au camp et mis en cellule, puis Blum se fit porter malade et rentra lui aussi au camp, et ils y restèrent tous les deux, travaillant pendant les mois d'hiver à décharger des wagons de charbon, maniant les larges fourches).

C. Simon, *La Route des Flandres*, 1960.

a. Observez la ponctuation. Que constatez-vous ?

....

....

....

b. Surlignez toutes les références temporelles dans ce texte et commentez-les.

....

....

....

....

c. **En quoi peut-on dire que le temps s'efface progressivement dans le texte ?**

....

....

....

....

ÉTUDIER LA DESRIPTION

3 Lisez ce texte.

[Wallas] commence à couper son repas en petits cubes. Un quartier de tomate en vérité sans défaut, découpé à la machine dans un fruit d'une symétrie parfaite. La chair périphérique, compacte et homogène, d'un beau rouge de chimie, est régulièrement épaisse entre une bande de peau luisante et la loge où sont rangés les pépins, jaunes, bien calibrés, maintenus en place par une mince couche de gelée verdâtre le long d'un renflement du cœur. Celui-ci, d'un rose atténué légèrement granuleux, débute, du côté de la dépression inférieure, par un faisceau de veines blanches, dont l'une se prolonge jusque vers les pépins – d'une façon un peu incertaine. Tout en haut, un accident à peine visible s'est produit : un coin de pelure, décollé de la chair sur un millimètre ou deux, se soulève imperceptiblement.

A. Robbe-Grillet, *Les Gommes*, 1953.

a. **Quelle est la place de l'objet dans ce texte ?**

....

b. **Peut-on dire que la narration prend le dessus sur la description ou le contraire ? Justifiez.**

....

....

....

c. **Peut-on parler de poésie ? Cherchez le nom d'un poète qui décrit des objets dans son recueil.**

....

....

....

ÉTUDIER LA NARRATION

4 Lisez ce texte.

Le personnage, Léon Delmont, est dans un train.

Dehors, une voiture à accumulateurs se fraye un chemin sinueux parmi la grise foule affairée, encombrée, qui s'émeut, qui s'embrouille dans ses conciliabules et ses adieux, tendant l'oreille aux bribes de paroles déformées que déversent les haut-parleurs, puis l'autre train s'ébranle dans le bruit, ses wagons verts passant les uns après les autres jusqu'au dernier qui, se retirant comme la frange d'un rideau de théâtre, ouvre à vos yeux, comme une scène immensément allongée, un autre quai populeux avec une autre horloge et un autre train immobile qui, lui, ne partira vraisemblablement qu'une fois que le vôtre aura quitté la gare.

Vos paupières, vous avez du mal à les tenir ouvertes, votre tête à la redresser ; vous voudriez vous enfoncer dans l'encoignure, y creuser avec votre épaule un trou confortable, mais votre dos se tord en vain, puis il est pris par la secousse et le remuement.

M. Butor, *La Modification*, 1957.

a. **Surlignez les pronoms personnels et les déterminants possessifs dans le second paragraphe. Quelle est la personne choisie par le narrateur pour évoquer le personnage ? Quel effet cela provoque-t-il ?**

....

....

....

....

....

b. **Quel effet l'accumulation des détails provoque-t-elle ?**

....

....

....

....

c. **Que pensez-vous de l'organisation de la description dans la première phrase du texte ?**

....

....

....

....

S'INTERROGER SUR LA NOTION DE PERSONNAGE

5 Lisez ce texte.

Nous en a-t-on assez parlé du « personnage » ! Et ça ne semble, hélas, pas près de finir. Cinquante années de maladie, le constat de son décès enregistré à maintes reprises par les plus sérieux essayistes, rien n'a encore réussi à le faire tomber du piédestal où l'avait placé le XIXe siècle. C'est une momie à présent, mais qui trône toujours avec la même majesté – quoique postiche – au milieu des valeurs que révère la critique traditionnelle. C'est même là qu'elle reconnaît le « vrai » romancier : « il crée des personnages »...

A. Robbe-Grillet, *Pour un nouveau roman*, 1963.

a. **Que pensez-vous des guillemets dans l'expression surlignée ?**

....

....

b. **Surlignez dans le texte tous les termes négatifs associés au personnage de roman traditionnel. Commentez.**

....

....

....

c. **À quel personnage s'attend-on dans le « Nouveau Roman » ?**

....

32 Les XXe et XXIe siècles Les grands auteurs engagés

Testez-vous avec des Quiz
bordas.media/733866_068

RETENIR

Qu'est-ce qu'un « auteur engagé » ?

- Un auteur est **engagé** lorsqu'il met sa plume au service d'une cause politique ou idéologique. Conscient de sa **responsabilité dans la société**, il participe à l'Histoire collective, parfois au péril de sa vie.
- Dans la première moitié du XXe siècle, les deux guerres mondiales et l'émergence des totalitarismes influencent profondément les artistes. Les **surréalistes** comme Desnos, Aragon et Éluard, souvent affiliés au Parti communiste, publient clandestinement des poèmes contre l'Occupation allemande (1940-1944).
- Les auteurs de théâtre **modernisent le mythe antique** – Antigone, Électre – pour s'interroger sur l'homme face aux tragédies de ce siècle.
- Durant la seconde moitié du XXe siècle, les intellectuels **luttent contre les inégalités et toute forme d'oppression.** Ainsi, le mouvement littéraire et politique de la « **négritude** » rejette-t-il la colonisation de l'Afrique noire par les Européens.
- Aujourd'hui, la montée des extrémismes et les enjeux environnementaux incitent les artistes à mener de **nouveaux combats** qui peuvent être amplement et rapidement relayés à travers les frontières par les réseaux sociaux.

Formes privilégiées d'écriture

- En littérature : le théâtre, la nouvelle, la poésie, l'essai, le discours.
- Dans la presse et sur Internet : les pamphlets, les caricatures, les tribunes, les blogs.
- À travers l'image : le cinéma, le dessin de presse, la bande dessinée, le street art.

Écrivains et œuvres

- Éluard : *Poésie et Vérité* (1942)
- Sartre : *Les Mouches* (1943), *Les Mains sales* (1948)
- Beauvoir : *Le Deuxième Sexe* (1949)
- Camus : *La Peste* (1947), *Les Justes* (1949)

S'ENTRAÎNER

COMPRENDRE LA DÉFINITION DE L'ENGAGEMENT

1 Lisez ces extraits.

EXTRAIT 1

L'écrivain « engagé » sait que la parole est action : il sait que dévoiler c'est changer ce qu'on ne peut dévoiler qu'en projetant de changer. Il a abandonné le rêve impossible de faire une peinture impartiale[1] de la société et de la condition humaine.

J.-P. Sartre, *Qu'est-ce que la littérature ?*, 1948.

EXTRAIT 2

Puisque sa vocation[2] est de réunir le plus grand nombre d'hommes possible, elle ne peut s'accommoder du mensonge et de la servitude[3] qui, là où ils règnent, font proliférer les solitudes. Quelles que soient nos infirmités personnelles, la noblesse de notre métier s'enracinera toujours dans deux engagements difficiles à maintenir : le refus de mentir sur ce que l'on sait et la résistance à l'oppression.

A. Camus, *Discours de Suède*, 1957.

1. Neutre. 2. La vocation de l'écrivain.
3. État de dépendance envers quelqu'un.

a. À quels genres littéraires appartiennent ces deux extraits ? Précisez s'ils relèvent de l'argumentation directe ou indirecte. Voir Fiche 17, p. 36

....

....

b. Quelles expressions évoquent la quête de vérité chez l'écrivain engagé ? Surlignez-les.

c. Récapitulez les engagements principaux de l'écrivain d'après Sartre et Camus.

....

....

....

....

ANALYSER UN DESSIN DE PRESSE

2 Observez ce dessin.

Plantu, « La Liberté guidant le peuple, d'après Delacroix », feutre noir sur papier, coul. num., *Le Monde*, 10 janvier 2015.

a. Quels éléments la couleur met-elle en valeur? Pourquoi ? Observez la couverture du journal en bas à droite pour rappeler le contexte.

....

....

....

....

....

b. En quoi ce dessin montre-t-il que la parole engagée est un combat ?

....

....

....

....

....

....

ÉTUDIER UNE PIÈCE ENGAGÉE

3 Lisez ce texte.

En 1905, le révolutionnaire russe Kaliayev devait jeter une bombe sous la calèche du grand-duc. Mais s'apercevant que cet acte tuerait des enfants, il y renonce. Stepan lui reproche d'avoir trahi le parti révolutionnaire.

STEPAN, *violemment*. – Il n'y a pas de limites. La vérité est que vous ne croyez pas à la révolution. *(Tous se lèvent, sauf Yanek.)* Vous n'y croyez pas. Si vous y croyiez totalement, complètement, si vous étiez sûrs que par nos sacrifices et nos victoires, nous arriverons à bâtir une Russie libérée du despotisme, une terre de liberté qui finira par recouvrir le monde entier, si vous ne doutiez pas qu'alors, l'homme, libéré de ses maîtres et de ses préjugés, lèvera vers le ciel la face des vrais dieux, que pèserait la mort de deux enfants ? Vous vous reconnaîtriez tous les droits, tous, vous m'entendez. Et si cette mort vous arrête, c'est que vous n'êtes pas sûrs d'être dans votre droit. Vous ne croyez pas à la révolution.

Silence, Kaliayev se lève.

KALIAYEV. – Stepan, j'ai honte de moi et pourtant je ne te laisserai pas continuer. J'ai accepté de tuer pour renverser le despotisme[1]. Mais derrière ce que tu dis, je vois s'installer un despotisme qui, s'il s'installe jamais, fera de moi un assassin alors que j'essaie d'être un justicier.

A. Camus, *Les Justes*, acte II, 1949.

1. Pouvoir absolu et tyrannique.

a. Surlignez les termes ou expressions indiquant :
- un idéal politique et social ;
- un danger politique et social.

b. En quoi les personnages de Stepan et Kaliayev s'opposent-ils ?

....

....

....

....

....

c. Quelle interrogation vous semble le mieux correspondre au sens de cet extrait ? Justifiez votre choix.

☐ Pourquoi la révolution est-elle nécessaire ?
☐ Quelles sont les limites de l'engagement révolutionnaire ?
☐ D'où vient le despotisme en Russie ?

....

....

....

....

....

....

ANALYSER LA RHÉTORIQUE DU DISCOURS ENGAGÉ

4 Lisez ce texte.

La Négritude résulte d'une attitude active et offensive de l'esprit. Elle est sursaut, et sursaut de dignité. Elle est refus, je veux dire refus de l'oppression. Elle est combat, c'est-à-dire combat contre l'inégalité. Elle est aussi révolte. Mais alors, me direz-vous, révolte contre quoi ? Je n'oublie pas que je suis ici dans un congrès culturel, que c'est ici, à Miami, que je choisis de le dire. Je crois que l'on peut dire, d'une manière générale, qu'historiquement la Négritude a été une forme de révolte d'abord contre le système mondial de la culture tel qu'il s'était constitué pendant les derniers siècles et qui se caractérise par un certain nombre de préjugés, de pré-supposés qui aboutissent à une très stricte hiérarchie. Autrement dit, la Négritude a été une révolte contre ce que j'appellerai le réductionnisme européen.

A. Césaire, *Discours sur la Négritude*, 1987.

a. Soulignez la phrase indiquant qu'il s'agit d'un discours oral.

b. Surlignez les termes mis en valeur par des répétitions. Quel peut être l'effet de ces différentes répétitions sur l'auditoire ?

....

....

....

....

....

....

c. En quoi les auteurs de la Négritude peuvent-ils se rapprocher de l'écrivain engagé tel qu'il est défini par Camus (exercice 1, extrait 2) ?

....

....

....

....

....

....

....

....

33 La poésie du Moyen Âge au XVIIIe siècle Versification, images et sons

Testez-vous avec des Quiz
bordas.media/733866_070

RETENIR

Le mot « poésie » a pour étymologie le grec *poiein* signifiant « créer ». En effet, le poème, par ses procédés de style et ses échos sonores, crée une vision imagée du monde et se distingue par sa musicalité.

Les procédés de style en poésie

- Les **figures de style** Voir Fiche 22, p. 46 permettent de représenter l'imaginaire du poète. Elles s'appuient sur des **analogies** (rapprochements de deux réalités par comparaison, métaphore, personnification, allégorie, etc.) ou sur des **oppositions** (antithèse et oxymore).
- D'autres procédés renforcent la **musicalité** en jouant sur les répétitions de mots et de sons :
  – l'**anaphore** : répétition d'un mot ou d'un groupe de mots en début de vers ;
  – l'**assonance** : répétition de voyelles ;
  – l'**allitération** : répétition de consonnes ;
  – la **paronomase** : écho sonore qui suggère une équivalence de sens (*sombre* et *pénombre*).

Le vocabulaire technique de la versification

La rime : reprise de son en fin de vers.	**Disposition**	rimes **embrassées** (ABBA), **croisées** (ABAB), **suivies** ou **plates** (AABB)
	Qualité	– **riche** : au moins trois phonèmes communs (*descendre* et *cendre*) – **suffisante** : deux phonèmes communs (*amour* et *toujours*) – **pauvre** : uniquement la dernière voyelle (*ami* et *lit*)
	Nature	rimes **féminines** (qui se terminent par la lettre *e*, suivie ou non de *-s* ou *-nt*) ou **masculines**
Le mètre : nombre de syllabes dans le vers.	**Vers pairs**	**hexasyllabes** (6 syllabes), **octosyllabes** (8), **décasyllabes** (10), **alexandrins** (12)
	« e » muet	Attention lors du décompte des syllabes : le *e* est prononcé devant une consonne ; il est élidé (non prononcé) devant une voyelle et en fin de vers. J'aime être libre, et veux être captif (Ronsard) Les e de « aime » et « libre » sont muets.
	Diérèse	Deux voyelles en hiatus comptent pour deux syllabes : vi-o-lon.
Le rythme : il dépend des coupes qui elles-mêmes dépendent des accents.	**Accents** **Coupes (/)** **Césure (//)**	Les accents marquent les insistances et les coupes (/) marquent les pauses à la prononciation. La césure (//) divise l'alexandrin en deux hémistiches (6 syllabes). Il faut/ venger un pè/re, // et per/dre une maîtres/se. (Corneille)
	Rythme binaire	Les coupes, les accents et la syntaxe forment des groupes pairs et le vers peut se diviser en 2 ou 4 temps. De plus en plus,/ tout va et vient. (Ch. d'Orléans) (1-2 / 1-2)

	Rythme ternaire	Les coupes, les accents et la syntaxe forment des groupes de trois temps.
		Ils deman/dent le chef ;// je me nom/me, ils se ren/dent. (Corneille)
		(1-2-3 / 1-2-3 // 1-2-3 / 1-2-3)

	Discordances entre la syntaxe de la phrase et le mètre du vers	**Enjambement** : la phrase se déploie sur plusieurs vers. Certes il a privé mes yeux De l'objet qu'ils aiment le mieux. (Malherbe) **Rejet** : la suite de la phrase est rejetée au début du vers suivant. Même il m'est arrivé quelquefois de manger Le Berger. (La Fontaine)

S'ENTRAÎNER

REPÉRER MÈTRES ET RYTHME

1 Lisez ce texte.

Le temps a laissé son manteau
De vent, de froidure et de pluie,
Et s'est vêtu de broderie,
De soleil luisant, clair et beau.

Ch. d'Orléans (1394-1465), *Rondeaux* (extrait).

a. Identifiez le mètre de ce poème et entourez le « e » muet. Quelle est la disposition des rimes ?

b. Repérez et nommez une discordance entre la syntaxe et le mètre.

c. Quelle particularité de l'hiver cette discordance met-elle en valeur ?

ÉTUDIER UNE BALLADE MÉDIÉVALE

2 Lisez ce texte.

Seulette suis et seulette veux être,
Seulette m'a mon doux ami laissée,
Seulette suis, sans compagnon ni maître,
Seulette suis, dolente et courroucée,
Seulette suis, en langueur mesaisée[1],
Seulette suis, plus que nulle égarée,
Seulette suis, sans ami demeurée.

Chr. de Pizan, *Cent ballades*, env. 1395.

1. Mal à l'aise.

a. Quelle est la nature des rimes ? Faites le lien avec l'auteur du poème.

b. Recopiez les deux derniers vers en indiquant les accents et les coupes. Ces deux vers ont-ils un rythme identique ?

c. Sur quelle figure d'insistance se construit cette plainte ? En quoi ce procédé renforce-t-il la musicalité du poème ?

METTRE EN RAPPORT LE FOND ET LA FORME

3 Lisez ce texte.

J'aime le luxe, et même la mollesse,
Tous les plaisirs, les arts de toute espèce,
La propreté, le goût, les ornements :
Tout honnête homme a de tels sentiments.

Voltaire, « Le Mondain », 1736.

a. Quel est le mètre du vers ?

b. Relevez les allitérations.

c. Comment le rythme met-il en valeur le goût pour l'accumulation des plaisirs ?

ÉTUDIER UN SONNET

4 Lisez ce texte.

Assis sur un fagot, une pipe à la main,
Tristement accoudé contre une cheminée,
Les yeux fixés vers terre, et l'âme mutinée,
Je songe aux cruautés de mon sort inhumain.

L'espoir, qui me remet du jour au lendemain,
Essaie à gagner du temps sur ma peine obstinée,
Et me venant promettre une autre destinée
Me fait monter plus haut qu'un empereur romain.

Mais à peine cette herbe est-elle mise en cendre,
Qu'en mon premier état il me convient descendre,
Et passer mes ennuis à redire souvent :

Non, je ne trouve point beaucoup de différence
De prendre du tabac à vivre d'espérance,
Car l'un n'est que fumée, et l'autre n'est que vent.

Saint-Amant, « Le fumeur », 1631.

a. Dans les deux quatrains, quelles allitérations à la rime donnent au poème sa musicalité ?

b. Quel couple de rimes riches souligne le malheur du poète ?

c. Par quelle analogie le poète exprime-t-il son inconstance ? À quel mouvement littéraire et artistique ce poème se rattache-t-il par ce thème ?

34 La poésie du Moyen Âge au XVIIIe siècle
Les formes poétiques

RETENIR

- À partir du XIVe siècle, le **lyrisme**, c'est-à-dire l'expression des sentiments personnels, se renouvelle. Les poèmes médiévaux, composés pour être chantés par les troubadours et accompagnés de musique, font place à une poésie destinée à être lue ou récitée.
- Voici les principales **formes poétiques** du Moyen Âge au XVIIe siècle.

Moyen Âge	Le **rondeau**	Bref poème lyrique de structure circulaire (« en rond »). Un vers revient deux fois comme un refrain : au milieu du poème sous forme abrégée, et en entier à la fin. Ch. d'Orléans, *Rondeaux*, XVe s.
	La **ballade**	Poème lyrique et musical dont chaque strophe se termine par un refrain. Ces trois à cinq strophes sont en octosyllabes ou décasyllabes et sont suivies d'une demi-strophe appelée **envoi**. F. Villon, « Épitaphe Villon » ou « Ballade des pendus », 1463.
De la Renaissance au XVIIe siècle (mouvements de la préciosité et du baroque)	L'**élégie**	Poème lyrique et mélancolique, ayant souvent pour thème le malheur en amour. J. Du Bellay, *Les Regrets*, 1558.
	L'**ode**	Poème hérité de l'Antiquité et destiné à être mis en musique. Ses strophes célèbrent des personnes ou des événements. P. de Ronsard, « Ode à Cassandre », 1545.
	Le **sonnet**	Poème dont la forme fixe est héritée de la poésie italienne. Ses 14 vers sont répartis en deux quatrains et deux tercets. La disposition des rimes : abba-abba-ccd-ede (ou ccd-eed) L. Labé, *Sonnets*, 1555.
	Le **blason**	Bref poème à rimes plates (aabb), destiné à célébrer une partie du corps féminin ou à s'en moquer. M. Scève, « Blason du sourcil », 1536.
	L'**épigramme**	Très court poème, souvent satirique, qui privilégie les effets de surprise et pointes d'esprit. Les épigrammes de Cl. Marot (XVIe s.) ou des poètes précieux (XVIIe s.).
	Les **stances**	Strophes lyriques dans une ode ou dans un monologue de théâtre. P. Corneille, les stances de Rodrigue dans *Le Cid*, 1637.
XVIIe s. : classicisme	La **fable**	Forme d'apologue qui remonte à l'Antiquité : récit bref et divertissant qui illustre une morale. La Fontaine, dans ses *Fables*, utilise des animaux comme allégories. Voir Fiche 22, p. 46 J. de La Fontaine, « Le loup et l'agneau », 1668 (le loup = allégorie de la cruauté).

S'ENTRAÎNER

ÉTUDIER LA STRUCTURE D'UN RONDEAU

1 **Lisez ce texte.**

Dedans mon Livre de Pensée,
J'ai trouvé écrivant mon cœur
La vraie histoire de douleur,
De larmes toute enluminée[1],

En effaçant la très aimée
Image de plaisante douceur,
Dedans mon Livre de Pensée,
J'ai trouvé écrivant mon cœur.

Hélas ! où l'a mon cœur trouvée ?
Les grosses gouttes de sueur
Lui saillent[2], de peine et labeur
Qu'il y prend[3], de nuit et journée,
Dedans mon Livre de Pensée !

Ch. d'Orléans, *Ballades et rondeaux*, 1430-1460.

1. Ornementée. 2. Jaillissent. 3. *De peine et de labeur qu'il y prend* : à cause de sa peine et de ses soucis.

a. Identifiez la structure de ce poème (strophes et mètre).

....

....

....

b. Quel indice permet de reconnaître un rondeau ?

....

....

....

c. À quel genre littéraire pourrait aujourd'hui correspondre un « Livre de pensée » ?

....

....

d. En quoi ce poème est-il lyrique ?

....

....

....

....

....

ANALYSER UN SONNET DE LA RENAISSANCE

2 Lisez ce texte.

Je vis, je meurs ; je me brûle et me noie ;
J'ai chaud extrême en endurant froidure[1] :
La vie m'est et trop molle et trop dure.
J'ai grands ennuis entremêlés de joie.
Tout à un coup je ris et je larmoie[2],
Et en plaisir maint grief tourment[3] j'endure ;
Mon bien s'en va, et à jamais il dure ;
Tout en un coup je sèche et je verdoie[4].
Ainsi Amour inconstamment me mène[5] ;
Et, quand je pense avoir plus de douleur,
Sans y penser je me trouve hors de peine.
Puis, quand je crois ma joie être certaine,
Et être au haut de mon désiré heur[6],
Il me remet en mon premier malheur.

L. Labé, *Sonnets*, 1555.

1. Le froid.
2. Pleure.
3. De nombreux tourments.
4. Deviens vivante.
5. Me fait changer sans cesse.
6. Bonheur.

a. Montrez que la forme de ce poème est celle d'un sonnet.

....
....
....

b. Surlignez les mots en antithèse, Voir Fiche 22, p. 46**, et résumez en une phrase le constat de la poétesse sur elle-même dans les deux premiers quatrains.**

....
....
....

c. Quel vers donne une explication à cet état ? Où est-il situé par rapport à l'ensemble du poème ?

....
....
....
....
....

RECONNAÎTRE UNE FORME BRÈVE

3 Lisez ce texte.

Du célèbre Boileau tu vois ici l'image[1].
Quoi ! c'est là, diras-tu, ce critique achevé[2] !
D'où vient ce noir chagrin qu'on lit sur son visage ?
C'est, de se voir si mal gravé.

N. Boileau (1636-1711), « Sur une gravure qu'on a faite de moi »

1. Le portrait.
2. Boileau était critique littéraire.

a. Quelle est la disposition des rimes ?

....

b. Nommez la forme de ce poème et justifiez votre choix.

....
....
....

c. Quelle est la tonalité de ce texte ?

....
....
....
....

COMPARER DEUX FABLES

4 Lisez ces textes.

FABLE 1

Certain renard gascon[1], d'autres disent normand,
Mourant presque de faim, vit au haut d'une treille[2]
Des raisins mûrs apparemment,
Et couverts d'une peau vermeille.
Le galand[3] en eût fait volontiers un repas ;
Mais comme il n'y pouvait point atteindre :
« Ils sont trop verts, dit-il, et bons pour des goujats[4] »
Fit-il pas mieux que de se plaindre ?

J. de La Fontaine, *Fables*, livre III, « Le renard et les raisins », 1668.

FABLE 2

Un renard affamé, voyant des grappes de raisin pendre à une treille, voulut les attraper ; mais ne pouvant y parvenir, il s'éloigna en se disant à lui-même : « C'est du verjus[5]. »
Pareillement certains hommes, ne pouvant mener à bien leurs affaires, à cause de leur incapacité, en accusent les circonstances.

Ésope, IVe s. av. J.-C.

1. Les Gascons avaient la réputation de ne pas vouloir perdre la face. Les Normands de ne pas savoir prendre de décision claire.
2. Vigne.
3. Malin.
4. Gens grossiers.
5. Jus de raisins pas mûrs.

a. En quoi ces deux textes sont-ils des fables ?

....
....
....

b. Quelle différence de forme constatez-vous entre ces deux fables ?

....
....
....

c. Les deux fabulistes expriment-ils la même morale ? Justifiez votre réponse.

....
....
....
....
....
....

35 La poésie du Moyen Âge au XVIIIe siècle Les grands thèmes

RETENIR

Période et mouvement littéraire	Thèmes privilégiés	Formes privilégiées d'écriture
Moyen Âge	L'**amour courtois** ou *fin'amor* : le parfait amant célèbre avec raffinement sa dame. Il lui est **totalement dévoué** et lui **chante son amour**. Cette déclaration très codifiée de l'amour courtois fait place à une **expression plus sincère de l'intimité du poète** à partir du XIVe siècle.	Les chansons, les ballades, les rondeaux récités par les troubadours et les trouvères
Le XVIe siècle	• **Les thèmes hérités de la poésie antique :** – le *carpe diem* (Cueille le jour) du poète latin Horace (Ier siècle av. J.-C.), qui invite à **profiter des plaisirs de la vie** avant qu'il ne soit trop tard ; – les **dieux de la mythologie** et les **muses**, inspiratrices du poète. • La **beauté féminine** et la force des **émotions**. • La **gloire du roi**, mécène et protecteur du poète courtisan.	L'ode, le sonnet, le blason
XVIe-XVIIe siècles Baroque et préciosité	• Le mouvement, le **changement permanent** des choses. • La **vanité de l'homme** : son inconstance et sa mort inévitable. • Le **pouvoir de l'amour**, à la fois craint et célébré avec raffinement et distinction par les précieux.	Le sonnet, l'épigramme, la satire
Le XVIIe siècle Classicisme	Thèmes variés abordés dans une **perspective morale** : la politique, la vanité, l'éducation, les défauts humains.	La fable, les stances

S'ENTRAÎNER

ÉTUDIER LA REPRISE D'UN THÈME ANTIQUE : LE *CARPE DIEM*

1 Lisez ce texte.

Quand vous serez bien vieille, au soir à la chandelle,
Assise auprès du feu, dévidant[1] et filant,
Direz, chantant mes vers, en vous émerveillant :
« Ronsard me célébrait du temps que j'étais belle ! »
Lors, vous n'aurez servante oyant[2] telle nouvelle,
Déjà sous le labeur[3] à demi sommeillant,
Qui au bruit de Ronsard ne s'aille réveillant,
Bénissant votre nom de louange immortelle.
Je serai sous la terre, et, fantôme sans os,
Par les ombres myrteux[4] je prendrai mon repos ;
Vous serez au foyer une vieille accroupie,
Regrettant mon amour et votre fier dédain.
Vivez, si m'en croyez[5], n'attendez à demain :
Cueillez dès aujourd'hui les roses de la vie.

P. de Ronsard, *Sonnets pour Hélène*, II, 24, 1578.

1. Déroulant le fil (pour faire des pelotes ou des bobines). 2. Entendant. 3. Travail. 4. Les ombres faites par les feuilles des myrtes, des arbres. 5. Croyez-moi (formule d'insistance).

a. Ronsard fait-il l'éloge d'Hélène dans ce poème ? Justifiez votre réponse.

....

....

....

b. Comment le poète se met-il en valeur ?

....

....

....

....

c. Que signifie la métaphore finale « les roses de la vie » ? Surlignez le conseil donné par le poète et reformulez-le.

....

....

....

....

COMPRENDRE L'AMOUR COURTOIS

2 Lisez ce texte.

Dame quand je fus devant vous
La première fois que je vous vis,
Mon cœur allait si bondissant
Qu'il vous resta quand je m'en fus.
Alors il fut mené sans rançon
Captif dans la douce prison
Dont les piliers sont de désir,
Les portes de belle vision
Et les anneaux de bon espoir.

Thibaut de Champagne, XIIIe s.

a. Quelles allitérations au début du poème lui donnent l'aspect d'une chanson ?

....

....

b. Comment peut-on qualifier cette scène de première rencontre ?

....

....

c. Surlignez les termes appartenant au champ lexical de l'emprisonnement. Qu'expriment-ils sur la relation entre le poète et sa dame ?

....

....

....

....

....

ANALYSER UN MOTIF BAROQUE

3 Lisez ce texte.

Assieds-toi sur le bord d'une ondante[1] rivière :
Tu la verras fluer[2] d'un perpétuel cours,
Et flots sur flots roulant en mille et mille tours
Décharger par les prés son humide carrière.

Mais tu ne verras rien de cette onde première
Qui naguère coulait ; l'eau change tous les jours,
Tous les jours elle passe, et la nommons toujours
Même fleuve, et même eau, d'une même manière.

Ainsi l'homme varie, et ne sera demain
Telle comme aujourd'hui du pauvre corps humain
La force que le temps abrévie[3] et consomme :

Le nom sans varier nous suit jusqu'au trépas,
Et combien qu'aujourd'hui celui ne sois-je pas
Qui vivais hier passé, toujours même on me nomme.

J.-B. Chassignet, *Le Mépris de la vie et Consolation de la mort*, 1594.

1. Qui forme des courbes.
2. Couler.
3. Réduit.

a. Soulignez les compléments circonstanciels de temps. Que veut montrer le poète sur le temps ? Quelle est la seule chose qui reste éternelle ?

....

....

....

....

....

....

b. Quelle analogie Voir Fiche 22, p. 46 **le poète établit-il pour caractériser l'homme ? Surlignez l'outil de comparaison.**

....

....

....

c. Quels thèmes baroques reconnaît-on dans ce poème ?

....

....

....

RECONNAÎTRE L'ESTHÉTIQUE CLASSIQUE

4 Lisez ce texte.

Il est certains esprits dont les sombres pensées
Sont d'un nuage épais toujours embarrassées[1] ;
Le jour de la raison ne le saurait percer.
Avant donc que d'écrire, apprenez à penser.
Selon que notre idée est plus ou moins obscure,
L'expression la suit, ou moins nette, ou plus pure.
Ce que l'on conçoit bien s'énonce clairement,
Et les mots pour le dire arrivent aisément[2].

N. Boileau, *L'Art poétique*, 1674.

1. Gênées par (un nuage épais). 2. Facilement.

a. Surlignez de deux couleurs différentes les champs lexicaux de l'obscurité et de la clarté.

b. Que permettent-ils de caractériser ?

....

....

c. Que recommande Boileau aux écrivains ? À quel mouvement littéraire rattachez-vous cette morale ?

....

....

....

METTRE EN RELATION DEUX EXTRAITS DE FABLES

5 Lisez ce texte.

EXTRAIT 1

Ne soyez à la cour, si vous voulez y plaire,
Ni fade adulateur[1], ni parleur trop sincère,
Et tâchez quelquefois de répondre en Normand[2].

J. de La Fontaine, « La cour du lion », *Fables*, Livre VII, 1678.

1. Flatteur. 2. Les Normands avaient la réputation de ne pas s'engager par des prises de position claires.

EXTRAIT 2

Je définis la cour un pays où les gens,
Tristes, gais, prêts à tout, à tout indifférents,
Sont ce qu'il plaît au prince, ou, s'ils ne peuvent l'être,
Tâchent au moins de le paraître.

J. de La Fontaine, « Les obsèques[1] de la lionne », *Fables*, Livre VIII, 1678.

1. Cérémonie solennelle d'enterrement.

a. Observez les titres et expliquez en quoi ces fables ont recours à l'imaginaire pour illustrer la morale.

....

....

....

....

b. Quel est le thème commun de ces extraits ?

....

....

c. D'après La Fontaine, quelle est la motivation principale des courtisans et comment doivent-ils s'y prendre ?

....

....

....

36 La poésie du Moyen Âge au XVIIIe siècle
Écrits d'appropriation

RETENIR

- Pour réussir un **écrit d'appropriation en lien avec la poésie**, il faut lire plusieurs fois le poème proposé et mobiliser les compétences suivantes.

S'approprier un texte poétique

- Identifier le **thème** et la **visée** du poème : célébrer la beauté, montrer la fuite du temps, exprimer la mélancolie du poète, faire une satire, énoncer une morale...
- Percevoir la singularité de la **vision poétique** du monde et repérer les **figures de style** originales.
- Être sensible à la musicalité du langage : les jeux de rythme et de sons. Voir Fiche 36, p. 74

Produire un écrit en lien avec la poésie

- Travailler sur brouillon et chercher progressivement un **langage harmonieux**.
- Soigner tout particulièrement la **forme du poème** : rythme des phrases, disposition en vers, échos sonores.
- Utiliser des **figures de style** Voir Fiche 22, p. 46 pour créer un texte imagé et sensible.

S'ENTRAÎNER

1 AMPLIFIER UN POÈME

Très-belle et amoureuse joue
Sur laquelle mon cœur se joue
Et mes yeux prennent leur repas,
Joue faite mieux qu'au compas,
Joue blanche, ou bien claire et brune
Ronde comme un croissant de lune
S'allongeant un peu vers la bouche,
Qu'il me tarde que ne te touche
Et te mesure avec la mienne,
Laquelle chose en bref advienne,
Ainsi que j'en ai le souhait.

E. de Beaulieu, « La joue », 1537.

S'approprier le texte

a. À qui s'adresse le poète ? Surlignez les apostrophes.

....

....

b. Quelles figures d'analogie Voir Fiche 22, p. 46 **permettent d'exprimer l'admiration du poète ?**

....

....

....

....

Produire un écrit d'appropriation

c. En une dizaine de vers, ajoutez à « La joue » le blason Voir Fiche 39, p. 80 **de deux autres parties du corps.**

Conseils d'écriture

– *Imaginez d'autres figures d'analogie (comparaisons ou métaphores) pour décrire les parties du corps avec originalité.*
– *Respectez la disposition des rimes du texte initial.*
– *Employez un discours lyrique amoureux, en imitant la situation d'énonciation (le poète s'adresse à la partie du corps).*

2 COMPOSER UN CORPUS ILLUSTRÉ

S'approprier le texte

a. Recopiez le « Sonnet pour Hélène » de Ronsard. Voir Fiche 38, p. 78 **Formez un corpus sur le thème du *carpe diem* en lui ajoutant deux autres poèmes et une illustration. Ces œuvres devront appartenir à des siècles différents.**

Produire un écrit d'appropriation

b. Expliquez en plusieurs paragraphes la cohérence de votre corpus : en quoi ces œuvres traitent-elles le même thème ? Comment la fuite du temps est-elle représentée ? Terminez votre étude par un paragraphe argumentatif qui présente votre poème préféré en justifiant ce choix.

Conseils de réalisation

– *Choisissez des sources fiables pour vos recherches de poèmes et d'illustration.*
– *Privilégiez des illustrations d'artistes reconnus, comme certains peintres du XVIIe siècle qui représentaient des Vanités.*

3 INVENTER UNE FABLE

Produire un écrit d'appropriation

À la manière de Jean de La Fontaine dans ses *Fables*, imaginez un récit poétique et divertissant qui illustre l'un de ces proverbes :

– Mieux vaut être seul que mal accompagné.
– L'habit ne fait pas le moine.
– Qui vole un œuf vole un bœuf.

Conseils d'écriture

– *Vous pouvez choisir de mettre en scène des hommes ou des animaux, pourvu que le récit soit concis et sa structure bien claire.*
– *Exploitez la forme versifiée pour mettre en valeur certains mots et créer des échos sonores.*
– *Énoncez votre morale en début ou fin de récit.*

37 La littérature d'idées et la presse du XIXe au XXIe siècle – Au service de l'argumentation

RETENIR

- La **littérature d'idées** regroupe tous les genres littéraires dont la visée est de transmettre au lecteur, de façon directe ou indirecte, une idée, un avis, un jugement.
- Certains écrivains s'adressent à un large public à travers la **presse écrite**. À partir du XIXe siècle, époque de la révolution industrielle, les journaux se multiplient et font résonner la **parole engagée**. En témoigne le retentissement de la lettre ouverte « J'accuse ! » de Zola, publiée dans le journal *L'Aurore* pour défendre le colonel Dreyfus.
- Au XXe siècle, les **maisons d'édition** et les **revues** consacrées à la littérature exposent les débats littéraires et les idées de philosophes comme Sartre ou Camus. Les écrivains sentent la nécessité d'affirmer leur **engagement**, dans un contexte de guerres mondiales et de troubles politiques liés aux totalitarismes. Voir Fiche 32, p. 66
- Aujourd'hui, la **révolution numérique** bouleverse les modes d'expression et élargissent considérablement le champ de diffusion des idées. Les journaux sont dématérialisés et sont concurrencés par de nouveaux moyens de communication comme les blogs, forums et tweets. Face à la multiplication d'informations et d'opinions sur la Toile, l'internaute doit apprendre à sélectionner les **sources fiables** et à distinguer le vrai du faux.

Argumentation directe		
Le débat d'idées et le dialogue	Entretien entre des interlocuteurs dont les opinions s'affrontent, parfois dans un registre polémique.	
L'essai	Texte en prose de forme libre proposant des pistes de réflexion sur un thème politique, social, philosophique, etc.	
Le pamphlet	Texte bref, souvent écrit à la 1re personne, qui énonce une critique virulente.	
Le discours, la chanson et la poésie engagés	Argumentations destinées à être prononcées à l'oral, devant un auditoire ou un public. La stratégie argumentative joue sur les effets sonores et la musicalité.	
Le manifeste et la préface	Œuvre théorique qui cherche à servir de référence à un groupe pour définir une nouvelle pensée. La préface présente, en début de roman, les intentions de l'auteur.	
Les formes argumentatives diffusées par la presse	L'article	Texte d'un journaliste diffusé dans la presse.
	La tribune	Texte de presse qui expose le point de vue d'une personne extérieure au journal.
	L'éditorial	Analyse de l'actualité par un journaliste, qui représente l'orientation de son journal.
	L'entretien	Rencontre entre un journaliste et une personnalité qui est amenée à exprimer ses idées et sa vision de la situation.
	La lettre ouverte	Lettre adressée à une ou plusieurs personnes, mais en réalité destinée à être lue par un large public.
	Le portrait	Article qui décrit une personnalité. Il peut être à charge, neutre ou élogieux.
Argumentation indirecte		
Le roman à thèse	Récit d'une histoire qui a valeur d'exemple et qui encourage le lecteur à en tirer des leçons. V. Hugo, *Le Dernier Jour d'un condamné*, 1829.	
Le théâtre engagé	Pièce de théâtre qui est au service d'une cause et défend les idées de son auteur, à travers l'intrigue et les paroles des personnages. A. Camus, *Les Justes*, 1950.	
Le conte philosophique	Récit imaginaire de structure simple, soulevant des questions sur l'homme, la sagesse, le destin, etc. A. de Saint-Exupéry, *Le Petit Prince*, 1943.	
La fable	Récit court et imagé. Une morale est exprimée ou sous-entendue. J. Anouilh, « La fille et le loup », 1962.	
L'utopie et la dystopie	Représentations de sociétés imaginaires érigées comme modèles (utopie) ou contre-modèles (dystopie). Elles dénoncent indirectement les travers du monde réel. G. Orwell, *La Ferme des animaux*, 1949 (dystopie).	

S'ENTRAÎNER

DÉFINIR LE GENRE D'UNE ARGUMENTATION

1 a. Complétez ce texte en choisissant (et en accordant si nécessaire) des termes de la liste ci-dessous.

pamphlet • essai • lettre ouverte • manifeste • débat d'idées • dystopie

1. Au XXe siècle, André Breton définit les principes du mouvement surréaliste dans un ....

2. Dans l'affaire Dreyfus, les nombreux .... ont donné lieu à une véritable polémique. Zola s'est engagé et a rédigé une .... destinée au président de la République, et publiée dans le journal *L'Aurore*. De très violents .... ont été diffusés contre le colonel Dreyfus, alors que celui-ci était innocent.

3. Après la Seconde Guerre mondiale, des auteurs anglais comme G. Orwell ont imaginé des .... où les hommes, victimes de la censure et des dérives de la science, vivent un véritable cauchemar.

4. Des écrivains, historiens et philosophes se sont réunis en 2015 pour écrire *Qui est Daech* ?, un .... sur le terrorisme aujourd'hui.

b. Placez entre crochets le paragraphe qui fait référence à une argumentation indirecte.

IDENTIFIER LES GENRES ARGUMENTATIFS

2 Précisez si ces extraits relèvent de l'argumentation directe ou indirecte, puis indiquez leur genre.

1. Un jour, maigre et sentant un royal appétit,
Un singe[1] d'une peau de tigre[2] se vêtit.
Le tigre avait été méchant ; lui, fut atroce.

V. Hugo, « Fable ou histoire », *Les Châtiments*, 1852.

1. Désigne Napoléon III.
2. Désigne son oncle Napoléon Ier.

2. Dites-vous bien que la littérature est un des plus tristes chemins qui mènent à tout.

A. Breton, *Manifeste du surréalisme*, 1924.

3. N. TRUONG : Est-ce que vous vous êtes déjà dit « C'était mieux avant » ?
M. SERRES : J'ai tellement entendu cette réflexion dans la bouche de mes contemporains !

M. Serres « Ce n'était pas mieux avant, mais ça pourrait être pire après ! », *Le Monde*, 10 août 2018.

4.

4. HOEDERER. – Tu pourrais me descendre froidement d'une balle entre les deux yeux parce que je ne suis pas de ton avis sur la politique ?
HUGO. – Oui, si je l'avais décidé ou si le Parti me l'avait commandé.

J.-P. Sartre, *Les Mains sales*, 1948.

....
....
....
....

ANALYSER UNE PAROLE POLITIQUE

3 Lisez ce texte.

Je ne suis pas, messieurs, de ceux qui croient qu'on peut supprimer la souffrance en ce monde, la souffrance est une loi divine, mais je suis de ceux qui pensent et qui affirment qu'on peut détruire la misère. *(Réclamations. – Violentes dénégations à droite.)* Remarquez-le bien, messieurs, je ne dis pas diminuer, amoindrir, limiter, circonscrire, je dis détruire. *(Nouveaux murmures à droite.)* La misère est une maladie du corps social comme la lèpre était une maladie du corps humain ; la misère peut disparaître comme la lèpre a disparu. *(Oui ! oui ! à gauche.)* Détruire la misère ! oui, cela est possible.

V. Hugo, Discours à l'Assemblée nationale, 9 juillet 1849.

a. Quel est le genre de cet extrait ? Justifiez votre réponse.

....
....
....
....
....

b. Surlignez la proposition grammaticale qui formule la thèse de V. Hugo. Cette thèse est-elle explicite ou implicite ?

....

c. Quelle analogie V. Hugo fait-il avec la misère ? Quel est l'effet de ce procédé sur le destinataire ?

....
....
....
....
....
....

LIRE UNE PRÉFACE

4 Lisez ce texte.

J'avais naïvement cru que ce roman pouvait se passer de préface. Ayant l'habitude de dire tout haut ma pensée, d'appuyer même sur les moindres détails de ce que j'écris, j'espérais être compris et jugé sans explication préalable. Il paraît que je me suis trompé. La critique a accueilli ce livre d'une voix brutale et indignée. [...] Donc il faut que je présente moi-même mon œuvre à mes juges. Je le ferai en quelques lignes, uniquement pour éviter à l'avenir tout malentendu. Dans *Thérèse Raquin*, j'ai voulu étudier des tempéraments et non des caractères. Là est le livre entier. J'ai choisi des personnages souverainement dominés par leurs nerfs et leur sang, dépourvus de libre arbitre, entraînés à chaque acte de leur vie par les fatalités de leur chair. [...] mon but a été un but scientifique avant tout.

É. Zola, *Thérèse Raquin*, 1867, préface de la deuxième édition.

a. **Qui est désigné par le « je » : le narrateur, le personnage ou l'auteur du roman ?**

....

....

b. **Pourquoi cette préface s'est-elle avérée nécessaire ?**

....

....

....

....

....

....

....

c. **Surlignez les phrases qui exposent le projet littéraire de Zola. Quel mouvement littéraire du XIXe siècle reconnaît-on dans la dernière phrase ?**

....

....

ÉTUDIER UNE CHANSON ENGAGÉE

5 **Lisez ce texte.**

La chanson fut écrite peu après la Seconde Guerre mondiale, alors qu'éclatent les conflits en Indochine et en Algérie.

Monsieur le Président
Je vous fais une lettre
Que vous lirez peut-être
Si vous avez le temps
Je viens de recevoir
Mes papiers militaires
Pour partir à la guerre
Avant mercredi soir
Monsieur le Président
Je ne veux pas la faire
Je ne suis pas sur terre
Pour tuer des pauvres gens
C'est pas pour vous fâcher
Il faut que je vous dise
Ma décision est prise
Je m'en vais déserter

B. Vian, *Le Déserteur*, 1954.

a. **Cette chanson est-elle un plaidoyer ou un réquisitoire ?** Voir Fiche 41, p. 85 **Justifiez votre réponse.**

....

....

....

....

....

b. **À qui est destinée cette chanson ?**

....

....

....

....

....

c. **En quoi représente-t-elle un acte de résistance ?**

....

....

....

....

....

....

....

ANALYSER UNE TRIBUNE

6 **Lisez ce texte.**

Comment laisser entendre que ces gens qui se jettent sur les routes, traversent les déserts, s'embarquent sur des radeaux au risque de leur vie, ou franchissent les montagnes en hiver, vêtus seulement de leurs habits de pays chauds, comment laisser croire que ces gens ont un choix ? Comment ne pas comprendre que la route qu'ils ont prise est un déchirement, qu'ils laissent derrière eux tout ce qui est cher à tout humain, le pays natal, les ancêtres, parfois les enfants trop jeunes pour partir ? Il n'est pas question ici de sentimentalisme, ni d'apitoiement facile. Regardons-les, ces migrants, sur le pont des navires, couchés sur le sol, brûlés par le soleil, desséchés par la soif et la faim, regardons-les. Ils ne nous sont pas étrangers. Ils ne sont pas des envahisseurs. Ils sont nos semblables, ils sont notre famille.

J. M. G. Le Clézio, *L'Obs*, 11 janvier 2018.

a. **Reformulez la thèse émise par l'écrivain J. M. G. Le Clézio.**

....

....

....

....

b. **Surlignez les procédés d'insistance utilisés par l'auteur. A-t-il surtout recours à des arguments logiques ou affectifs ?** Voir Fiche 41, p. 85 **Justifiez votre réponse.**

....

....

....

....

....

....

....

c. **Par quel moyen l'écrivain s'est-il adressé au plus large public possible ?**

....

....

....

....

....

....

COMPRENDRE UN ESSAI

7 Lisez ce texte.

Sans que nous nous en apercevions, un nouvel humain est né, pendant un intervalle bref, celui qui nous sépare des années soixante-dix. Il ou elle n'a plus le même corps, la même espérance de vie, ne communique plus de la même façon, ne perçoit plus le même monde, ne vit plus dans la même nature, n'habite plus le même espace. Né sous péridurale et de naissance programmée, ne redoute plus, sous soins palliatifs, la même mort. N'ayant plus la même tête que celle de ses parents, il ou elle connaît autrement.

Il ou elle écrit autrement. Pour l'observer, avec admiration, envoyer, plus rapidement que je ne saurai jamais le faire de mes doigts gourds, envoyer, dis-je, des SMS avec les deux pouces, je les ai baptisés, avec la plus grande tendresse que puisse exprimer un grand-père, Petite Poucette et Petit Poucet.

M. Serres, *Petite Poucette*, 2012.

a. Quels indices montrent que le philosophe traite de notre époque contemporaine ?

....

....

....

....

....

....

b. Qui est désigné par l'expression « Petite Poucette et Petit Poucet » ?

....

c. Surlignez les tournures grammaticales répétées à de nombreuses reprises. Que veut montrer M. Serres par ce procédé d'insistance ?

....

....

....

....

....

OBSERVER LA PRESSE NUMÉRIQUE

8 Observez cette page web.

1€ Découvrez Mediapart : profitez d'une période d'essai de **15 jours pour 1€ seulement** J'en profite

Demain dès 19h, MediapartLive hors les murs chez les «gilets jaunes» de Commercy

Français *English* *Español*

Abonnement Connexion Nous suivre

Menu

MEDIAPART
MAR. 29 JANV. 2019 - DERNIÈRE ÉDITION

Recherche

LE JOURNAL | LE STUDIO | LE CLUB | DEPUIS 48 HEURES | LES BLOGS | LES ÉDITIONS | L'AGENDA | LA CHARTE | PARTICIPEZ

Entretien avec Michel Serres, de l'Académie Française: un philosophe témoin de son temps

15 JUIL. 2014 | PAR DANIEL SALVATORE SCHIFFER | BLOG : A L'ALARME, CITOYENS!

FAVORI | Partager
RECOMMANDER | Tweet
ALERTER | G+
IMPRIMER

Michel Serres, l'un des plus grands philosophes vivants, membre de l'Académie Française et professeur à Stanford University, nous offre, avec un livre d'entretiens intitulé « Pantopie : de Hermès à Petite Poucette »*, une magistrale synthèse, rigoureuse et accessible à la fois, de sa pensée. Une oeuvre importante !

23 COMMENTAIRES | 7 RECOMMANDÉS | A+ A-

Michel Serres, l'un des plus grands philosophes vivants, membre de l'Académie Française et professeur à Stanford University, nous offre, avec un livre d'entretiens intitulé « *Pantopie : de Hermès à Petite Poucette* »*, une magistrale synthèse, rigoureuse et accessible à la fois, de sa pensée. Une oeuvre importante !

Daniel Salvatore Schiffer :Votre dernier livre, « Pantopie : de Hermès à Petite Poucette », se présente comme une synthèse magistrale, articulée mais accessible, de votre œuvre. Quels en sont le but et le motif ?

L'AUTEUR

DANIEL SALVATORE SCHIFFER
Philosophe, Ecrivain, Professeur de Philosophie de l'Art
Bruxelles - Belgique

295 BILLETS | 158 FAVORIS | 156 CONTACTS

a. Qu'est-ce que Médiapart ? Quels indices montrent qu'il s'agit d'un média centré sur l'actualité ?

....

....

....

....

....

b. Dans quelle rubrique de Médiapart ce texte sur Michel Serres apparaît-il ?

....

....

c. Quelle forme argumentative est proposée pour faire connaître M. Serres ?

....

38 La littérature d'idées et la presse du XIXe au XXIe siècle – Le vocabulaire de l'argumentation

RETENIR

- Un texte est argumentatif quand il énonce une thèse appuyée par des arguments et illustrée par des exemples. Sa visée est de remporter l'adhésion du destinataire, qu'il s'agit de convaincre ou de persuader grâce à une stratégie argumentative.

Thèse explicite : opinion ou jugement **clairement prononcé** dans le discours.

Thèse implicite : opinion ou jugement **sous-entendu** par l'émetteur. C'est au destinataire de la comprendre et d'être capable de la formuler en une phrase.

Émetteur : celui qui **formule** la thèse et les arguments.

Destinataire : personne à qui **est destiné** le discours.

Adhésion / réfutation : **approbation / rejet** d'une thèse ou d'un argument.

Thème : **sujet du discours**, formulé par un nom ou un groupe nominal. Dans la presse, il s'agit souvent d'un sujet d'actualité. Il peut concerner différents **domaines** : économique, politique, scientifique, sociologique…
Voir Fiche 17, p. 36

Convaincre : s'adresser à la raison du destinataire grâce à des **arguments** ou **raisonnements logiques** (réfutation, analogie, succession), et à des **connecteurs logiques** *(mais, néanmoins, car, parce que, en effet, enfin…)*.
Voir Fiche 15, p. 32 et Voir Fiche 17, p. 36

Persuader : s'adresser aux émotions du destinataire grâce à une ponctuation expressive (interrogations et exclamations) et des arguments affectifs. L'argumentation fait naître des émotions comme la compassion (tonalité pathétique), le rire (tonalité satirique ou ironique) ou l'indignation (tonalité polémique). Voir Fiche 21, p. 44

Plaidoyer : **défense** d'une personne ou d'une idée par l'utilisation de formules élogieuses et de mots **mélioratifs** (de sens positif).

Réquisitoire : **accusation** d'une personne ou d'une idée par l'utilisation de mots **péjoratifs** (de sens négatif).

Rhétorique : art de **bien parler** par l'usage d'outils spécifiques et d'une stratégie argumentative habile. Pour attirer l'attention du destinataire et souligner des éléments importants, on utilise les procédés rhétoriques suivants :
- l'interpellation du destinataire par l'apostrophe et l'utilisation de la 2e personne (*tu* ou *vous*) ;
- des questions rhétoriques qui n'attendent pas de réponse et soulignent l'évidence ; Voir Fiche 22, p. 46
- des figures de style, particulièrement les figures d'insistance et d'opposition. Voir Fiche 22, p. 46

S'ENTRAÎNER

RÉDIGER ARGUMENTS ET EXEMPLES

1 Voici deux thèses. Défendez chacune d'elles par un argument que vous illustrerez d'un exemple.

1. Il ne faut pas dégrader les ressources marines.

……………………………………………………………
……………………………………………………………
……………………………………………………………
……………………………………………………………
……………………………………………………………
……………………………………………………………
……………………………………………………………
……………………………………………………………

2. Tous les enfants doivent avoir la possibilité d'aller à l'école.

……………………………………………………………
……………………………………………………………
……………………………………………………………
……………………………………………………………
……………………………………………………………
……………………………………………………………
……………………………………………………………

ÉTUDIER UN DISCOURS JUDICIAIRE

2 Lisez ce texte.

Le 21 février 1898, Émile Zola comparaît devant la justice pour avoir pris la défense du colonel Dreyfus et critiqué l'armée française dans son article « J'accuse ! » (paru dans le journal L'Aurore*). Il s'adresse aux jurés, des citoyens tirés au sort pour décider de l'issue du procès.*

Ne comprenez-vous pas, maintenant, que ce dont la nation meurt, c'est de l'obscurité où l'on s'entête à la laisser, c'est de l'équivoque où elle agonise ? Les fautes des gouvernants s'entassent sur les autres, un mensonge en nécessite un autre, de sorte que l'amas devient effroyable. Une erreur judiciaire a été commise, et dès lors, pour la cacher, il a fallu chaque jour commettre un nouvel attentat au bon sens et à l'équité. C'est la condamnation d'un innocent qui a entraîné l'acquittement d'un coupable ; et voilà, aujourd'hui, qu'on vous demande de me condamner à mon tour, parce que j'ai crié mon angoisse, en voyant la patrie dans cette voie affreuse. Condamnez-moi donc ! Mais ce sera une faute encore, ajoutée aux autres, une faute dont plus tard vous porterez le poids dans l'Histoire.

É. Zola, Déclaration au jury, *L'Aurore*, 22 février 1898.

a. Surlignez les mots qui ont une connotation négative. Ce texte est-il un réquisitoire ou un plaidoyer ? Justifiez votre réponse.

....

....

b. Quelle est la tonalité de ce discours ?

....

c. Quels sentiments Zola veut-il faire naître chez les jurés ? Quels procédés utilise-t-il ?

....

....

....

....

ANALYSER LA RHÉTORIQUE DE L'ARGUMENTATION

3 Lisez ce texte.

On sait que le grand argument des partisans de la peine de mort est l'exemplarité du châtiment. On ne coupe pas seulement les têtes pour punir leurs porteurs, mais pour intimider, par un exemple effrayant, ceux qui seraient tentés de les imiter. La société ne se venge pas, elle veut seulement prévenir. Elle brandit la tête pour que les candidats au meurtre y lisent leur avenir et reculent.

Cet argument serait impressionnant si l'on n'était obligé de constater :

[1° Que la société ne croit pas elle-même à l'exemplarité dont elle parle ;

2° Qu'il n'est pas prouvé que la peine de mort ait fait reculer un seul meurtrier, décidé à l'être, alors qu'il est évident qu'elle n'a eu aucun effet, sinon de fascination, sur des milliers de criminels ;

3° Qu'elle constitue, à d'autres égards, un exemple repoussant dont les conséquences sont imprévisibles.]

A. Camus, *Réflexions sur la guillotine*, 1957.

a. Reformulez la thèse et l'argument principal des partisans de la peine de mort. Puis placez entre crochets la partie destinée à réfuter cet argument.

Thèse : ....

Argument : ....

....

....

b. Surlignez les termes appartenant au lexique de l'argumentation. Camus cherche-t-il avant tout à convaincre ou à persuader le lecteur ?

....

....

....

....

....

....

....

COMPARER DEUX ESSAIS

4 Lisez ces extraits.

EXTRAIT 1

L'auteure analyse l'influence de la société sur la petite fille, éduquée pour devenir une femme et rester dans l'ombre.

La hiérarchie des sexes se découvre d'abord à elle dans l'expérience familiale ; elle comprend peu à peu que si l'autorité du père n'est pas celle qui se fait le plus quotidiennement sentir, c'est elle qui est souveraine ; elle ne revêt que plus d'éclat du fait qu'elle n'est pas galvaudée[1] ; même si c'est en fait la mère qui règne en maîtresse dans le ménage, elle a d'ordinaire l'adresse de mettre en avant la volonté du père ; dans les moments importants, c'est en son nom, à travers lui qu'elle exige, qu'elle récompense ou punit. La vie du père est entourée d'un mystérieux prestige : les heures qu'il passe à la maison, la pièce où il travaille, les objets qui l'entourent, ses occupations, ses manies ont un caractère sacré. C'est lui qui nourrit la famille, il en est le responsable et le chef.

S. de Beauvoir, « L'expérience vécue », *Le Deuxième Sexe*, 1949.

EXTRAIT 2

Les hommes ont lutté pour l'obtention de droits dont ils prirent soin d'exclure les femmes. Quel besoin avaient-elles de voter, d'être instruites ou d'être protégées, à l'égal des hommes, sur leurs lieux de travail ? L'égalité s'arrêtait aux frontières du sexe, car, si la plupart des hommes cherchaient à se débarrasser du patriarcat[2] politique, ils voulaient à tout prix maintenir le patriarcat familial. D'où l'avertissement constamment répété, au XIXe siècle, par les conservateurs et l'Église : en luttant pour plus de liberté et d'égalité, vous portez atteinte à la puissance paternelle et vous sapez[3] les fondements de la famille…

É. Badinter, *L'un est l'autre*, 1986.

1. Elle est mise en valeur.
2. Organisation sociale selon laquelle le père est le chef de famille.
3. Détruisez.

a. Quel thème commun pouvez-vous dégager de ces extraits ? Précisez à quel domaine il se rattache.

....

....

....

b. Surlignez dans les deux textes les termes appartenant au champ lexical de la domination.

c. En vous appuyant sur ces deux argumentations, expliquez la thèse de Badinter : « L'égalité s'arrêtait aux frontières du sexe. »

....

....

....

....

....

39 La littérature d'idées et la presse du XIXe au XXIe siècle – Écrits d'appropriation

RETENIR

- Pour réussir un écrit d'appropriation en lien avec la **littérature d'idées ou le discours de presse**, il faut lire plusieurs fois le texte argumentatif initial et mobiliser les compétences suivantes.

S'approprier un texte argumentatif
- Repérer le thème, la thèse et les différents arguments du texte.
- Identifier la situation d'énonciation : qui parle ? Quel est son destinataire ? Quel est le contexte ?
- Distinguer l'art de convaincre et celui de persuader. Voir Fiche 41, p. 85

Produire un écrit d'appropriation en lien avec la littérature d'idées ou le discours de presse
- Présenter son argumentation en **paragraphes** articulés logiquement. Voir Fiche 17, p. 36
- Reprendre les arguments du texte initial lorsqu'il s'agit de **discuter**, **réfuter** ou **développer** sa thèse.
- Ne pas confondre **arguments et exemples**. Une succession d'exemples ne suffit pas pour défendre une thèse.
- Dans un discours de presse, respecter les **contraintes formelles** de l'article (titre et date de parution). Pour mettre en forme une page entière de journal, ajouter un chapeau (courte introduction sous le titre) et disposer les articles en colonnes.

S'ENTRAÎNER

1 IMITER UN PORTRAIT ÉLOGIEUX

S'approprier le texte

a. Relisez le portrait de Simone Veil. Voir Fiche 41, p. 88 **Faites des recherches sur trois femmes qui ont marqué l'histoire.**

b. Quelles sont les valeurs incarnées par ces femmes ?

....

....

Produire un écrit d'appropriation

c. Rédigez trois portraits journalistiques de personnalités féminines. Indiquez ensuite la personnalité qui vous semble la plus admirable et justifiez votre choix.

Conseils d'écriture
- *Consultez des sources fiables.*
- *Composez des portraits en action.* Voir Fiche 41, p. 87
- *Employez un lexique mélioratif.* Voir Fiche 20, p. 42

2 RENDRE COMPTE D'UNE LECTURE SOUS FORME D'UN ARTICLE DE PRESSE

S'approprier le texte

a. Choisissez un roman que vous avez lu, puis effectuez des recherches sur l'auteur et son époque, le contexte de la parution du roman, et éventuellement les éléments historiques nécessaires à la compréhension du récit.

Produire un écrit d'appropriation

b. Composez la page d'un magazine littéraire qui présente ce roman, en propose un extrait et fasse connaître son auteur.

Conseils d'écriture
- *Inspirez-vous des discours publicitaires pour leur force de persuasion.*
- *Adoptez une forme et une mise en page journalistiques : titre, sous-titres, illustrations, articles.*

IMAGINER UN DÉBAT SUR L'ACTUALITÉ

3 Lisez ce texte.

Internet rend-il idiot ?

Les prophètes de la cyberculture[1], tel M. Serres, l'envisagent à longue échelle comme un nouveau bond cognitif[2] de l'humanité : le Web permet une diffusion sans limite des savoirs, le jeu de liens hypertextes stimule la créativité en créant des ponts entre savoirs cloisonnés. Naguère, écrit M. Serres, « le savoir se divisait en sectes », aujourd'hui, la lecture hypertextuelle[3] permet de créer des passerelles[4] inédites.

Contre cette vision idyllique[5], le journaliste Nicolas Carr a jeté un pavé dans la mare en soutenant qu'Internet pouvait « rendre bête ».

J.-F. Dortier, « L'avènement de l'Homo numericus », *Revue Sciences humaines*, octobre 2013.

1. Ceux qui annoncent l'arrivée d'une culture créée par Internet. 2. Une avancée dans le savoir. 3. Lecture sur un écran, qui n'aborde pas l'intégralité d'un texte, mais établit un parcours et met en relation des documents. 4. Ponts, relations. 5. Trop parfaite.

Produire un écrit d'appropriation

a. À partir de votre lecture de cet article de *Sciences humaines* et de l'extrait de *Petite Poucette* Voir Fiche 37, p. 80 **, imaginez un dialogue argumentatif entre Michel Serres et le journaliste Nicolas Carr à propos de l'utilisation d'Internet et de ses conséquences sur les jeunes générations.**

b. Que vous demande cette consigne ? Cochez la bonne réponse et justifiez votre choix.

- ❑ Illustrer une argumentation.
- ❑ Rédiger un débat d'idées.
- ❑ Exposer votre avis personnel.
- ❑ Réfuter une seule thèse.

....

....

....

....

40 Le roman et le récit du XVIIIe au XXIe siècle
La narration et les genres narratifs

RETENIR

- Un **récit** est un texte dans lequel un narrateur raconte des faits vrais ou imaginaires. Il peut y insérer de courts commentaires ou s'adresser à son lecteur.

Modes de narration

– Lorsque le narrateur est anonyme ou **extérieur à l'intrigue**, le récit est à la 3e personne.
– Lorsque le narrateur est un **personnage de son propre récit**, le récit est à la 1re personne.

- Dans un **récit enchâssé**, les narrateurs peuvent se superposer : un personnage (narrateur 1) rapporte le récit d'un autre personnage (narrateur 2).

Temps du récit

- Les temps du récit sont principalement l'**imparfait** (arrière-plan), le **passé simple** (premier plan) et le **présent de narration** pour donner un effet d'instantané. Voir Fiche 4, p. 10

Ordre et rythme du récit

- Un récit qui raconte les événements dans l'**ordre chronologique** est **linéaire**. Il ne l'est plus quand le narrateur effectue un **retour en arrière** (**analepse**) ou **anticipe la suite** du récit (**prolepse**).
- Le rythme peut s'accélérer en racontant de nombreux événements ou être ralenti par des passages de description.
- Une **ellipse passe sous silence** certains événements.

Les genres narratifs

Le roman	Récit en prose assez long qui déploie une intrigue, raconte des aventures et analyse les sentiments de personnages imaginaires. Voir Fiche 31, p. 66
La nouvelle	Récit bref centré autour d'une intrigue simple et qui se termine souvent par une chute.
Le conte	Récit qui met en place un univers merveilleux et délivre parfois une morale. Voir Fiche 40, p. 81
L'épopée	Long récit qui raconte les exploits d'un héros.
L'autobiographie	Récit rétrospectif (tourné vers le passé) d'un auteur qui est aussi le narrateur de sa propre vie. Il raconte des faits vécus et réels. Dans un **roman autobiographique**, l'auteur insère dans son récit des passages imaginaires, ou bien raconte des événements réels en les attribuant à un personnage fictif.
Les mémoires	Récit d'événements historiques à travers le regard personnel de l'auteur qui en a été le témoin. Il mêle son destin personnel au déroulement de l'histoire.

S'ENTRAÎNER

OBSERVER UNE ÉCRITURE AUTOBIOGRAPHIQUE

1 Lisez ce texte.

Nathalie Sarraute raconte ses onze premières années en Russie et en France.

Je me promène avec mon père... ou plutôt il me promène comme il le fait chaque jour quand il vient à Paris. Je ne sais plus comment je l'ai rejoint... quelqu'un a dû me déposer à son hôtel ou bien à un endroit convenu... il est hors de question qu'il soit venu me chercher rue Flatters... je ne les ai jamais vus, je ne peux pas les imaginer se rencontrant, lui et ma mère... Nous sommes passés par l'entrée du Grand Luxembourg qui fait face au Sénat et nous nous dirigeons vers la gauche, où se trouvent le Guignol, les balançoires, les chevaux de bois... Tout est gris, l'air, le ciel, les allées, les vastes espaces pelés, les branches dénudées des arbres. Il me semble que nous nous taisons.

N. Sarraute, *Enfance*, 1983.

a. Quels indices montrent qu'il s'agit d'un récit rétrospectif de Nathalie Sarraute ? Quel est donc le genre de ce texte ?

....
....
....
....
....
....
....
....

b. Observez les temps et la ponctuation. Quelles différences remarquez-vous par rapport à l'écriture d'un récit traditionnel ?

....

....

....

c. Comment l'auteure met-elle en avant le mécanisme de la mémoire ?

....

....

....

....

....

ÉTUDIER UN CONTE PHILOSOPHIQUE

2 Lisez ce texte.

M. Jeannot était bien fait, sa femme aussi, et elle avait encore de la fraîcheur. Ils allèrent à Paris pour un procès qui les ruinait, lorsque la fortune, [qui élève et qui abaisse les hommes à son gré], les présenta à la femme d'un entrepreneur des hôpitaux des armées [...]. Jeannot plut à madame ; la femme de Jeannot plut à monsieur. Jeannot fut bientôt de part dans l'entreprise ; il entra dans d'autres affaires. [Dès qu'on est dans le fil de l'eau, il n'y a qu'à se laisser aller ; on fait sans peine une fortune immense. Les gredins, qui du rivage vous regardent voguer à pleines voiles, ouvrent des yeux étonnés ; ils ne savent comment vous avez pu parvenir ; ils vous envient au hasard, et font contre vous des brochures que vous ne lisez point.] C'est ce qui arriva à Jeannot le père[1], qui fut bientôt M. de La Jeannotière, et qui, ayant acheté un marquisat au bout de six mois, retira de l'école monsieur le marquis son fils[2], pour le mettre à Paris dans le beau monde.

Voltaire, *Jeannot et Colin*, 1764.

1. Le père de Jeannot. 2. Jeannot lui-même.

a. Dans ce conte, à quel rythme est racontée l'ascension de la famille Jeannot ?

....

....

....

....

....

....

b. Ce récit est-il linéaire ? Justifiez votre réponse.

....

....

....

....

c. Placez entre crochets les commentaires du narrateur et déterminez le thème abordé.

....

....

....

RETENIR

Les points de vue

- Pour raconter une histoire ou faire une description, le narrateur peut choisir une perspective particulière : il adopte alors un **point de vue**, appelé aussi **focalisation**. Il existe trois types de points de vue.
  – Le point de vue **omniscient** : le narrateur a un regard englobant. Il connaît tout sur les personnages et l'intrigue. Il commente souvent l'action ou donne un jugement.
  – Le point de vue **interne** : le narrateur adopte le regard d'un personnage dont il retranscrit les pensées. Les événements, les lieux et autres personnages sont alors perçus à travers une vision partielle présentée comme subjective.
  – Le point de vue **externe** : le narrateur raconte et décrit tout de l'extérieur, de manière apparemment objective, sans entrer dans les pensées des personnages.

S'ENTRAÎNER

IDENTIFIER LES POINTS DE VUE

1 Identifiez, pour chaque extrait, le point de vue choisi.

EXTRAIT 1

Bourras était un grand vieillard à tête de prophète, chevelu et barbu, avec des yeux perçant sous de gros sourcils embroussaillés. Il tenait un commerce de cannes et de parapluies, faisait des raccommodages, sculptait même des manches, ce qui lui avait conquis une célébrité d'artiste dans le quartier.

É. Zola, *Au Bonheur des Dames*, 1883.

EXTRAIT 2

La porte de l'hôtel de l'Amiral s'ouvre. Un homme paraît, qui continue à parler un instant par l'entrebâillement à des gens restés à l'intérieur.

G. Simenon, *Le Chien jaune*, 1931.

EXTRAIT 3

Puis, de façon lointaine, le commandant perçut, oui, comme une voix. Il la perdit plusieurs fois. Une voix minuscule. Il tendit encore l'oreille. C'était bien cela. Quelque chose chantait au loin.

L. Gaudé, *Eldorado*, 2006.

....

....

IDENTIFIER LE POINT DE VUE

2 Lisez ce texte.

La grande Nanon était peut-être la seule créature humaine capable d'accepter le despotisme de son maître. Toute la ville l'enviait à M. et à Mme Grandet. La grande Nanon, ainsi nommée à cause de sa taille haute de cinq pieds huit pouces, appartenait à Grandet depuis trente-cinq ans. Quoiqu'elle n'eût que soixante livres de gages, elle passait pour une des plus riches servantes de Saumur. Ces soixante livres, accumulées depuis trente-cinq ans, lui avaient permis de placer récemment quatre mille livres en viager chez maître Cruchot. Ce résultat des longues et persistantes économies de la grande Nanon parut gigantesque. Chaque servante, voyant à la pauvre sexagénaire du pain pour ses vieux jours, était jalouse d'elle, sans penser au dur servage[1] par lequel il avait été acquis.

H. de Balzac, *Eugénie Grandet*, 1839.

1. État de dépendance d'une personne à l'égard d'un maître et de la terre sur laquelle elle travaille.

Justifiez le point de vue omniscient après avoir surligné les indices qui vous ont guidé(e).

....

....

....

....

....

....

RETENIR

Les paroles rapportées

	Discours direct	Discours indirect	Discours indirect libre*
Exemples	Jean s'écria : « Mon Dieu, que je la trouve laide ! »	Jean s'écria qu'il la trouvait fort laide.	Dieu, qu'il la trouvait laide !
Constructions	Verbe introducteur + discours juxtaposé par des guillemets ou des tirets	Verbe introducteur + discours relié par une proposition subordonnée ou infinitive	Pas de verbe introducteur.
Situation d'énonciation	Discours prononcé directement par le personnage : changement de la situation d'énonciation (des temps et des pronoms personnels)	Énoncé pris en charge par le narrateur : pas de changement de la situation d'énonciation (maintien des temps et pronoms personnels)	
Marques d'oralité, d'expressivité, de niveau de langue propre au personnage	Hésitations, accents, répétitions Ponctuation expressive (?, !) Niveau de langue du personnage	Pas de marques d'oralité, ni de ponctuation expressive ou de niveau de langue propre au personnage	Hésitations, accents, répétitions Ponctuation expressive (?, !) Niveau de langue du personnage

* Le discours indirect libre est un discours mixte : il tient à la fois du discours direct et du discours indirect.

S'ENTRAÎNER

ÉTUDIER DES PAROLES RAPPORTÉES

1 Lisez ce texte.

Au café, Mes-Bottes et deux de ses camarades apprécient l'alambic, appareil en cuivre qui fabrique de l'alcool.

[Mes-Bottes] avait un rire de poulie mal graissée, hochant la tête, les yeux attendris, fixés sur la machine à soûler. Tonnerre de Dieu ! elle était bien gentille ! Il y avait, dans ce gros bedon de cuivre, de quoi se tenir le gosier au frais[1] pendant huit jours. Lui, aurait voulu qu'on lui soudât le bout du serpentin entre les dents, pour sentir le vitriol[2] encore chaud l'emplir, lui descendre jusqu'aux talons, toujours, toujours, comme un petit ruisseau. Dame ! il ne se serait plus dérangé, ça aurait joliment remplacé les dés à coudre[3] de ce roussin[4] de père Colombe ! Et les camarades ricanaient, disaient que cet animal de Mes-Bottes avait un fichu grelot, tout de même.

É. Zola, *L'Assommoir*, 1877.

1. S'abreuver. 2. Alcool pur. 3. Petits verres. 4. Policier.

a. Délimitez par des crochets les paroles rapportées au discours indirect libre et transposez au discours direct le passage souligné.

....

....

b. Dans les phrases au discours indirect libre, quels sont les indices de l'expressivité et du niveau de langue de Mes-Bottes ?

....

....

....

....

....

....

41 Le roman et le récit du XVIIIe au XXIe siècle La description et le portrait

RETENIR

- Insérée dans un récit, la **description** permet de représenter un lieu, un objet, ou de dresser le portrait d'un personnage. Elle fait une **pause dans l'action**.
- Dans un texte argumentatif, la description permet d'appuyer les arguments en montrant les aspects positifs ou négatifs de l'objet décrit.
- La description d'un personnage ou d'une personne est un **portrait** physique, social ou moral. Quand les caractéristiques du personnage ou de la personne sont suggérées par sa façon d'agir et de se comporter, c'est un **portrait en action**.
- Les **étapes** de la description peuvent suivre un ordre logique : d'un plan général au plan rapproché, de bas en haut, de gauche à droite, etc.
- Le **point de vue** de la description Voir Fiche 40, p. 85 se présente comme objectif ou subjectif (lorsqu'il dépend du regard d'un personnage).
- Le **lexique** de la description comporte le plus souvent :
  - des verbes d'état conjugués au présent ou à l'imparfait : *être*, *sembler*, *devenir*, etc. ;
  - des verbes de perception : *voir*, *observer*, *sentir*, etc. ;
  - des termes liés aux cinq sens (vue, ouïe, goût, odorat, toucher) ;
  - des repères spatiaux : adverbes de lieu, prépositions ;
  - des expansions du nom : adjectifs qualificatifs, subordonnées relatives, compléments du nom.
- La description a une ou **plusieurs fonctions** dans le texte :
  - **narrative** : elle crée une atmosphère, provoque une émotion pour impliquer le lecteur dans l'histoire ;
  - **réaliste** : elle donne l'illusion du réel ;
  - **esthétique** : elle séduit comme un tableau ;
  - **symbolique** : elle donne un sens métaphorique à l'objet ;
  - **documentaire** : elle fait partager un savoir ;
  - **argumentative** : elle sert de preuve à un argument.

S'ENTRAÎNER

ANALYSER UN PORTRAIT

1 Lisez ce texte.

Renoncour, le narrateur principal, rencontre dans une auberge le chevalier Des Grieux avec qui il se lie d'amitié. Ce dernier lui raconte ses mésaventures et celles de Manon Lescaut, sa maîtresse, condamnée à l'exil pour ses mauvaises mœurs.

Mais figurez-vous ma pauvre maîtresse enchaînée par le milieu du corps, assise sur quelques poignées de paille, la tête appuyée languissamment sur un côté de la voiture, le visage pâle et mouillé d'un ruisseau de larmes, qui se faisaient un passage au travers de ses paupières, quoiqu'elle eût continuellement les yeux fermés. Elle n'avait pas même eu la curiosité de les ouvrir lorsqu'elle avait entendu le bruit de ses gardes qui craignaient d'être attaqués. Son linge était sale et dérangé, ses mains délicates exposées à l'injure de l'air ; enfin, tout ce composé charmant, cette figure capable de ramener l'univers à l'idolâtrie, paraissait dans un désordre et un abattement inexprimables.

Abbé Prévost, *Manon Lescaut*, 1731.

a. Surlignez les adjectifs qualificatifs et les participes passés qui décrivent la jeune fille. Quelle est la tonalité de ce portrait ?

....

b. Qui décrit Manon ? En quoi voit-on que ce portrait est fait du point de vue d'un homme amoureux ?

....

....

....

....

....

c. Quelles sont les fonctions de ce portrait ?

....

....

....

....

RECONNAÎTRE LES CARACTÉRISTIQUES D'UNE DESCRIPTION

2 Lisez ces extraits.

EXTRAIT 1

Debout sous les veilleuses, j'apercevais dans ce wagon sans divisions, et qui ressemblait à une chambrée, qui sentait la caserne et le commissariat, toute une population confuse et barattée par les mouvements du rapide. Tout un peuple enfoncé dans les mauvais songes et qui regagnait sa misère.

A. de Saint-Exupéry, *Terre des hommes*, 1939.

EXTRAIT 2

Verrières est abritée du côté du nord par une haute montagne, c'est une des branches du Jura. Les cimes brisées du Verra se couvrent de neige dès les premiers froids d'octobre.

Stendhal, *Le Rouge et le Noir*, 1830.

EXTRAIT 3

La fraîcheur embaumée des brises d'automne, la forte senteur des forêts, s'élevaient comme un nuage d'encens et enivraient les admirateurs de ce beau pays, qui contemplaient avec ravissement ses fleurs inconnues, sa végétation vigoureuse [...].

H. de Balzac, *Les Chouans*, 1829.

EXTRAIT 4

Tout en parcourant le royaume, Souba, sur sa selle, contemplait ses mains. La lanière de cuir pendant entre ses doigts. Mille petites rides étaient apparues sur ses phalanges. Le temps avait passé, et ses mains en portaient la trace.

L. Gaudé, *La Mort du roi Tsongor*, 2002.

a. Quelles sont les descriptions dans lesquelles le point de vue est celui d'un ou de plusieurs personnages ? Justifiez vos réponses en soulignant les verbes de perception.

....

....

....

....

....

b. Quelle description s'appuie tout particulièrement sur les sens ? Justifiez votre réponse en indiquant les sens sollicités.

....

....

....

....

c. Quelle est la fonction principale de chacune des descriptions ci-dessus ?

Extrait 1 : ....

Extrait 2 : ....

Extrait 3 : ....

Extrait 4 : ....

ANALYSER LA DESCRIPTION D'UN PAYSAGE

3 Lisez ce texte.

Robinson, dont le navire *La Virginie* a échoué sur une île déserte, prend conscience de sa solitude.

Cependant que Robinson se faisait ce triste raisonnement, il examinait la configuration de l'île. Toute sa partie occidentale paraissait couverte par l'épaisse toison de la forêt tropicale et se terminer par une falaise rocheuse abrupte sur la mer. Vers le levant, au contraire, on voyait ondoyer une prairie très irriguée qui dégénérait en marécages aux abords d'une côte basse et laguneuse. Seul le nord de l'îlot paraissait abordable. Il était formé d'une vaste baie sablonneuse, encadrée au nord-est par des dunes blondes, au nord-ouest par les récifs où l'on distinguait la coque de *La Virginie*, empalée sur son gros ventre.

M. Tournier, *Vendredi ou les Limbes du Pacifique*, 1967.

a. Identifiez le point de vue de la description et soulignez le verbe de perception qui l'introduit.

....

....

b. Observez les compléments circonstanciels de lieu et récapitulez les étapes géographiques de cette description.

1 : ....

2 : ....

3 : ....

4 : ....

c. Trouvez le champ lexical dominant et surlignez les termes qui s'y rattachent. En quoi cette description de l'île met-elle en valeur la solitude de Robinson ?

....

....

....

....

....

....

....

ÉTUDIER UN ÉLOGE DANS LA PRESSE

4 Lisez ce texte.

De ses débuts comme magistrate, où elle cherche à améliorer la vie des détenus, à son second passage au ministère de la Santé, son action politique fut discrète, efficace, concrète. Puis, retirée de la vie politique, elle entreprit de se battre pour la mémoire, elle qui avait été si longtemps silencieuse sur son passé de déportée. Car Simone Veil ne fut jamais au-dessus de la mêlée. Ses choix étaient tranchés, sa langue pouvait être acérée. Une grande figure oui, devenue consensuelle au fil du temps, mais sans rien renier de ses convictions.

« Simone Veil : les visages d'une combattante », *Le Point*, 4 juillet 2017.

a. Surlignez les termes mélioratifs qui contribuent à cet éloge de Simone Veil. Dans quels domaines s'est-elle illustrée ?

....

....

....

....

....

b. De quel type de portrait s'agit-il ?

....

....

....

....

....

c. Identifiez la ou les fonctions de ce portrait pour le lecteur de cet article.

....

....

....

....

....

42 Le roman et le récit du XVIIIe au XXIe siècle Écrits d'appropriation

RETENIR

- Pour réussir un **écrit d'appropriation en lien avec les genres narratifs**, il faut lire plusieurs fois le récit proposé et mobiliser les compétences suivantes.

S'approprier un texte narratif

- Identifier et maîtriser l'**ordre du récit**, qui peut être chronologique ou non. Voir Fiche 40, p. 84
- Percevoir les **liens entre fiction et réel**, et distinguer un roman d'une autobiographie.
- Comprendre les valeurs incarnées par les **personnages**, héros ou anti-héros ; reconnaître leur **point de vue** sur les événements racontés.

Produire un écrit en lien avec les genres narratifs

- Soigner la concordance des **temps**. Voir Fiche 1, p. 4 et Voir Fiche 14, p. 30
- Enrichir les **descriptions** par des expansions du nom variées – adjectifs qualificatifs, compléments du nom, subordonnées relatives. Voir Fiche 12, p. 26
- Insérer correctement les **paroles rapportées** avec des guillemets ou des tirets à chaque changement d'interlocuteur ; varier les verbes de parole : *annoncer, avouer, renchérir, murmurer, s'écrier...* Voir Fiche 40, p. 86

S'ENTRAÎNER

1 RACONTER À PARTIR D'UNE IMAGE

S'approprier le sujet

a. Comment l'atmosphère festive et décontractée est-elle mise en valeur par le peintre ? Aidez-vous de la méthode de la lecture d'image. Voir Fiche 23, p. 48

....
....
....
....
....
....
....
....
....
....
....
....
....
....

A. Renoir, *Le Déjeuner des canotiers*, huile sur toile, 130 × 173 cm, 1881, The Phillips Collection, Washington.

Produire un écrit d'appropriation

b. Lors d'une exposition de peinture, l'un des personnages du tableau rencontre Auguste Renoir et se reconnaît sur la toile *Le Déjeuner des canotiers*. Cette découverte l'enthousiasme et lui fait ressurgir d'agréables souvenirs, qu'il raconte au peintre. En vous inspirant du tableau, rédigez le dialogue entre ce personnage et le peintre.

Conseils d'écriture

– Alternez dialogue et récit dans un registre de langue soutenu.
– Appuyez-vous sur votre analyse du tableau pour évoquer cette scène entre amis.
– Inspirez-vous d'éléments biographiques sur Renoir pour le respect du contexte culturel.

CHANGER DE POINT DE VUE

2 Lisez ce texte.

Une jeune fille pauvre, qui se distingue par sa vertu et sa beauté, rencontre un jeune homme à l'église.

Parmi les jeunes gens dont j'attirais les regards, il y en eut un que je distinguai moi-même, et sur qui mes yeux tombaient plus volontiers que sur les autres.

J'aimais à le voir, sans me douter du plaisir que j'y trouvais ; j'étais coquette pour les autres, et je ne l'étais pas pour lui ; j'oubliais à lui plaire, et ne songeais qu'à le regarder. [...]

Ce jeune homme, à son tour, m'examinait d'une façon toute différente de celle des autres : il y avait quelque chose de plus sérieux qui se passait entre lui et moi. Les autres applaudissaient ouvertement à mes charmes, il me semblait que celui-ci les sentait ; du moins je le soupçonnais quelquefois, mais si confusément, que je n'aurais pu dire ce que je pensais de lui, non plus que ce que je pensais de moi. Tout ce que je sais, c'est que ses regards m'embarrassaient, que j'hésitais de les lui rendre, et que je les lui rendais toujours ; que je ne voulais pas qu'il me vît y répondre, et que je n'étais pas fâchée qu'il l'eût vu.

Marivaux, *La Vie de Marianne*, 1741.

S'approprier le texte

a. Identifiez le mode de narration et le point de vue adoptés dans ce récit.

....

....

b. Surlignez les expressions qui associent le sentiment amoureux au thème du regard.

Produire un écrit d'appropriation

c. Racontez cette rencontre à partir du point de vue du jeune homme.

Conseils d'écriture

- *Décrivez l'attitude de la jeune fille telle que le garçon la perçoit, en suivant les indices donnés par le texte initial.*
- *Exprimez l'intensité de l'émotion du jeune homme.*
- *Utilisez un lexique précis et élogieux pour dresser le portrait de Marianne.*

ORGANISER UNE DESCRIPTION

3 a. Relisez l'extrait de *Vendredi ou les Limbes du Pacifique*. Voir Fiche 44, p. 92

Produire un écrit d'appropriation

b. Tout juste arrivé(e) dans une ville, vous ressentez une émotion forte – agréable ou non – à la découverte de ce qui vous entoure. Rédigez votre description du lieu, complétée par des photographies destinées à illustrer votre texte.

Conseils d'écriture

- *Veillez à structurer la description et à en indiquer les étapes par des compléments circonstanciels de lieu.*
- *Rédigez votre monologue intérieur en développant vos sensations et vos réflexions.*
- *Soignez les cadrages des photographies et les jeux de lumière pour représenter l'atmosphère du lieu.*

PROLONGER UN EXTRAIT DE ROMAN

4 a. Relisez l'extrait d'*Eugénie Grandet*. Voir Fiche 40, p. 86

Produire un écrit d'appropriation

b. Poursuivez le récit de Balzac en racontant les manifestations de la jalousie des autres servantes et en insérant leurs conversations sur la « grande Nanon ».
Vous veillerez à alterner les différentes formes de paroles rapportées (discours direct, indirect ou indirect libre).

Conseils d'écriture

- *Aidez-vous du tableau de la fiche 43 pour rédiger correctement les paroles rapportées.*
- *Variez les niveaux de langue pour renforcer le réalisme de la scène.*

RÉÉCRIRE UN EXTRAIT D'AUTOBIOGRAPHIE

5 Lisez ce texte.

Tout au long de ce roman autobiographique, l'auteur s'adresse à sa mère, morte dans un asile où elle fut internée pendant la Seconde Guerre mondiale. Son mari Antoine vient lui rendre visite.

À cette époque, les hôpitaux psychiatriques sont moins des hôpitaux que des prisons. [...] Grilles. Barreaux. Lourdes portes verrouillées. Les gémissements. Les cris. Les hurlements camisolés. Certains n'ont même pas un lit et croupissent sur de la paille. Le grondement sourd des sabots engendré par les va-et-vient de certaines agitées qui ne cessent de marcher, allant sans fin d'un mur à l'autre. Tassée sur ton lit, tes bras enserrant tes jambes, le menton appuyé sur un genou, tu t'es murée en toi-même et tu pleures. Tu te hais de t'être laissé acculer à cette situation sans issue. La première fois qu'Antoine te rend visite, il hésite à te reconnaître, et l'effroi que tu lis dans ses yeux accroît ta détresse, ton désarroi.

Ch. Juliet, *Lambeaux*, 1995.

S'approprier le texte

a. En quoi cet extrait est-il différent d'un récit autobiographique traditionnel ?

....

....

....

....

....

Produire un écrit d'appropriation

b. Transformez et développez ce récit autobiographique en un passage de roman traditionnel au passé. Enrichissez la description de l'hôpital en développant les phrases nominales, et remplacez le « tu » par « la mère de Charles ».

Conseils d'écriture

- *Veillez à la concordance des temps du passé.*
- *Adoptez un point de vue omniscient pour retranscrire les pensées des différents personnages.*

43 Le théâtre du XVIIe au XXIe siècle
Le langage théâtral

RETENIR

Les paroles au théâtre

- Au théâtre, les personnages échangent des **répliques** au sein d'un **dialogue**.
- Si le personnage est seul sur scène, il peut s'adresser à lui-même ou à un destinataire imaginaire : c'est un **monologue**.
- Une **tirade** est une longue prise de parole.
- Une **stichomythie** est un échange vif de courtes répliques.
- Les **didascalies** sont des indications scéniques : noms des personnages, division en actes et scènes et, notés en italique, gestuelle, accessoires, etc. Elles sont souvent courtes et ne sont pas prononcées par les personnages. Les verbes y sont au participe présent ou passé *(Prenant son élan. – Agacé...)* ou conjugués au présent *(Elle se lève.)*.
- Un **aparté** est l'adresse directe du personnage aux spectateurs.

La double énonciation

- Les personnages échangent des paroles mais, au travers de leurs répliques, l'auteur (le dramaturge) s'adresse également au spectateur : c'est ce qu'on nomme la **double énonciation**.
- La complicité entre auteur et spectateur est particulièrement forte :
  – lorsque les personnages sont dans le **quiproquo** : ils prennent une chose ou une personne pour une autre ;
  – lorsqu'un personnage est **caché** sur scène.
- Dans ces deux cas, le spectateur détient plus d'informations sur l'intrigue que les personnages.

Du texte à la scène

- Le texte de théâtre est destiné à être joué par des comédiens et **représenté sur scène**. Les éléments visuels et sonores constituent un **langage non verbal** qui complète les paroles des personnages.
- Le **metteur en scène** veille à tous les aspects de la représentation : jeu et déplacements des comédiens, lumières, décor, accessoires... Il travaille avec des collaborateurs scénographes (qui conçoivent les décors), ingénieurs du son, éclairagistes ou costumiers.
- La liberté du metteur en scène s'est affirmée au XXe siècle : celui-ci peut même changer la signification générale du texte, car il propose au spectateur **sa propre interprétation** de la pièce.

S'ENTRAÎNER

IDENTIFIER LES DIDASCALIES

1 **Soulignez, parmi ces formulations, celles qui pourraient être des didascalies.**

d'un air apeuré, • *violemment,* • *puis elle regarda sa mère et fit une révérence,* • HARPAGON • *surpris par la nouvelle, ils se redressèrent d'un bond,* • Acte II, *une table bancale et trois chaises de paille,* • *il lui répond avec colère :*

ÉTUDIER LA DOUBLE ÉNONCIATION

2 **Lisez ce texte.**

Alors que Perdican et Camille s'aiment depuis l'enfance, Camille cache ses sentiments par orgueil et affirme vouloir retourner au couvent. Elle reçoit une lettre du jeune homme.

CAMILLE, *lisant.* – Perdican me demande de lui dire adieu, avant de partir, près de la petite fontaine où je l'ai fait venir hier. Que peut-il avoir à me dire ? Voilà justement la fontaine, et je suis toute portée[1]. Dois-je accorder ce second rendez-vous ? *Ah ! (Elle se cache derrière un arbre.)* Voilà Perdican qui approche avec Rosette, ma sœur de lait[2]. Je suppose qu'il va la quitter ; je suis bien aise[3] de ne pas avoir l'air d'arriver la première.

(Entrent Perdican et Rosette, qui s'assoient.)

CAMILLE, *cachée, à part.* — Que veut dire cela ? Il la fait asseoir près de lui ? Me demande-t-il un rendez-vous pour y venir causer avec une autre ? Je suis curieuse de savoir ce qu'il lui dit.

PERDICAN, *à haute voix, de manière que Camille l'entende.* – Je t'aime, Rosette ! toi seule au monde tu n'as rien oublié de nos beaux jours passés ; toi seule tu te souviens de la vie qui n'est plus ; prends ta part de ma vie nouvelle ; donne-moi ton cœur, chère enfant ; voilà le gage de notre amour.

A. de Musset, *On ne badine pas avec l'amour*, 1834.

1. Transportée, impatiente.
2. La mère de Rosette était la nourrice de Camille.
3. Bien contente.

a. **En quoi voit-on, dans la première réplique de Camille, qu'elle est une jeune fille orgueilleuse ?**

....

....

....

b. **Surlignez les didascalies. Pourquoi sont-elles essentielles à la compréhension de la pièce ?**

....

....

....

....

....

....

c. **À votre avis, quel sentiment Perdican cherche-t-il à faire naître chez Camille ?**

....

....

....

....

....

ANALYSER UN DIALOGUE

3 **Lisez ce texte.**

Maison de Nawal (14 ans). Mère et fille.

JIHANE. – Cet enfant ne te regarde pas, Nawal.

NAWAL. – Il est dans mon ventre.

JIHANE. – Oublie ton ventre ! Cet enfant ne te regarde pas. Ne regarde pas ta famille, ne regarde pas ta mère, ne regarde pas ta vie.

NAWAL. – Je mets ma main là, je vois déjà son visage.

JIHANE. – Ce que tu vois ne compte pas ! Cet enfant ne te regarde pas. Il n'existe pas. Il n'est pas là.

NAWAL. – Elhame me l'a dit. Elle m'a dit : « Tu portes un enfant. »

JIHANE. – Elhame n'est pas ta mère.

NAWAL. – Elle me l'a dit.

JIHANE. – Peu importe ce qu'elle a pu te dire Elhame. Cet enfant n'existe pas.

NAWAL. – Et quand il sera là ?

JIHANE. – Il n'existera pas.

NAWAL. – Je ne comprends pas.

JIHANE. – Sèche tes larmes !

NAWAL. – C'est toi qui pleures !

JIHANE. – Ce n'est pas moi qui pleure, c'est toute ta vie qui coule !

W. Mouawad, « Carnage », *Incendies*, 2003.

a. **Quel est le rythme de cet échange ?**

....

....

....

b. **Donnez un synonyme de « carnage » et expliquez le titre de cette scène.**

....

....

....

....

....

....

c. **En quoi voit-on que la mère de Nawal refuse tout véritable dialogue ?**

....

....

....

....

....

....

....

....

ANALYSER UNE TIRADE

4 **Lisez ce texte.**

Progressivement, les habitants d'une petite ville se transforment tous en rhinocéros, séduits par cet animal violent et déterminé. Cette « rhinocérite » est le symbole du fanatisme du peuple qui adhère aux régimes totalitaires. Seul Bérenger résiste.

BÉRENGER, *se regardant toujours dans la glace.* – Ce n'est tout de même pas si vilain que ça un homme. Et pourtant, je ne suis pas parmi les plus beaux ! Crois-moi, Daisy ! *(Il se retourne.)* Daisy ! Daisy ! Où es-tu Daisy ? Tu ne vas pas faire ça ! *(Il se précipite vers la porte.)* Daisy ! *(Arrivé sur le palier, il se penche sur la balustrade.)* Daisy ! remonte ! reviens, ma petite Daisy ! Tu n'as même pas déjeuné ! Daisy, ne me laisse pas tout seul ! Qu'est-ce que tu m'avais promis ! Daisy ! Daisy ! *(Il renonce à l'appeler, fait un geste désespéré et rentre dans sa chambre.)* [...] Je suis tout à fait seul maintenant. *(Il va fermer la porte à clé, soigneusement, mais avec colère.)* On ne m'aura pas, moi. *(Il ferme soigneusement les fenêtres.)* Vous ne m'aurez pas, moi. *(Il s'adresse à toutes les têtes de rhinocéros.)* Je ne vous suivrai pas, je ne vous comprends pas ! Je reste ce que je suis. Je suis un être humain. Un être humain.

E. Ionesco, *Rhinocéros*, 1960.

a. **Surlignez les phrases qui expriment l'isolement progressif de Bérenger. Cet extrait est-il un monologue ? Justifiez votre réponse.**

....

....

....

....

....

b. **Comment le rythme de la parole et du geste souligne-t-il l'angoisse du personnage ?**

....

....

....

....

....

....

....

c. **Quels sont les principaux éléments du décor dans cette scène ? Que peuvent-ils symboliser ?**

....

....

....

....

....

....

....

....

44 Le théâtre du XVIIe au XXIe siècle
Les principaux genres au théâtre

RETENIR

	Tragédie	Comédie	Drame romantique Voir Fiche 28, p. 60
Sources d'inspiration et thèmes principaux	**Sujets nobles** : mythologie, histoire, Bible. La fatalité, les passions, le devoir moral ou politique, le dilemme (choix dont l'issue est toujours malheureuse).	**Sujets de la vie quotidienne** : l'héritage, le mariage, la famille. Le badinage amoureux, le masque et la ruse, les différences sociales.	**Sujets historiques** : Moyen Âge, XVIe siècle, etc. La politique, les passions.
Statut des personnages	Héros nobles et illustres : rois, empereurs, figures légendaires.	Paysans, domestiques, bourgeois, maîtres et valets. Personnages hérités de la comédie italienne : la *commedia dell'arte*.	Héros mélancoliques et personnages de tous milieux sociaux : de l'empereur au brigand marginal.
Visée de la pièce	La catharsis (le spectacle des ravages des passions) suscitant **terreur et pitié**.	Le **divertissement** par la **satire** des défauts des hommes et de la société.	Une succession d'**émotions** variées (peur, attendrissement, pitié) face à la complexité du réel.
Époque d'écriture et auteurs	XVIIe siècle : Racine, Corneille.	XVIIe siècle : Molière. XVIIIe siècle : Marivaux, Beaumarchais.	XIXe siècle : Hugo, Musset, Dumas.

	Réécriture du mythe	Théâtre de l'absurde Voir Fiche 30, p. 64	Théâtre engagé et philosophique
Sources d'inspiration et thèmes principaux	Sujets mythologiques et philosophiques : les pulsions humaines, la responsabilité de l'homme, la fatalité.	Sujets métaphysiques : la condition humaine, l'impossibilité de communiquer, la crise du langage.	Sujets politiques et sociaux : la révolution, l'engagement et la résistance.
Statut des personnages	Figures légendaires et tragiques : Œdipe, Électre, Oreste...	Anti-héros, inconsistants, semblables à des pantins.	Révolutionnaires, adhérents à un parti politique.
Visée de la pièce	La réflexion sur la destinée et la responsabilité de l'homme.	La provocation du spectateur et l'interrogation sur le sens du monde.	Le questionnement philosophique et politique, en lien avec le contexte de l'époque.
Époque d'écriture et auteurs	XXe siècle : Giraudoux, Anouilh, Cocteau.	XXe siècle : Jarry, Beckett, Ionesco.	XXe siècle : Sartre, Camus. XXIe siècle : Mnouchkine.

S'ENTRAÎNER

RECONNAÎTRE DES PERSONNAGES TYPES

1 Associez chaque personnage au genre théâtral qui lui correspond.

Néron, empereur de Rome	Théâtre engagé (Sartre)
Arlequin, valet joyeux et impertinent	Tragédie classique (Racine)
Hugo, adhérent au parti révolutionnaire en 1942	Comédie du siècle des Lumières (Marivaux)
Nagg, cul-de-jatte qui vit dans une poubelle	Théâtre de l'absurde (Beckett)

ANALYSER UN PERSONNAGE DE TRAGÉDIE

2 Lisez ce texte.

Titus, empereur romain, aime Bérénice. Mais la loi romaine interdit d'épouser une reine étrangère. Face à l'incompatibilité de son amour et de son devoir politique, Titus fait un choix et s'adresse ainsi à Bérénice.

TITUS

Il en est temps. Forcez votre amour à se taire ;
Et d'un œil que la gloire et la raison éclaire
Contemplez mon devoir dans toute sa rigueur.
Vous-même contre vous fortifiez mon cœur ;
Aidez-moi, s'il se peut, à vaincre sa faiblesse,
À retenir des pleurs qui m'échappent sans cesse ;
Ou, si nous ne pouvons commander à nos pleurs,
Que la gloire du moins soutienne nos douleurs ;
Et que tout l'univers reconnaisse sans peine

Les pleurs d'un empereur et les pleurs d'une reine.
Car enfin, ma Princesse, il faut nous séparer.

J. Racine, *Bérénice*, 1670.

a. Surlignez les termes indiquant :
– le devoir et la raison ;
– l'amour et la souffrance.

b. Montrez que Titus, par son choix, s'affirme comme un héros de tragédie classique.

....

....

....

....

....

ÉTUDIER UNE COMÉDIE

3 Lisez ce texte.

Iphicrate et son valet Arlequin viennent de faire naufrage sur une île où les maîtres deviennent esclaves, et inversement. Dès qu'Arlequin apprend cette règle, il cesse d'obéir à Iphicrate.

IPHICRATE. – Avançons, je t'en prie.

ARLEQUIN. – Je t'en prie, je t'en prie ; comme vous êtes civil et poli; c'est l'air du pays qui fait cela.

IPHICRATE. – Allons, hâtons-nous, faisons seulement une demi-lieue sur la côte pour chercher notre chaloupe[1], que nous trouverons peut-être avec une partie de nos gens; et, en ce cas-là, nous nous rembarquerons avec eux.

ARLEQUIN, *en badinant*[2]. – Badin, comme vous tournez cela ! *(Il chante.)*

L'embarquement est divin,
Quand on vogue, vogue, vogue ;
L'embarquement est divin
Quand on vogue avec Catin[3].

IPHICRATE, *retenant sa colère.* – Mais je ne te comprends point, mon cher Arlequin.

ARLEQUIN. – Mon cher patron, vos compliments me charment ; vous avez coutume de m'en faire à coups de gourdin[4] qui ne valent pas ceux-là ; et le gourdin est dans la chaloupe.

IPHICRATE. – Eh, ne sais-tu pas que je t'aime ?

ARLEQUIN. – Oui ; mais les marques de votre amitié tombent toujours sur mes épaules, et cela est mal placé.

Marivaux, *L'Île des esclaves*, 1725.

1. Barque. 2. Plaisantant. 3. Prostituée. 4. Bâton.

a. Quel personnage témoigne de l'influence du théâtre italien ?

....

....

....

b. En quoi ce personnage inscrit-il la pièce dans le genre de la comédie ?

....

....

....

....

....

c. Que dénonce Marivaux sur l'attitude des maîtres envers les valets ?

....

....

....

....

....

COMPRENDRE LA RÉÉCRITURE D'UN MYTHE

4 Lisez ce texte.

Le roi Créon a dicté sa loi : il a maudit le défunt Polynice et a interdit à tout citoyen, sous peine de mort, d'enterrer son cadavre. Antigone choisit de désobéir et enterre son frère Polynice. Créon, malgré son affection pour sa nièce Antigone, se voit obligé d'appliquer la loi qu'il a prescrite.

CRÉON. – Un matin, je me suis réveillé roi de Thèbes. Et Dieu sait si j'aimais autre chose dans la vie que d'être puissant...

ANTIGONE. – Il fallait dire non, alors !

CRÉON. – Je le pouvais. Seulement, je me suis senti tout d'un coup comme un ouvrier qui refusait un ouvrage. Cela ne m'a pas paru honnête. J'ai dit oui.

ANTIGONE. – Hé bien, tant pis pour vous. Moi, je n'ai pas dit « oui » ! Qu'est-ce que vous voulez que cela me fasse, à moi, votre politique, vos nécessités, vos pauvres histoires ? Moi, je peux dire « non » encore à tout ce que je n'aime pas et je suis seul juge. Et vous, avec votre couronne, avec vos gardes, avec votre attirail, vous pouvez seulement me faire mourir parce que vous avez dit « oui ».

J. Anouilh, *Antigone*, 1944.

a. Les personnages de cette pièce ont-ils été inventés par Anouilh ? Justifiez votre réponse.

....

....

....

....

b. En quoi le caractère d'Antigone est-il opposé à celui de Créon ? Quels mots, répétés dans le texte, peuvent résumer leur choix ?

....

....

....

....

....

....

c. Observez la date de parution de la pièce : à quoi peut-on dire « non » à cette époque en France ?

....

....

....

45 Le théâtre du XVIIe au XXIe siècle
Les règles du théâtre classique

RETENIR

Structure et forme des pièces classiques

- Au XVIIe siècle, les pièces de théâtre respectent une structure rigoureuse :
  - elles sont composées de 3 ou 5 **actes** divisés en **scènes** correspondant à l'entrée ou la sortie d'un personnage ;
  - la ou les **scènes d'exposition** donnent les éléments nécessaires à la compréhension de la situation initiale ;
  - les principaux obstacles et péripéties constituent le **nœud** de l'action ;
  - le **dénouement** (résolution de l'action) clôt l'intrigue.
- Dans la plupart des pièces classiques, les répliques sont en alexandrins pour respecter **l'idéal de mesure** propre au **classicisme**. Voir Fiche 26, p. 56

Règles du théâtre classique

- Pour renforcer l'illusion théâtrale (la nécessité de faire vrai), la **règle des trois unités** doit être respectée, soit :
  - l'unité de **lieu** : toute l'action se passe en un seul lieu ;
  - l'unité de **temps** : la durée de l'action est concentrée en vingt-quatre heures ;
  - l'unité d'**action** : l'intrigue est centrée sur une action principale.
- La **vraisemblance** garantit l'illusion du vrai pour que le spectateur en tire une leçon ; la **bienséance** impose au personnage d'agir et de parler conformément à son statut. Rien ne doit choquer le public.

S'ENTRAÎNER

IDENTIFIER STRUCTURE ET RÈGLES CLASSIQUES

1 Lisez ce texte.

Phèdre, croyant que son époux Thésée est mort au combat, tient à Hippolyte – fils de Thésée – un discours amoureux fort ambigu. Elle imagine qu'Hippolyte est dans le labyrinthe à la place de son père et qu'elle le sauve, comme Ariane l'avait fait pour Thésée.

PHÈDRE
Et Phèdre au labyrinthe[1] avec vous descendue
Se serait avec vous retrouvée ou perdue.

HIPPOLYTE
Dieux ! qu'est-ce que j'entends ? Madame, oubliez-vous
Que Thésée est mon père, et qu'il est votre époux ?

PHÈDRE
Et sur quoi jugez-vous que j'en perds la mémoire,
Prince ? Aurais-je perdu tout le soin de ma gloire ?

HIPPOLYTE
Madame, pardonnez. J'avoue, en rougissant,
Que j'accusais à tort un discours innocent.
Ma honte ne peut plus soutenir votre vue,
Et je vais...

PHÈDRE
Ah ! cruel, tu m'as trop entendue !
Je t'en ai dit assez pour te tirer d'erreur.

J. Racine, *Phèdre*, 1677.

1. Référence aux exploits de Thésée qui avait tué le terrible Minotaure, enfermé dans un labyrinthe.

a. D'après vous, pourquoi cet échange constitue-t-il le nœud de l'action ?

....

....

....

....

....

....

....

b. Quelle règle du théâtre classique est respectée par le dramaturge ?

....

....

....

....

....

....

....

IDENTIFIER LES RÈGLES D'UNE TIRADE TRAGIQUE

2 Lisez ce texte.

Le Grec Pyrrhus, vainqueur de la guerre de Troie, est amoureux de sa prisonnière Andromaque. Mais celle-ci n'a rien oublié du massacre de son peuple et du meurtre de son époux Hector.

ANDROMAQUE
Dois-je oublier Hector privé de funérailles,
Et traîné sans honneur autour de nos murailles ?
Dois-je oublier son père à mes pieds renversé,
Ensanglantant l'autel qu'il tenait embrassé ?
Songe, songe, Céphise[1], à cette nuit cruelle
Qui fut pour tout un peuple une nuit éternelle.
Figure-toi Pyrrhus, les yeux étincelants,
Entrant à la lueur de nos palais brûlants,
Sur tous mes frères morts se faisant un passage,
Et de sang tout couvert échauffant le carnage.

J. Racine, *Andromaque*, 1667.

1. Il s'agit de la confidente d'Andromaque.

a. Classez les termes exprimant la terreur.

Noms	Verbes au participe	Adjectifs
....	....	....
....	....	....
....	....	....
....	....	....

b. Comment Racine parvient-il à représenter le massacre des Troyens sans rien montrer directement au spectateur ?

....
....
....
....
....
....

c. Quelle règle classique est donc particulièrement respectée par le dramaturge ?

....

ANALYSER LES RÈGLES D'UNE EXPOSITION COMIQUE

3 Lisez ce texte.

Dès le début de la pièce dans lequel se situent ces échanges, madame Pernelle interrompt sur le même ton chacun des personnages présents sur scène.

DAMIS

Mais...

MADAME PERNELLE

Vous êtes un sot en trois lettres, mon fils[1] ;
C'est moi qui vous le dis, qui suis votre grand'mère ;
Et j'ai prédit cent fois à mon fils, votre père,
Que vous preniez tout l'air d'un méchant garnement,
Et ne lui donneriez jamais que du tourment.

MARIANE

Je crois...

MADAME PERNELLE

Mon Dieu, sa sœur, vous faites la discrète,
Et vous n'y touchez pas, tant vous semblez doucette ;
Mais il n'est, comme on dit, pire eau que l'eau qui dort,
Et vous menez sous chape un train que je hais fort.

ELMIRE

Mais, ma mère...

MADAME PERNELLE

Ma bru[2], qu'il ne vous en déplaise,
Votre conduite en tout est tout à fait mauvaise ;
Vous devriez leur mettre un bon exemple aux yeux,
Et leur défunte mère en usait beaucoup mieux.

Molière, *Le Tartuffe ou l'Imposteur*, 1664.

1. Peut désigner aussi le petit-fils. 2. Épouse du fils.

a. Quels liens entre les personnages découvrons-nous dans cette scène d'exposition ?

....
....
....
....

b. Comment Molière parvient-il à présenter de façon naturelle et vraisemblable les différents personnages ?

....
....
....
....
....

c. Pourquoi cette exposition donne-t-elle, dès le départ, un ton comique à la pièce ?

....
....
....

COMPRENDRE LES RÈGLES CLASSIQUES

4 *Le Cid* de Corneille (1637) s'écarte des règles strictes de la tragédie classique et a donné lieu à une véritable querelle. Reliez les éléments de l'intrigue aux règles qui ne sont pas strictement respectées.

- L'histoire se déroule dans trois endroits différents : la place publique, le palais du roi et la maison de Chimène. •
- En une seule nuit, Rodrigue a combattu les Maures et accompli plusieurs exploits. •
- L'intrigue amoureuse entre Rodrigue et Chimène est doublée d'une intrigue entre l'infante et Rodrigue. •
- Le père de Chimène donne une gifle au père de Rodrigue, aux yeux des spectateurs. •
- Le roi envisage le mariage Chimène et Rodrigue, alors que, 24 heures auparavant, ce dernier a dû tuer en duel le père de Chimène. •

- • la bienséance
- • la vraisemblance
- • l'unité de lieu
- • l'unité d'action

46 Le théâtre du XVIIe au XXIe siècle
Écrits d'appropriation

RETENIR

- Pour réussir un écrit d'**appropriation en lien avec les genres dramatiques** (c'est-à-dire le théâtre), il faut lire plusieurs fois la scène proposée et mobiliser les compétences suivantes.

S'approprier un texte de théâtre

- Comprendre toutes les significations du mot « théâtre » : à la fois le lieu, la pièce écrite et l'art du comédien. Le texte de théâtre n'est pas seulement destiné à être lu : il est aussi écrit pour être représenté sur une scène, devant des spectateurs.
- Ne pas confondre l'**espace dramatique** (espace imaginaire où se déroule l'intrigue) et l'**espace scénique** (lieu de la scène où la pièce est jouée et où les objets prennent une valeur symbolique).
- Saisir la **double énonciation** : le dialogue entre les personnages se double d'un message du dramaturge au spectateur.

Produire un texte de théâtre

- Indiquer les **personnages** présents sur scène : certains peuvent être témoins des échanges de paroles sans intervenir.
- Faire précéder chaque réplique, tirade ou monologue du **nom des personnages**.
- Accorder la **longueur des répliques** avec le sens qu'elles véhiculent. Composer, par exemple, des stichomythies Voir Fiche 43, p. 91 dans une scène de conflit.
- Ajouter des éléments visuels ou sonores par des **didascalies** correctement rédigées. Voir Fiche 43, p. 91

S'ENTRAÎNER

1 TRANSPOSER UN RÉCIT EN SCÈNE DE THÉÂTRE

S'approprier le texte

a. Relisez l'extrait de *Jeannot et Colin*. Voir Fiche 40, p. 85

Produire un écrit d'appropriation

b. Imaginez et développez sur papier libre la scène de rencontre entre M. Jeannot, sa femme et l'entrepreneur.

Conseil d'écriture

Restez fidèle au contexte social et familial des personnages ainsi qu'aux éléments de l'intrigue.

S'IMAGINER METTEUR EN SCÈNE

2 Lisez ce texte.

Mais il n'y a pas que la parole : le théâtre est une histoire qui se vit, recommençant à chaque représentation, et c'est aussi une histoire que l'on voit vivre. Le théâtre est autant visuel qu'auditif. Il n'est pas une suite d'images, comme le cinéma, mais une construction, une architecture mouvante d'images scéniques. Tout est permis au théâtre : incarner des personnages, mais aussi matérialiser des angoisses, des présences intérieures. Il est donc non seulement permis, mais recommandé, de faire jouer les accessoires, faire vivre les objets, animer les décors, concrétiser les symboles.

E. Ionesco, *Notes et contre-notes*, 1991.

S'approprier le texte

a. Surlignez les phrases qui proposent une définition du théâtre selon Ionesco.

b. Relisez l'extrait de *Rhinocéros*. Voir Fiche 43, p. 92

Produire un écrit d'appropriation

c. En suivant les conseils de Ionesco exprimés dans *Notes et contre-notes*, rédigez des notes d'intention de mise en scène destinées aux différents corps de métier du théâtre (comédiens, scénographes, ingénieurs du son et des lumières, costumiers…).

Conseil d'écriture

Respectez les indications des didascalies, mais ajoutez des propositions en fonction de votre interprétation du texte.

COMPARER DEUX REPRÉSENTATIONS D'UN TEXTE DE THÉÂTRE

3 Observez, sur les sites ci-dessous, les représentations de *Cyrano de Bergerac* par J.-P. Rappeneau (1990) et par D. Podalydès (2006).

www.allocine.fr

www.theatre-contemporain.net/spectacles/Cyrano-de-Bergerac/

S'approprier le texte

a. Quels indices montrent, dans la première bande annonce, qu'il s'agit d'un film destiné au cinéma, et non d'une pièce de théâtre filmée ?

....

....

....

....

....

Produire un écrit d'appropriation

b. En vous inspirant de ces bandes annonces, imaginez un débat sur la représentation d'une pièce de votre choix : l'un des interlocuteurs souhaite réaliser cette pièce au cinéma et l'autre préfère la mettre en scène sur les planches. Chacun justifie son choix artistique en évoquant les possibilités qui lui sont offertes.

Conseil d'écriture

Faites référence à des moments précis de la pièce à mettre en scène.

47 Préparer le commentaire

Les objectifs du commentaire

- Afin de ne pas tomber dans la paraphrase, il est important de ne pas perdre de vue au moins deux objectifs du commentaire :
  1. **expliquer ce que le texte signifie**, non le résumer ou le répéter avec d'autres mots ;
  2. **montrer comment l'auteur procède** pour exprimer une idée, provoquer une émotion, etc.
- Cela demande donc un **travail préparatoire** qui part des premières impressions de lecture pour entrer peu à peu dans le détail du texte.

Le travail préparatoire

- Ce travail préparatoire doit permettre d'aboutir au choix d'une problématique et d'un plan. Voir Fiche 48, p. 100
- Ainsi, pour préparer son commentaire, il faut suivre plusieurs étapes :
  – **se demander ce que l'on a compris du texte** et ressenti à la lecture ;
  – **s'appuyer sur le paratexte qui peut donner des indices sur le genre ou sur le style** (le nom de l'auteur, si celui-ci est associé à un genre ou à un mouvement littéraire, peut par exemple donner des éléments pour aborder le texte) ;
  – **repérer les éléments clés du texte :** le genre, le thème, la tonalité, la structure, etc. ;
  – **faire l'étude linéaire du texte :** s'intéresser, phrase par phrase, aux champs lexicaux, aux procédés stylistiques, aux temps verbaux, à la syntaxe, à la situation d'énonciation. Il faut **identifier les procédés d'écriture** caractéristiques et **s'interroger sur l'effet recherché** par l'auteur.

S'ENTRAÎNER

OBSERVER LE PARATEXTE

1 Que nous indique le paratexte suivant ? À quoi le lecteur peut-il s'attendre ?

Pierre Desproges, *Dictionnaire superflu à l'usage de l'élite et des bien nantis*, 1985.

....
....
....
....
....
....

SE POSER LES BONNES QUESTIONS FACE À UN TEXTE

2 Lisez ce texte.

HARPAGON. – Au voleur, au voleur, à l'assassin, au meurtrier. Justice, juste Ciel. Je suis perdu, je suis assassiné, on m'a coupé la gorge, on m'a dérobé mon argent. Qui peut-ce être ? Qu'est-il devenu ? Où est-il ? Où se cache-t-il ? Que ferai-je pour le trouver ? Où courir ? Où ne pas courir ? N'est-il point là ? N'est-il point ici ? Qui est-ce ? Arrête. Rends-moi mon argent, coquin... *(Il se prend lui-même le bras.)* Ah, c'est moi.

Molière, *L'Avare*, 1668, acte IV, scène 7, 1668.

a. Qui est l'auteur du texte ? En quoi le savoir influence-t-il la lecture et évite-t-il les contresens ?

....
....
....

b. Quelle est la tonalité dominante ?

....

c. Sur quoi cette tonalité repose-t-elle ?

....
....
....
....
....
....
....
....
....
....
....
....

REPÉRER LES ÉLÉMENTS CLÉS D'UN TEXTE

3 Lisez ce texte.

Une Grenouille vit un Bœuf
Qui lui sembla de belle taille.
Elle, qui n'était pas grosse en tout comme un œuf,
Envieuse, s'étend, et s'enfle, et se travaille,
Pour égaler l'animal en grosseur,
Disant : « Regardez bien, ma sœur ;
Est-ce assez ? dites-moi ; n'y suis-je point encore ?
– Nenni. – M'y voici donc ? – Point du tout. – M'y [voilà ?
– Vous n'en approchez point. » La chétive pécore
S'enfla si bien qu'elle creva.
Le monde est plein de gens qui ne sont pas plus sages :
Tout bourgeois veut bâtir comme les grands seigneurs,
Tout petit prince a des ambassadeurs,
Tout marquis veut avoir des pages.

J. de La Fontaine, « La Grenouille qui veut se faire aussi grosse que le Bœuf », *Fables*, 1668.

a. Réunissez quelques informations sur l'auteur (période, mouvement littéraire).

....

....

b. Repérez le genre du texte et sa structure.

....

....

c. Que dénonce l'auteur ici ? Comment s'y prend-il ?

....

....

....

....

....

....

....

....

d. Vers l'idée de plan : comment pourrait-on organiser l'analyse de ce texte ? Proposez deux ou trois parties avec quelques idées pour justifier votre réponse.

....

....

....

....

....

....

....

....

....

FAIRE L'ÉTUDE LINÉAIRE D'UN TEXTE

4 Lisez ce texte.

Voltaire s'adresse ici aux défenseurs de la philosophie optimiste (qu'il évoque aussi dans Candide*).*

Philosophes trompés qui criez : « Tout est bien » ;
Accourez, contemplez ces ruines affreuses,
Ces débris, ces lambeaux, ces cendres malheureuses,
Ces femmes, ces enfants l'un sur l'autre entassés,
Sous ces marbres rompus ces membres dispersés ;
Cent mille infortunés que la terre dévore,
Qui, sanglants, déchirés, et palpitants encore,
Enterrés sous leurs toits, terminent sans secours
Dans l'horreur des tourments leurs lamentables jours !

Voltaire, *Poème sur le désastre de Lisbonne ou examen de cet axiome : « Tout est bien »*, 1756 (extrait).

a. Avez-vous des connaissances sur l'auteur ?

....

....

....

....

b. Quel est le genre du texte ? ....

c. Quel est le thème du texte ?

....

....

d. Quelle est la tonalité du texte ?

....

e. Quel est le but de Voltaire dans ce texte ?

....

f. Faites l'étude linéaire de ce texte :
– vers par vers, surlignez ce qu'il vous semble pertinent de commenter (style, syntaxe, champs lexicaux, versification…) ;
– nommez ce que vous avez identifié (remarques) ;
– proposez une courte analyse (commentaire).

Vers 1 Remarques : ....

....

Commentaire : ....

....

....

....

Vers 2 Remarques : ....

....

Commentaire : ....

....

....

....

Vers 3 Remarques : ....

Commentaire : ....

....

....

....

Vers 4 Remarques : ....

Commentaire : ....

....

....

Vers 5 Remarques : ....

....

Commentaire : ....

....

....

Vers 6 Remarques : ....

Commentaire : ....

....

....

Vers 7 Remarques : ....

Commentaire : ....

....

Vers 8 Remarques : ....

....

Commentaire : ....

....

....

Vers 9 Remarques : ....

Commentaire : ....

....

....

48 Construire le commentaire

RETENIR

Le **commentaire** doit être **organisé**. Il répond à une **problématique** et suit un **plan** défini à partir des remarques effectuées lors du travail préparatoire. Voir Fiche 47, p. 98
En théorie, ce plan ne suit pas l'ordre du texte mais une démarche linéaire n'est pas interdite si le texte à commenter s'y prête particulièrement.

1. Choisir et formuler la problématique

- L'analyse préparatoire doit permettre de **dégager l'intérêt du texte** : la formulation de la problématique en découle ; elle va structurer l'ensemble du commentaire.
Ex. : Si le principal intérêt d'une scène de théâtre est sa dimension comique, la problématique pourra être : « En quoi cette scène est-elle comique ? »
- La problématique ne doit être **ni trop générale** (applicable à n'importe quel autre texte) **ni trop restreinte** (ne concerner qu'une seule partie du texte). Il est préférable de commencer par « Comment » ou « En quoi » plutôt que par « Pourquoi » pour montrer que l'on va mettre en évidence le lien entre le style et les idées exprimées. On peut, par exemple, articuler le commentaire autour du thème du texte, de sa tonalité et de la visée de l'auteur.

2. Construire le plan

- **Il répond à la problématique** choisie.
- **Il ne sépare pas le fond et la forme** : il faut donc choisir des axes – deux ou trois – qui permettent d'analyser les procédés d'écriture, afin de montrer comment ils construisent le sens du texte. On peut, par exemple, articuler le commentaire autour du thème du texte, de sa tonalité et de la visée de l'auteur.
- **Il hiérarchise les différentes parties de l'analyse** en allant du plus simple au plus complexe. Cette progression sera mise en valeur par des transitions. Les parties sont elles-mêmes organisées en sous-parties matérialisées par des alinéas. On retrouve **la même structure dans chaque sous-partie** : une idée sur le texte, un élément du texte qui vient étayer cette idée (figure de style, champ lexical…) et l'analyse de cet élément (Pourquoi illustre-t-il bien l'idée ? Quel est l'effet recherché par l'auteur ?).
- Si l'on choisit une **démarche linéaire**, le plan consiste en un découpage du texte en parties (unités de sens).
- Toutes les **observations** effectuées lors de la phase de préparation doivent donc être **rassemblées et classées** à l'intérieur du plan.

S'ENTRAÎNER

FORMULER UNE PROBLÉMATIQUE

1 Reprenez le poème de Voltaire, *Poème sur le désastre de Lisbonne ou examen de cet axiome : « Tout est bien »*, et votre travail préparatoire. Voir Fiche 47, p. 99 **Formulez la problématique de votre commentaire.**

....

....

CONSTRUIRE UN PLAN

2 Toujours à partir du poème de Voltaire, proposez un plan qui réponde à votre problématique.

....

....

....

METTRE EN RAPPORT UNE PROBLÉMATIQUE ET UN PLAN

3 Lisez ce texte.

GEORGE DANDIN, *seul.*
Ah ! Qu'une femme Demoiselle[1] est une étrange affaire, et que mon mariage est une leçon bien parlante à tous les paysans qui veulent s'élever au-dessus de leur condition, et s'allier, comme j'ai fait, à la maison d'un gentilhomme ! La noblesse de soi est bonne, c'est une chose considérable assurément ; mais elle est accompagnée de tant de mauvaises circonstances, qu'il est très bon de ne s'y point frotter. Je suis devenu là-dessus savant à mes dépens, et connais le style des nobles lorsqu'ils nous font, nous autres, entrer dans leur famille. L'alliance qu'ils font est petite avec nos personnes : c'est notre bien seul qu'ils épousent, et j'aurais bien mieux fait, tout riche que je suis, de m'allier en bonne et franche paysannerie, que de prendre une femme qui se tient au-dessus de moi, s'offense de porter mon nom, et pense qu'avec tout mon bien je n'ai pas assez acheté la qualité de son mari. George Dandin, George Dandin, vous avez fait une sottise la plus grande du monde. Ma maison m'est effroyable maintenant, et je n'y rentre point sans y trouver quelque chagrin.

Molière, *George Dandin*, scène d'exposition, 1668.

1. Une noble.

a. Lisez cette scène. Voici trois problématiques et trois plans envisageables pour le commentaire de ce texte. Mettez chaque problématique en rapport avec le plan qui lui correspond le mieux.

Problématique 1. Quelles sont les fonctions de cette scène ? → Plan ....

Problématique 2. En quoi ce monologue donne-t-il une leçon ? → Plan ....

Problématique 3. Que révèle ce monologue sur le personnage de George Dandin ? → Plan ....

Plan A : I. Les regrets du personnage quant à son mariage. II. La critique des nobles. III. Une remise en cause de la société du XVIIe siècle.

Plan B : I. Un personnage malheureux. II. Un personnage révolté.

Plan C : I. La présentation de la situation II. La présentation du personnage principal.

b. Comparez les trois plans. Sont-ils très différents ?

FORMULER LA PROBLÉMATIQUE ET ORGANISER LE PLAN

4 Lisez ce texte.

Il s'agit du dénouement de la pièce. Oreste a été conduit, par amour pour Hermione, à participer au meurtre du roi Pyrrhus. Mais à la nouvelle de cette mort, Hermione se suicide. Oreste, devant son ami Pylade, sombre dans la folie.

Scène 5

Oreste, Pylade, soldats d'Oreste.

ORESTE. – Quoi ? Pyrrhus, je te rencontre encore ?
Trouverai-je partout un rival que j'abhorre ?
Percé de tant de coups, comment t'es-tu sauvé ?
Tiens, tiens, voilà le coup que je t'ai réservé.
Mais que vois-je ? À mes yeux Hermione l'embrasse !
Elle vient l'arracher au coup qui le menace ?
Dieux ! quels affreux regards elle jette sur moi !
Quels démons, quels serpents traîne-t-elle après soi ?
Eh bien ! filles d'enfer, vos mains sont-elles prêtes ?
Pour qui sont ces serpents qui sifflent sur vos têtes ?
À qui destinez-vous l'appareil qui vous suit ?
Venez-vous m'enlever dans l'éternelle nuit ?
Venez, à vos fureurs Oreste s'abandonne.

J. Racine, *Andromaque*, acte V, scène 5 (extrait), 1667.

a. Proposez une problématique pour l'étude de ce texte.

Voir Fiches 26, p. 56, et 45, p. 95

b. Classez ces axes du plus simple au plus complexe.

Un moment intense – La dimension morale du dénouement – Un dénouement marqué par la folie

c. Répartissez ces titres de sous-parties entre les trois axes.

a. Le châtiment du personnage
b. L'expression du pathétique
c. Les hallucinations d'Oreste
d. L'idée de catharsis (purger les passions pour les corriger)
e. Une fin tragique
f. L'expression de la folie (modalité interrogative, disparition de la 1re personne)

COMPRENDRE L'INTÉRÊT D'ORGANISER SON COMMENTAIRE

5 Lisez ce texte.

Cette célèbre « lettre ouverte au président de la République » concerne l'affaire Dreyfus.

J'accuse le général Billot d'avoir eu entre les mains les preuves certaines de l'innocence de Dreyfus et de les avoir étouffées, de s'être rendu coupable de ce crime de lèse-humanité et de lèse-justice, dans un but politique et pour sauver l'état-major compromis.

J'accuse le général de Pellieux et le commandant Ravary d'avoir fait une enquête scélérate, j'entends par là une enquête de la plus monstrueuse partialité, dont nous avons, dans le rapport du second, un impérissable monument de naïve audace. [...]

J'accuse enfin le premier conseil de guerre d'avoir violé le droit, en condamnant un accusé sur une pièce restée secrète, et j'accuse le second conseil de guerre d'avoir couvert cette illégalité, par ordre, en commettant à son tour le crime juridique d'acquitter sciemment un coupable. [...]

Je n'ai qu'une passion, celle de la lumière, au nom de l'humanité qui a tant souffert et qui a droit au bonheur. Ma protestation enflammée n'est que le cri de mon âme. Qu'on ose donc me traduire en cour d'assises et que l'enquête ait lieu au grand jour !

J'attends.

É. Zola, « J'accuse », article publié dans *L'Aurore* le 13 janvier 1898 (extrait).

a. Quelle est la thèse défendue par Zola ?

b. Quels sont ses reproches contre l'accusation ?

c. Comment ces reproches sont-ils mis en valeur ?

d. Quel est l'intérêt, pour commenter cet extrait, de ne pas suivre l'ordre du texte ?

e. Quel plan proposeriez-vous ?

CHOISIR UNE DÉMARCHE PERTINENTE EN FONCTION DU TEXTE

6 Lisez ce texte.

Tant que mes yeux pourront larmes épandre
À l'heur[1] passé avec toi regretter,
Et qu'aux sanglots et soupirs résister
Pourra ma voix, et un peu faire entendre ;

Tant que ma main pourra les cordes tendre
Du mignard[2] Luth[3], pour tes grâces chanter ;
Tant que l'esprit se voudra contenter
De ne vouloir rien fors que[4] toi comprendre[5],

Je ne souhaite encore point mourir.
Mais quand mes yeux je sentirai tarir,
Ma voix cassée, et ma main impuissante,

Et mon esprit en ce mortel séjour
Ne pouvant plus montrer signe d'amante,
Prierai la mort noircir mon plus clair jour.

L. Labé, *Sonnet XIV*, « Tant que mes yeux pourront larmes épandre », 1555.

1. Bonheur. 2. Mignon. 3. Instrument de musique. 4. En dehors de, excepté. 5. Penser à.

a. À qui Louise Labé s'adresse-t-elle ?

....

b. Comment le poème est-il composé ?

....
....
....
....
....
....

c. Constatez-vous des reprises de termes dans ce poème ? Commentez.

....
....
....
....
....

d. Le choix d'une démarche linéaire pour commenter ce poème vous semblerait-il pertinent ? Justifiez.

....
....
....
....

CHOISIR L'ORDRE DES PARTIES

7 Lisez ce texte.

Il s'agit d'un échange entre Jean et une jeune veuve, Mme Rosémilly, qu'il a décidé de courtiser. Il vient juste de lui avouer son amour.

« Mon cher ami, vous n'êtes plus un enfant et je ne suis pas une jeune fille. Nous savons fort bien l'un et l'autre de quoi il s'agit, et nous pouvons peser toutes les conséquences de nos actes. Si vous vous décidez aujourd'hui à me déclarer votre amour, je suppose naturellement que vous désirez m'épouser. » Il ne s'attendait guère à cet exposé net de la situation, et il répondit niaisement :

« Mais oui.

– En avez-vous parlé à votre père et à votre mère ?

– Non, je voulais savoir si vous m'accepteriez. » Elle lui tendit sa main encore mouillée, et comme il y mettait la sienne avec élan :

« Moi, je veux bien, dit-elle. Je vous crois bon et loyal. Mais n'oubliez point que je ne voudrais pas déplaire à vos parents.

– Oh ! pensez-vous que ma mère n'a rien prévu et qu'elle vous aimerait comme elle vous aime si elle ne désirait pas un mariage entre nous ?

– C'est vrai, je suis un peu troublée. » Ils se turent. Et il s'étonnait, lui, au contraire qu'elle fût si peu troublée, si raisonnable. Il s'attendait à des gentillesses galantes, à des refus qui disent oui, à toute une coquette comédie d'amour mêlée à la pêche, dans le clapotement de l'eau !

Et c'était fini, il se sentait lié, marié, en vingt paroles.

G. de Maupassant, *Pierre et Jean*, 1887.

a. Résumez le passage en quelques mots.

....
....
....

b. Proposez une problématique pour l'étude ce texte.

....
....

c. Voici deux propositions de plan pour commenter ce texte. Laquelle vous semble la plus pertinente ? Justifiez.

Plan A : I. Une critique du mariage bourgeois. II. Une demande en mariage particulière.

Plan B : I. Une demande en mariage particulière. II. Une critique du mariage bourgeois.

....
....
....
....

ORGANISER UNE PARTIE DU COMMENTAIRE

8 Lisez ce texte.

Gervaise, trompée par son compagnon, est la risée des femmes du quartier. La situation dégénère au bord d'un lavoir : une femme vide un seau sur elle.

Alors, une bataille formidable s'engagea. Elles couraient toutes deux le long des baquets, s'emparant des seaux pleins, revenant se les jeter à la tête. Et chaque déluge était accompagné d'un éclat de voix. Gervaise elle-même répondait, à présent.

— Tiens ! saleté !... Tu l'as reçu celui-là. Ça te calmera le derrière.

— Ah ! la carne ! Voilà pour ta crasse. Débarbouille-toi une fois dans ta vie.

— Oui, oui, je vas te dessaler, grande morue !

É. Zola, *L'Assommoir*, 1877.

a. **Que pensez-vous du vocabulaire employé par les personnages ?**

....

....

....

b. **Proposez deux titres de sous-parties pour un axe qui s'intitulerait : « Un combat comique ».**

....

....

....

CONSTRUIRE SON COMMENTAIRE PAS À PAS

9 **Lisez ce texte.**

Dans le poème suivant, Corneille s'adresse à une jeune comédienne, qu'il appelle « Marquise ».

Marquise, si mon visage
A quelques traits un peu vieux,
Souvenez-vous qu'à mon âge
Vous ne vaudrez guère mieux.

Le temps aux plus belles choses
Se plaît à faire un affront :
Il saura faner vos roses
Comme il a ridé mon front.

Le même cours des planètes
Règle nos jours et nos nuits :
On m'a vu ce que vous êtes
Vous serez ce que je suis.

Cependant j'ai quelques charmes
Qui sont assez éclatants
Pour n'avoir pas trop d'alarmes
De ces ravages du temps.

Vous en avez qu'on adore ;
Mais ceux que vous méprisez
Pourraient bien durer encore
Quand ceux-là seront usés.

Ils pourront sauver la gloire
Des yeux qui me semblent doux,
Et dans mille ans faire croire
Ce qu'il me plaira de vous.

Chez cette race nouvelle
Où j'aurai quelque crédit,
Vous ne passerez pour belle
Qu'autant que je l'aurai dit.

Pensez-y, belle Marquise,
Quoiqu'un grison fasse effroi,
Il vaut bien qu'on le courtise
Quand il est fait comme moi.

P. Corneille, *Stances à Marquise*, 1658.

a. **Quelles remarques pouvez-vous faire sur le paratexte (auteur, titre…) ? Cherchez qui est Marquise et ce que veut dire le mot « stances ».**

....

....

....

....

....

....

....

b. **Résumez brièvement l'objet de ce poème.**

....

....

....

....

c. **Surlignez dans le texte les procédés de style que vous trouvez intéressants à commenter et proposez, strophe par strophe, toutes les remarques que vous jugez pertinentes.**

Strophe 1 : ....

....

Strophe 2 : ....

....

Strophe 3 : ....

Strophe 4 : ....

Strophe 5 : ....

....

Strophe 6 : ....

Strophe 7 : ....

Strophe 8 : ....

....

d. **Proposez une problématique.**

....

....

....

e. **Proposez un plan.**

....

....

....

....

f. **Choisissez une de vos parties et proposez des titres de sous-parties (deux ou trois).**

....

....

....

....

....

g. **Rédigez la (ou les) phrase(s) de transition entre les sous-parties proposées.**

....

....

....

....

49 Rédiger un paragraphe Insérer des citations

RETENIR

Organiser le développement en paragraphes

- Dans le développement du commentaire, il faut découper chaque partie en sous-parties, correspondant chacune à un **paragraphe**. Ces paragraphes doivent être, autant que possible, équilibrés.
- Commencer le paragraphe par l'exposition d'une **idée directrice**. Celle-ci doit être étayée par des **exemples commentés** issus du texte (il ne sert à rien de relever une figure de style sans l'analyser). Terminer le paragraphe par une phrase de transition qui annonce la suite.

Rédiger un paragraphe : règles essentielles

- **Éviter l'emploi de la forme interrogative.** Le commentaire **affirme** : il défend une interprétation du texte.
- **Bannir les abréviations,** les répétitions, les phrases trop longues et les envolées lyriques.
- **Veiller à la clarté** de la présentation, à l'orthographe, à la syntaxe et à l'insertion des citations.

Insérer des citations : règles essentielles

- Faire des **citations assez brèves**.
- Encadrer chaque citation par des **guillemets**, y compris quand il s'agit d'un seul mot. La citation doit être, autant que possible, intégrée dans la phrase et suivie du numéro de la ligne ou du vers entre parenthèses.
Ex. : Les mots « lyre » (l. 2), « musicalité » (l. 3) et « chantonnent » (l. 5) introduisent une tonalité lyrique dans le texte.
- **Citer en respectant le texte original** : la présentation des vers doit être reproduite ou le passage au vers suivant signalé par un /. Si l'on modifie une citation en enlevant ou en changeant des mots, il faut obligatoirement le signaler par des crochets.
- **Ne pas paraphraser les citations** ; celles-ci doivent toujours être **commentées**.

S'ENTRAÎNER

DÉLIMITER UNE CITATION

1 Recopiez ces quatre phrases en rétablissant les indices qui signalent et délimitent les citations.

a. J'ai disloqué ce grand niais d'alexandrin, dit Hugo.

« J'ai disloqué ce grand niais d'alexandrin » dit Hugo

b. Rire et vivre sont les mots les plus importants du texte.

"Rire" et "vivre" sont les mots les plus importants

c. Queneau surprend son lecteur en commençant son poème par deux pentasyllabes identiques : Si tu t'imagines Si tu t'imagines.

Queneau surprend son lecteur en commençant son poème par deux pentasyllabes : "Si tu t'imagines / si tu t'imagines"

d. La comédie a un grand avantage sur la tragédie : c'est de peindre les caractères Stendhal.

"La comédie a un grand avantage sur la tragédie"

INSÉRER CORRECTEMENT UNE CITATION DANS UN COMMENTAIRE

2 Quels problèmes les citations suivantes posent-elles ?

a. Victor Hugo commence son poème par ces deux alexandrins : « Demain, dès l'aube, à l'heure où blanchit la campagne/ Je partirai. Vois-tu, je sais que tu m'attends. »

« Demain, dès l'aube [...] la campagne / ... »

b. Le personnage affirme pour se défendre que « je ne suis pas concerné ».

qu'« [il n'est] pas concerné »

c. Le poète Tristan Corbière se moque de lui-même « ce crapaud-là c'est moi ».

APPRENDRE À COMMENTER UNE CITATION

3 « Heureux qui, comme Ulysse, a fait un beau voyage », écrit Du Bellay dans *Les Regrets* (1558).
Voici deux extraits de copies d'élèves qui commentent cette citation. Lequel est le plus pertinent pour être intégré à un commentaire ? Justifiez votre réponse.

A. Du Bellay compare le voyageur à Ulysse. C'est-à-dire qu'il rapproche tous ceux qui voyagent d'Ulysse. Le comparé est le voyageur « heureux », l'outil de comparaison est « comme » et le comparant est « Ulysse ».

B. La comparaison établie par Du Bellay dans ce vers est fréquente dans son œuvre. En effet, rapprocher son propre voyage de celui d'Ulysse dans l'*Odyssée* lui permet de suggérer des images (tempêtes, sirènes…) au lecteur et de le préparer au récit des nombreux pièges affrontés. L'adjectif « beau » est d'ailleurs à prendre au sens de « digne d'être raconté ». Par ailleurs, la comparaison lui permet d'inscrire son poème dans la lignée de l'épopée d'Homère, conformément à la tradition humaniste qui prône l'imitation des anciens.

Je pense que l'élève B a fait une meilleure introduction que l'élève A car l'élève A à juste fait une comparaison l'autre a plus détaillé avec par ex en ayant donné le sens d'un mot

INSÉRER DES CITATIONS DANS UN PARAGRAPHE DE COMMENTAIRE

4 Lisez ce texte.

Je n'ai plus que les os, un squelette je semble,
Décharné, dénervé, démusclé, dépulpé,
Que le trait de la mort sans pardon a frappé ;
Je n'ose voir mes bras que de peur je ne tremble.

P. de Ronsard, « Dernier vers » (extrait), 1586.

Rédigez un paragraphe de commentaire qui montre comment Ronsard insiste sur l'altération de son corps. Citez le texte pour illustrer vos propos.

RÉDIGER UN PARAGRAPHE EN S'APPUYANT SUR DES CITATIONS

5 Lisez ce texte.

Rica à Ibben, à Smyrne

Les habitants de Paris sont d'une curiosité qui va jusqu'à l'extravagance. Lorsque j'arrivai, je fus regardé comme si j'avais été envoyé du ciel : vieillards, hommes, femmes, enfants, tous voulaient me voir. Si je sortais, tout le monde se mettait aux fenêtres ; si j'étais aux Tuileries, je voyais aussitôt un cercle se former autour de moi ; les femmes mêmes faisaient un arc-en-ciel nuancé de mille couleurs, qui m'entourait. Si j'étais aux spectacles, je voyais aussitôt cent lorgnettes dressées contre ma figure : enfin jamais homme n'a tant été vu que moi. Je souriais quelquefois d'entendre des gens qui n'étaient presque jamais sortis de leur chambre, qui disaient entre eux : Il faut avouer qu'il a l'air bien persan. Chose admirable ! Je trouvais de mes portraits partout ; je me voyais multiplié dans toutes les boutiques, sur toutes les cheminées, tant on craignait de ne m'avoir pas assez vu.

[…] Cela me fit résoudre à quitter l'habit persan, et à en endosser un à l'européenne, pour voir s'il resterait encore dans ma physionomie quelque chose d'admirable. Cet essai me fit connaître ce que je valais réellement. Libre de tous les ornements étrangers, je me vis apprécié au plus juste. J'eus sujet de me plaindre de mon tailleur, qui m'avait fait perdre en un instant l'attention et l'estime publique ; car j'entrai tout à coup dans un néant affreux.

[…] *À Paris, le 6 de la lune de Chalval, 1712.*

Montesquieu, *Lettres persanes*, Lettre XXX, 1721.

a. Surlignez dans le texte tout ce qui renvoie à l'idée de spectacle.

b. En vous appuyant sur ce relevé, rédigez un paragraphe de commentaire dont l'idée directrice montrera que Rica est considéré comme un objet de spectacle. N'oubliez pas de citer le texte.

Plusieurs citations dans le texte montre que Rica est un objet de spectacle, « Si je sortais […] de moi » l. 4-6. Comme c'était un specimen

c. Montrez que les deux paragraphes du texte s'opposent. Peut-on y voir une critique implicite ?

50 Rédiger l'introduction et la conclusion d'un commentaire

RETENIR

- Commencer obligatoirement le **commentaire** par un paragraphe d'introduction et le terminer par un paragraphe de conclusion.
- Dans votre **introduction**, vous devez :
  - **situer** brièvement le texte dans son contexte historique ou littéraire ;
  - **présenter** le texte (auteur, titre, date, éventuellement informations sur l'œuvre complète, genre, thème du texte…), comme si le lecteur ne l'avait pas sous les yeux ;
  - **annoncer la problématique**, sous forme d'interrogation directe ou indirecte ;
  - **annoncer le plan** : en deux ou trois parties.

Attention : ce plan ne doit pas apparaître sous forme de I / II ou A / B dans la copie : tout doit être rédigé.

- Dans votre **conclusion**, vous devez :
  - **répondre de façon concise et claire à la problématique**. Il ne faut donc pas proposer ici de nouvelles idées ou de nouveaux exemples issus du texte ;
  - **terminer sur une « ouverture finale »**, c'est-à-dire un élargissement de la problématique (ex. : terminer par une brève comparaison avec un autre texte qui aborderait le même thème). L'idée est de souligner l'originalité du texte étudié.

S'ENTRAÎNER

ORGANISER UNE INTRODUCTION

1 Lisez ce texte.

En approchant de son usine, le père Sorel appela Julien de sa voix de stentor ; personne ne répondit. Il ne vit que ses fils aînés, espèces de géants qui, armés de lourdes haches, équarrissaient les troncs de sapin, qu'ils allaient porter à la scie. […] [Il] se dirigea vers le hangar ; en y entrant, il chercha vainement Julien à la place qu'il aurait dû occuper, à côté de la scie. Il l'aperçut à cinq ou six pieds de haut, à cheval sur l'une des pièces de la toiture. Au lieu de surveiller attentivement l'action de tout le mécanisme, Julien lisait. Rien n'était plus antipathique au vieux Sorel ; il eût peut-être pardonné à Julien sa taille mince, peu propre aux travaux de force, et si différente de celle de ses aînés ; mais cette manie de lecture lui était odieuse, il ne savait pas lire lui-même.

Stendhal, *Le Rouge et le Noir*, chap. IV, 1830.

Vous devez rédiger une introduction du commentaire de ce passage. Les quatre phrases suivantes pourraient toutes figurer dans votre introduction. Mettez-les dans l'ordre en précisant à quelle étape de l'introduction elles correspondent.

a. Comment le portrait du personnage principal est-il mis en scène dans ce passage ?

b. Ce roman d'apprentissage paraît en 1830.

c. Nous verrons tout d'abord que Julien Sorel est présenté comme l'exact opposé de son père et de ses frères.

d. Dans ce passage, le lecteur découvre le héros à travers le regard de son père.

…………………………………………………………………………

…………………………………………………………………………

…………………………………………………………………………

…………………………………………………………………………

…………………………………………………………………………

REPÉRER LES DÉFAUTS D'UNE INTRODUCTION

2 Lisez ce texte.

FIGARO, *seul, se promenant dans l'obscurité, dit du ton le plus sombre :*

Ô femme ! femme ! femme ! créature faible et décevante !… nul animal créé ne peut manquer à son instinct : le tien est-il donc de tromper ?… Après m'avoir obstinément refusé quand je l'en pressais devant sa maîtresse ; à l'instant qu'elle me donne sa parole, au milieu même de la cérémonie… Il riait en lisant, le perfide ! et moi comme un benêt… Non, monsieur le Comte, vous ne l'aurez pas… vous ne l'aurez pas. Parce que vous êtes un grand seigneur, vous vous croyez un grand génie !… Noblesse, fortune, un rang, des places, tout cela rend si fier ! Qu'avez-vous fait pour tant de biens ? Vous vous êtes donné la peine de naître, et rien de plus. Du reste, homme assez ordinaire ; tandis que moi, morbleu !

Beaumarchais, *Le Mariage de Figaro*, acte V, scène 3, 1784.

Dans le cadre du commentaire de cet extrait, voici deux propositions d'introduction. Dites laquelle vous paraît la meilleure en justifiant votre réponse.

A. Pierre-Augustin Caron de Beaumarchais est né en 1732 à Paris, où il est mort en 1799. De son père horloger, il a peut-être pris le goût de la précision que l'on retrouve dans son écriture. Ses multiples activités (professeur de musique des filles du roi, espion, financier et même trafiquant d'armes) ne l'ont pas empêché de s'illustrer comme dramaturge. Il nous livre dans *Le Mariage de Figaro* l'un des plus grands monologues de la littérature française, s'insurgeant tour à tour contre les femmes (« Ô femme ! femme ! femme ! créature faible et décevante ! ») ou les nobles (« Qu'avez-vous fait pour tant de biens ? »). Nous allons l'étudier.

B. Beaumarchais est l'une des figures emblématiques du siècle des Lumières. Sa pièce de théâtre *Le Mariage de Figaro*, jouée pour la première fois en 1784, met en scène un valet, Figaro, qui va se marier mais doit lutter contre le comte Almaviva, son maître, qui a des vues sur sa future femme, Suzanne. Lors de l'acte V, il croit (à tort!) que Rosine va céder aux avances du comte. S'ensuit un long monologue, dont une phrase est restée célèbre : « Sans la liberté de blâmer, il n'est point d'éloge flatteur. » Au début de ce monologue, Figaro revient sur sa situation personnelle. Quelle est la vision de la société que Beaumarchais transmet à travers son personnage ? Nous verrons tout d'abord comment s'exprime la colère du personnage avant de nous intéresser à la critique sociale.

....

....

....

....

....

....

....

....

....

REPÉRER LES ÉTAPES D'UNE CONCLUSION

3 Voici une proposition de conclusion pour le commentaire du même extrait. Identifiez (par exemple, en surlignant de deux couleurs différentes) les deux étapes attendues.

Figaro laisse donc éclater sa colère dans ce passage, et les marques d'émotion se multiplient. Mais cette colère, d'abord tournée contre Suzanne, se mue peu à peu en revendication sociale. En contestant les privilèges de la noblesse, Figaro se fait, à quelques années de la Révolution, le porte-parole d'une population qui aspire à davantage de justice et rejoint d'autres valets de théâtre qui s'émancipent et prennent la parole, de Sganarelle dans *Dom Juan* de Molière à Arlequin dans *L'Île des esclaves* de Marivaux.

RÉDIGER UNE INTRODUCTION ET UNE CONCLUSION À PARTIR D'UNE PROBLÉMATIQUE ET D'UN PLAN

4 Voici une problématique et un plan détaillé pour le commentaire de la lettre XXX des *Lettres persanes* de Montesquieu. Voir Fiche 49, p. 105

Problématique : Comment Montesquieu se sert-il du récit vif et plaisant pour critiquer l'ethnocentrisme des Français ?

Plan : 1. La fiction orientale 2. Une critique

a. Cherchez quelques informations sur Montesquieu et les *Lettres persanes*.

....

....

....

....

....

....

....

....

b. Quel est l'intérêt de proposer au lecteur un regard étranger sur sa société ?

....

....

....

....

....

c. Rédigez l'introduction du commentaire de cet extrait en respectant la méthode exposée p. 110.

....

....

....

....

....

....

....

....

....

....

....

....

....

....

....

....

....

d. Cherchez, dans les œuvres que vous avez pu lire, un autre exemple de regard extérieur qui permet de critiquer la société observée.

....

....

....

....

e. Rédigez la conclusion du commentaire de cet extrait, toujours en suivant la méthode proposée. Vous vous servirez de votre réponse à la question d pour proposer une ouverture finale.

....

....

....

....

....

....

....

....

....

....

....

....

....

....

....

....

51 Analyser un sujet de dissertation

RETENIR

Qu'est-ce que la dissertation en français ?

- La dissertation en français est la réponse à une question littéraire qui se présente sous la forme d'une interrogation **totale** (La poésie consiste-t-elle seulement pour les poètes à exprimer leurs sentiments personnels ?) ou **partielle** (En quoi peut-on dire que le théâtre corrige les mœurs ?).
- Cette question peut parfois s'appuyer sur une citation (Maupassant déclare dans la préface de *Pierre et Jean* : « Les Réalistes de talent devraient s'appeler plutôt des Illusionnistes ». Qu'en pensez-vous ?).
- En 2de, le sujet de dissertation porte sur une œuvre précise (En quoi Dom Juan est-il un héros ambigu dans la pièce de Molière ?).
- En 1re, il porte sur une œuvre liée à un parcours littéraire qui s'inscrit dans un des objets d'étude (Le recueil d'Apollinaire, *Alcools*, est-il représentatif de la « modernité » en poésie ?). Pour s'entraîner à la méthode de la dissertation, on peut aussi partir de sujets sur la littérature en général ou un genre littéraire en particulier.
- Quel que soit le sujet, l'objet de la dissertation est de produire une réflexion construite, argumentée et illustrée par des exemples précis, en s'appuyant sur ses lectures.

Analyser un sujet de dissertation demande :

1. de le comprendre, en définissant toutes les notions importantes et en étant attentif(ve) à sa formulation : quels sont les mots-clés ? L'interrogation est-elle totale (réponses : oui ou non) ou partielle ? Le sujet invite-t-il à discuter ou à expliquer ?
2. de le délimiter afin d'éviter le hors-sujet : quel est exactement le domaine concerné ?
3. de percevoir l'implicite du sujet pour en maîtriser tous les enjeux : présupposés (implicites), conséquences, objections...

- Le but de cette analyse est de parvenir à trouver une problématique claire et pertinente qui sera formulée dans l'introduction et qui permettra de chercher des arguments et des exemples.

S'ENTRAÎNER

COMPRENDRE UN SUJET

1 Surlignez les mots-clés du sujet et indiquez si l'interrogation est totale ou partielle.

1. La tâche du romancier, quand il crée des personnages, ne consiste-t-elle qu'à imiter le réel ?

....

2. Dans quelle mesure la forme littéraire peut-elle rendre une argumentation plus efficace ?

....

3. En quoi les situations de conflit que l'on trouve souvent dans les œuvres littéraires peuvent-elles intéresser le lecteur et nourrir sa réflexion personnelle ?

....

4. Le théâtre, pour intéresser le spectateur, doit-il nécessairement mettre en scène des personnages et des actions hors du commun ? ....

DÉLIMITER UN SUJET

2 Pour chacun des sujets suivants, indiquez quel objet d'étude du programme est concerné et s'il l'est dans son ensemble ou non.

1. Les comédies ne sont-elles faites que pour être jouées ?

....

....

....

2. À quoi tient l'intérêt des lecteurs pour les romans policiers ?

....

....

....

....

....

3. Quels sont les moyens dont dispose le théâtre pour persuader et émouvoir ?

....

....

....

PERCEVOIR L'IMPLICITE DE PLUSIEURS SUJETS

3 Les sujets suivants sous-entendent un certain nombre de questions implicites. Choisissez, parmi les propositions alternatives, celle qui vous semble la plus appropriée. Justifiez votre choix.

1. SUJET : Le rôle principal du romancier est-il de critiquer la société de son temps ?

Questions implicites :

Ou de critiquer autre chose ? ☐

Ou a-t-il d'autres rôles ? ☐

....

....

....

....

....

....

2. SUJET : La rébellion contre l'héritage des dramaturges précédents est-elle indispensable à la création théâtrale ?
Questions implicites :
Ou est-elle sans importance ? ☐
Ou peut-on considérer que le théâtre s'appuie sur l'héritage des dramaturges précédents ? ☐

....
....
....
....
....

3. SUJET : En quoi l'évocation d'un monde très éloigné du lecteur permet-elle de le faire réfléchir sur la réalité qui l'entoure ?
Quel est l'intérêt de comparer pour porter un regard critique ? ☐
L'évocation d'un monde éloigné a-t-elle un intérêt ? ☐

....
....
....
....
....

ANALYSER UN SUJET EN DÉTAIL

4 SUJET : Stendhal écrit, dans *Le Rouge et le Noir* (1830) : « Un roman, c'est un miroir qu'on promène le long d'un chemin. » Qu'en pensez-vous ?

a. Quels sont les mots-clés du sujet ? Surlignez-les, donnez des éléments de définition et dites ce qu'ils évoquent pour vous.

....
....
....
....
....
....

b. Reformulez la citation de Stendhal pour vérifier que vous l'avez bien comprise.

....

c. Sur quel objet d'étude la réflexion va-t-elle porter ?

....

d. À quels mouvements littéraires ce sujet peut-il vous faire penser ?

....
....
....

e. Quelles objections peut-on opposer à la pensée de Stendhal ?

....
....
....
....
....

f. Quels exemples pourriez-vous évoquer pour traiter ce sujet ?

....
....
....
....
....
....
....
....
....

METTRE EN RAPPORT UN SUJET AVEC DES EXEMPLES

**5 SUJET : Les aspects comiques d'une pièce de théâtre ne visent-ils qu'à faire rire ?
Vous répondrez à cette question en faisant référence aux œuvres étudiées en classe ou lues personnellement.**

a. Quel est l'objet d'étude concerné ? L'est-il dans son ensemble ?

....
....
....
....
....
....

b. Quels sont les mots-clés du sujet ? Surlignez-les et commentez.

....
....
....
....
....
....
....
....
....
....
....

c. Quelle question peut-on poser comme alternative à celle qui constitue le sujet ?

....
....

d. Faites la liste des exemples dont vous disposez et séparez-les en deux ensembles : ceux que vous pouvez utiliser pour montrer que les aspects comiques d'une pièce de théâtre visent à divertir et ceux qui illustrent d'autres fonctions. Un même exemple peut figurer dans les deux catégories (justifiez).

....
....
....
....
....

52 Construire la dissertation

RETENIR

1. Dégager et formuler la problématique

- Après avoir analysé le sujet, vous devez dégager une problématique, c'est-à-dire **définir le problème que pose le sujet.**
- La problématique est présentée **sous la forme d'une question** qui guidera l'ensemble du devoir.
  - Elle est le plus souvent très proche du sujet, voire le reprend, et n'appelle pas d'éclaircissement. Par ex.: « Le seul but de *L'Avare* de Molière est-il de divertir le lecteur ? »
  - Elle peut aussi reformuler le sujet en en précisant l'enjeu. Par ex.: Si le sujet est « Selon Victor Hugo, "le théâtre est une tribune". En quoi peut-on appliquer cette phrase à *Ruy Blas* ? », la problématique peut être : « Quelles idées Victor Hugo veut-il faire passer à travers sa pièce *Ruy Blas* ? »

2. Choisir son plan

- Le plan doit découler de la problématique : il s'agit de mettre en ordre la réflexion en tenant compte de la formulation de la problématique.
- Il existe deux grands types de plan.

	Problématique invitant à **discuter une thèse** (interrogation totale à laquelle on peut répondre par oui ou non)	Problématique invitant à **développer** ou **expliquer une thèse** (interrogation partielle)
Exemples de sujet	Figaro n'est-il qu'un personnage comique dans *Le Mariage de Figaro* ?	En quoi la pièce *Le Mariage de Figaro* est-elle porteuse d'un message ?
Type de plan	**Plan dialectique** (= une discussion)	**Plan thématique ou analytique** (= une explication ou une analyse)
Mise en œuvre	I. Thèse : Certes, Figaro présente des aspects comiques. II. Antithèse : Mais il est aussi porteur de messages. III. Synthèse : Sa légèreté lui donne une liberté de ton qui lui permet de critiquer.	I. Sa légèreté lui donne une liberté de ton qui lui permet de critiquer. II. La pièce évoque les injustices sociales et les privilèges de la noblesse. III. La pièce défend la liberté d'expression.
Cas particulier	**SUJET** : Dom Juan est-il un personnage repoussant ou fascinant ? Il s'agit d'une interrogation partielle, et pourtant le sujet invite bien à discuter une thèse. Le plan va donc ressembler à un plan dialectique : I. Un personnage détestable II. La fascination pour la liberté du personnage III. La portée morale de la pièce	

S'ENTRAÎNER

FORMULER UNE PROBLÉMATIQUE

1 Proposez une problématique, sous forme d'interrogation directe, à partir de chacun des sujets suivants.

1. Vous expliquerez cette phrase de La Fontaine : « La fable unit le plaisir du récit à l'enseignement d'une morale. »

....

....

2. Shakespeare a déclaré dans *Comme il vous plaira* : « Le monde entier est un théâtre, et tous, hommes et femmes, n'en sont que les acteurs. Et notre vie durant nous jouons plusieurs rôles. » Qu'en pensez-vous ?

....

....

3. Pourquoi peut-on dire, comme Eugène Ionesco dans *Notes et contre-notes*, que « tout est langage au théâtre, les mots, les gestes, les objets, [et qu'] il n'y a pas que la parole » ?

....

....

....

CHOISIR UN TYPE DE PLAN

2 Choisissez un plan (dialectique ou analytique) pour chacun de ces sujets.

1. Le théâtre a-t-il essentiellement pour but de divertir ?
☐ Plan dialectique ☐ Plan analytique

2. Quelle est, selon vous, la principale source d'intérêt lorsqu'on lit un roman ?
☐ Plan dialectique ☐ Plan analytique

3. Peut-on ignorer le public au théâtre ?
☐ Plan dialectique ☐ Plan analytique

4. Dans quelle mesure un roman peut-il être une invitation au voyage ?
☐ Plan dialectique ☐ Plan analytique

DIFFÉRENCIER LES DEUX TYPES DE PROBLÉMATIQUE ET DE PLAN

3 Voici deux sujets qui peuvent sembler très proches.

SUJET A : Évoquant la pièce *Le Misanthrope*, Louis-Simon Auger, qui réédite les œuvres de Molière au début du XIXe siècle, dit du personnage principal, Alceste, que « son humeur nous amuse ». Qu'en pensez-vous ?

SUJET B : Pourquoi peut-on dire comme Louis-Simon Auger que le personnage principal du *Misanthrope* de Molière, Alceste, « nous amuse » par « son humeur » ?

a. Pour chacun des deux sujets, formulez une problématique.

SUJET A : ....

SUJET B : ....

....

b. Pour chacun des deux sujets, indiquez quel type de plan vous allez choisir en justifiant votre réponse.

SUJET A : ....

SUJET B : ....

c. Pour chacun des deux sujets, proposez un plan en deux ou trois grandes parties.

SUJET A :

....

....

....

SUJET B :

....

....

ASSOCIER UNE PROBLÉMATIQUE ET UN PLAN

4 Associez chaque problématique au plan qui lui correspond le mieux.

Problématiques :

1. Le théâtre a-t-il pour fonction première de défendre des idées ?

2. En quoi le théâtre est-il un genre efficace pour défendre des idées ?

3. Que peut apporter le théâtre au spectateur ?

Plans :

A. I. Plaisir et distraction / II. Réflexion / III. Émotion.

B. I. Certes le théâtre peut défendre des idées. / II. Mais il a aussi d'autres fonctions. / III. Toutefois ces fonctions sont conciliables avec l'engagement.

C. I. Un genre propice au registre polémique. / II. Un genre vivant. / III. Un genre accessible grâce à sa dimension orale et visuelle.

....

CONSTRUIRE UN PLAN À PARTIR D'IDÉES SUR UN SUJET

5 Voici quelques idées pour répondre au sujet de dissertation suivant : « La lecture d'un roman permet-elle de s'évader ? »

Répartissez ces idées dans les trois parties proposées.

I. Le roman comme voyage dans le temps et dans l'espace.

II. Le roman s'inspire de la réalité.

III. Un nouveau regard sur son propre univers.

a. Les romans peuvent être particulièrement dépaysants (cadre spatio-temporel).

b. Le romancier peut inviter à porter un regard nouveau sur des choses connues.

c. Chaque romancier nous fait entrer dans un univers, parfois très éloigné du nôtre.

d. Les sentiments exprimés par les personnages ramènent le lecteur à ses propres sentiments.

e. Le roman permet un voyage imaginaire.

f. Le roman peut aider le lecteur à porter un nouveau regard sur lui-même.

g. Le roman peut s'inspirer du réel.

h. Le roman peut dénoncer des réalités déjà connues.

i. Les personnages de roman sont souvent des hommes comme les autres.

....

COMPLÉTER UN PLAN

6 SUJET : « La comédie et la tragédie du XVIIe siècle sont-elles complètement opposées ? »

Une ébauche de plan dialectique figure ci-dessous. Complétez le titre des parties et ajoutez un argument par partie.

I. Certes, les comédies et les tragédies ....

....

A. Les personnages sont différents.

B. ....

II. Pourtant ....

A. Elles partagent certaines règles.

B. ....

....

III. Et elles appartiennent ....

A. La recherche du spectaculaire

B. ....

DÉGAGER UNE PROBLÉMATIQUE ET UN PLAN À PARTIR D'UN SUJET

7 SUJET : Dans une lettre à son éditeur Hetzel, Victor Hugo évoque l'idée de « réveiller le peuple ». Quels sont les moyens dont dispose le théâtre pour ce faire ?

a. Quel objet d'étude du programme de 2de est concerné ici ?

....

b. Reformulez le sujet sous forme de question (= énoncez la problématique).

....

c. Le plan sera-t-il dialectique ou analytique ?

....

d. Proposez un plan en donnant les titres des grandes parties.

....

....

....

53 Rédiger la dissertation

RETENIR

Rédiger l'introduction

Vous devez structurer l'introduction en **quatre étapes** :

1. **présenter** l'objet d'étude dans lequel s'inscrit le sujet et / ou évoquer le contexte historique ou littéraire qui permet de comprendre le sujet. Lorsque la dissertation porte sur une œuvre précise, commencer par présenter cette œuvre ;
2. **annoncer le sujet** en respectant son libellé, à l'exception évidemment des « qu'en pensez-vous ? » ou autres « vous prendrez appui sur... » et en l'analysant s'il y a lieu (définition des termes qui peuvent poser problème) ;
3. formuler la **problématique** ;
4. annoncer le **plan**.

Rédiger le développement

- Le développement doit être divisé en **parties**, elles-mêmes composées de sous-parties (paragraphes matérialisés par des alinéas).
- Tous les **paragraphes** doivent présenter la même structure : argument / exemple / analyse de l'exemple (pourquoi il illustre l'argument).
- Les **exemples** peuvent être des citations précises de l'œuvre concernée ou des allusions à d'autres œuvres. Ils viennent de la culture propre à l'élève (ce qu'il a lu pendant l'année, ses lectures personnelles...).

Rédiger la conclusion

- La conclusion est constituée d'un seul paragraphe. Vous devez le structurer en deux étapes :
  1. répondre à la problématique ;
  2. proposer une « **ouverture finale** » qui permet d'élargir la réflexion, par exemple en faisant le lien avec un autre genre littéraire ou un autre art. La dissertation sur une œuvre appelle en ouverture la comparaison avec une autre œuvre.

S'ENTRAÎNER

REPÉRER LES ÉTAPES D'UNE INTRODUCTION ET D'UNE CONCLUSION

1 **SUJET : Honoré de Balzac écrit, au début de son roman *Le Père Goriot* (1835) : « Ce drame n'est ni une fiction, ni un roman. *All is true*, il est si véritable que chacun peut en reconnaître les éléments chez soi, peut-être dans son cœur. » Pensez-vous que le roman reflète le réel ?**

Voici une introduction et une conclusion qui répondent à ce sujet. Pour chacune, aidez-vous de la partie « Retenir » pour identifier les différentes étapes. Surlignez-les de couleurs différentes.

Introduction

Le roman est un genre qui relève de la fiction. Le plus souvent, le romancier amène le lecteur dans un monde imaginaire pour qu'il s'évade de la réalité et du quotidien, qu'il découvre des héros aux aventures extraordinaires... Pourtant, au début de son roman *Le Père Goriot*, Balzac insiste sur la vérité de son œuvre : « Ce drame n'est ni une fiction, ni un roman. *All is true*, il est si véritable que chacun peut en reconnaître les éléments chez soi, peut-être dans son cœur. » Le roman est-il le reflet exact de la réalité ? Certes, le roman peut viser une reproduction de la vie mais nous constaterons, au-delà des romans fantastiques, que, même dans les romans dits « réalistes », la fiction apparaît clairement. On constate donc que le romancier donne dans son œuvre une vision personnelle de la réalité.

....

....

....

....

....

....

Conclusion

Finalement, derrière la réalité décrite dans un roman, celle des lieux, des personnages et de l'histoire, se cachent non seulement la propre vision du monde et de l'homme de l'écrivain, sa sensibilité, mais également tous les artifices romanesques tels que la construction de l'intrigue, les techniques narratives de focalisation et les descriptions subjectives. L'écrivain n'enregistre pas le réel, il le manipule. Si le roman reflète la réalité, c'est un reflet propre à chaque romancier. « Une » réalité et non « la » réalité, en quelque sorte... La citation de Balzac pourrait être aujourd'hui transposée au cinéma, un genre qui se prétend au plus proche du vivant, avec autant d'intérêt : un film est-il le reflet de la réalité ?

....

....

RÉDIGER UNE INTRODUCTION À PARTIR D'UNE PROBLÉMATIQUE ET D'UN PLAN

2 **Voici un sujet accompagné d'une problématique et d'une proposition de plan. En reprenant ces éléments, rédigez l'introduction de la dissertation. Vous mettrez entre crochets les étapes suivies.**

SUJET : « On sait bien que les comédies ne sont faites que pour être jouées », écrit Molière dans l'avis au lecteur de *L'Amour médecin* (1665). Que pensez-vous de cette déclaration ?

Problématique : Peut-on dire que les pièces de théâtre ne sont destinées qu'à la représentation et que les lire ne présenterait aucun intérêt ?

Plan :

I. Le théâtre comme art du spectacle

II. L'intérêt de la lecture

III. La complémentarité de la lecture et de la mise en scène

RÉDIGER UN PARAGRAPHE ARGUMENTATIF

3 **Dans une partie qui développe l'idée que le roman peut chercher à représenter la réalité, rédigez un paragraphe qui donne un argument pour étayer cette idée. Cet argument sera illustré.** Voir Fiche 29, p. 62

SÉLECTIONNER DES EXEMPLES

4 **Voici une liste d'exemples. Quels sont ceux que vous allez retenir pour traiter le sujet suivant ? Justifiez votre réponse s'il y a lieu.**

SUJET : Molière déclare que les comédies ne sont faites que pour être jouées. Qu'en pensez-vous ?

Exemples :

– *Le Bourgeois gentilhomme* de Molière (comédie-ballet du XVIIe siècle).

– *Andromaque* de Racine (tragédie classique du XVIIe siècle).

– *Le Roman comique* de Scarron (roman du XVIIe siècle).

– *Le Mariage de Figaro* de Beaumarchais (comédie du XVIIIe siècle).

INSÉRER UN EXEMPLE DANS UN PARAGRAPHE ARGUMENTATIF

5 **Rédigez un paragraphe qui associe l'argument et une étude de l'exemple ci-dessous.**

Argument : La littérature dispose de moyens efficaces pour toucher le lecteur.

Exemple :

> Je viens de faire mon testament.
> À quoi bon ? Je suis condamné aux frais, et tout ce que j'ai y suffira à peine. La guillotine, c'est fort cher.
> Je laisse une mère, je laisse une femme, je laisse un enfant.
> Une petite fille de trois ans, douce, rose, frêle, avec de grands yeux noirs et de longs cheveux châtains.
>
> Victor Hugo, *Le Dernier Jour d'un condamné*, 1829.

RÉDIGER UNE CONCLUSION

6 **Pour répondre à un sujet de dissertation portant sur l'intérêt de choisir dans un roman un personnage « ordinaire » comme personnage principal, on a développé l'idée que ce choix pouvait à la fois surprendre le lecteur et permettre son identification au personnage. Proposez une brève conclusion en respectant les deux étapes attendues.**

54 Rédiger une contraction de texte

RETENIR

La contraction, proposée au baccalauréat technologique, porte sur un texte argumentatif récent qu'il s'agit, en un nombre limité de mots, de résumer et de reformuler de manière précise en en respectant l'énonciation, la thèse, la composition et le mouvement.

1re étape : lire et comprendre le texte

- Identifier le **thème** du texte : de quoi parle-t-il ? Quels sont les mots-clés ?
- Identifier la **thèse** de l'auteur : que dit-il sur le thème ?
- S'intéresser à l'énonciation : qui parle (1re personne, 3e personne...) ?
- Mettre en évidence la **structure** du texte : distinguer les arguments des exemples, délimiter les étapes du raisonnement, relever les connecteurs logiques... Il s'agit de retenir les **idées essentielles** du texte en éliminant tout ce qui ne sera pas retenu dans le résumé.

2e étape : rédiger la contraction

- Respecter le **nombre de mots** attendu (un quart du texte initial).
- Suivre la **progression argumentative** de l'auteur.
- Conserver l'énonciation et les **temps verbaux** du texte de référence.
- Faire un **paragraphe** par étape du raisonnement : ne pas nécessairement faire autant de paragraphes qu'il y en avait dans le texte (un paragraphe ne correspond pas toujours à une étape, il faudra peut-être en regrouper plusieurs).
- Structurer ses propos avec des **connecteurs logiques**. Voir Fiche 15, p. 32
- **Conserver les mots-clés** mais **reformuler** tout le reste (il ne s'agit pas de coller à la suite quelques phrases du texte en en enlevant d'autres). Il faut essayer de s'approprier le texte, sans le trahir, en travaillant notamment sur la synonymie et la concision. Le brouillon est indispensable.

3e étape : relire sa copie

- Rechercher la **clarté** : le résumé doit être compréhensible pour quelqu'un qui n'a pas lu le texte de référence. Un texte concis ne doit pas être pour autant incompréhensible.
- Vérifier la **correction de la langue**.
- Indiquer le **nombre de mots** à la fin de la contraction (et signaler les tranches de 50 mots dans la marge). Il y a une tolérance de +/- 10 % par rapport à la consigne.
- Il y a quelques règles à connaître pour le **compte des mots** : tous les mots comptent (Jean de La Fontaine = 4 mots ; c'est-à-dire = 4 mots) mais les dates en chiffres comptent pour un seul mot (2019 = 1 mot), de même que les sigles (SNCF = 1 mot).

S'ENTRAÎNER

COMPRENDRE UN TEXTE ARGUMENTATIF

1 Lisez ce texte.

La communauté scientifique n'aime pas beaucoup les « belles âmes » qui la forcent à se poser des questions. La tendance profonde est de dire, comme le commun des mortels : « On n'arrête pas le progrès », et puisque toute découverte nouvelle est un progrès à leurs yeux, c'est à la société à canaliser ses applications selon ses objectifs. L'attitude d'Oppenheimer refusant de poursuivre des recherches de nature à faciliter l'éclosion de la bombe H n'a pas été comprise par beaucoup de ses collègues, c'est le moins qu'on puisse dire.

P. Drouin, *Science sans conscience*, 1986.

a. Quel est le thème du texte ?

....

....

b. Quelle est la thèse de l'auteur ?

....

....

....

ÊTRE ATTENTIF(VE) À L'ÉNONCIATION

2 Lisez ce texte.

De même donc que la pédagogie fut inventée par les Grecs, au moment de l'invention et de la propagation de l'écriture ; de même qu'elle se transforma quand émergea l'imprimerie, à la Renaissance ; de même, la pédagogie change totalement avec les nouvelles technologies. Et, je le répète, elles ne sont qu'une variable quelconque parmi la dizaine ou la vingtaine que j'ai citées ou pourrais énumérer.

M. Serres, *Petite Poucette*, 2012.

a. Quel est le genre du texte ?

....

....

b. Quelle est la personne utilisée par l'auteur pour s'adresser à son lecteur ?

....

....

c. Par conséquent, quelle personne utiliserez-vous si vous devez faire le résumé de ce texte ?

....

....

METTRE EN ÉVIDENCE LA STRUCTURE D'UN TEXTE

3 Lisez ce texte.

Nous entrons dans la barbarie. Certes ce n'est pas la première fois que l'humanité plonge dans la nuit. On peut même penser que cette aventure amère lui est arrivée bien des fois et c'est la gorge serrée que l'historien relève les traces d'une civilisation disparue. Mais une autre toujours prenait la suite. Sur les ruines des sanctuaires anciens s'élèvent de nouveaux temples, plus puissants ou plus raffinés. Les campagnes que les systèmes d'irrigation à l'abandon ont transformées en marécages sont un jour ou l'autre drainées et asséchées de nouveau, une agriculture plus prospère s'y installe. Ainsi pouvait-on se représenter l'histoire sous une forme cyclique.

M. Henry, *La Barbarie*, 1988.

a. Identifiez la thèse de l'auteur.

....

....

b. Surlignez dans le texte les arguments de l'auteur (ce qu'il faudrait conserver et reformuler dans une contraction).

c. Surlignez dans une autre couleur les éléments à écarter pour le résumé (explications des arguments énoncés ou exemples).

d. Soulignez les connecteurs logiques. Voir Fiche 15, p. 32

COMPRENDRE CE QU'EST LA REFORMULATION D'UN TEXTE

4 Voici un texte suivi de deux propositions de contraction en une trentaine de mots. Quelle contraction conserveriez-vous ? Justifiez.

[...] Je suis de ceux qui pensent et qui affirment qu'on peut détruire la misère.
Remarquez-le bien, messieurs, je ne dis pas diminuer, amoindrir, limiter, circonscrire, je dis détruire. La misère est une maladie du corps social comme la lèpre était une maladie du corps humain ; la misère peut disparaître comme la lèpre a disparu. Détruire la misère ! Oui, cela est possible ! Les législateurs et les gouvernants doivent y songer sans cesse ; car, en pareille matière, tant que le possible n'est pas fait, le devoir n'est pas rempli. (93 mots)

V. Hugo, Discours à l'Assemblée législative, 1849.

Contraction 1 : Il faut détruire la misère. Non la diminuer, l'amoindrir, la limiter, la circonscrire, mais la détruire. Cela est possible ! Tant que ce n'est pas fait, le devoir n'est pas rempli. (33 mots)

Contraction 2 : J'ai la conviction que faire disparaître la misère est possible. Je vous parle de la faire disparaître totalement comme ont disparu certaines maladies. Ce doit être le but des politiques. (31 mots)

....

....

....

CONTRACTER UN TEXTE ÉTAPE PAR ÉTAPE

5 Lisez ce texte.

La vérité est que, au plus profond des motivations de l'attachement à la peine de mort, on trouve, inavouée le plus souvent, la tentation de l'élimination. Ce qui paraît insupportable à beaucoup, c'est moins la vie du criminel emprisonné que la peur qu'il récidive un jour. Et ils pensent que la seule garantie, à cet égard, est que le criminel soit mis à mort par précaution.

Ainsi, dans cette conception, la justice tuerait moins par vengeance que par prudence. Au-delà de la justice d'expiation, apparaît donc la justice d'élimination, derrière la balance, la guillotine. L'assassin doit mourir toute simplement parce que, ainsi, il ne récidivera pas. Et tout paraît si simple, et tout paraît si juste !

Mais quand on accepte ou quand on prône la justice d'élimination, au nom de la justice, il faut bien savoir dans quelle voie on s'engage. Pour être acceptable, même pour ses partisans, la justice qui tue le criminel doit tuer en connaissance de cause. Notre justice, et c'est son honneur, ne tue pas les déments. Mais elle ne sait pas les identifier à coup sûr, et c'est à l'expertise psychiatrique, la plus aléatoire, la plus incertaine de toutes, que, dans la réalité judiciaire, on va s'en remettre. (217 mots)

Robert Badinter, Discours à l'Assemblée nationale lors des débats sur l'abolition de la peine de mort en France, 1981.

a. Surlignez les mots-clés du texte.

b. Indiquez le thème du texte et la thèse de l'auteur.

Thème : ....

Thèse : ....

c. Soulignez les connecteurs logiques.

d. Mettez en évidence la structure du texte en en proposant un découpage en parties.

....

....

....

....

....

....

e. Proposez un résumé du texte en 50 mots (+/– 10 %) (placez une barre oblique tous les 10 mots).

....

....

....

....

....

....

....

....

....

55 Rédiger un essai

RETENIR

En quoi l'essai consiste-t-il ?

- L'essai est proposé au baccalauréat technologique. Il prend appui sur le **texte de la contraction** et sur une des œuvres, et son parcours associé, de l'objet d'étude de 1re « La littérature d'idées du XVIe siècle au XVIIIe siècle ». Il s'agit répondre de manière construite et argumentée à une **question sur le thème** qui est abordé.
- À la différence de la dissertation, l'essai ne porte pas toujours sur une question littéraire. Il aborde plutôt de **grands thèmes transversaux** : l'éducation, le voyage, la société...
- Pour s'entraîner en 2de, on peut partir d'un corpus de textes (c'est ce que propose ce cahier) ou s'appuyer sur les œuvres étudiées en cours.

Les étapes à suivre

- **1re étape : analyser le sujet**
  - Le **sujet** se présente sous la forme d'une **question** (ex : La société de consommation n'a-t-elle que des avantages ?) ou d'une **citation** à partir de laquelle il faut réfléchir (ex. : Aldous Huxley écrit dans *Le Meilleur des mondes* que « la science est un danger public ». Partagez-vous cette opinion ?).
  - Si le sujet est une question simple, vous n'avez pas besoin de le reformuler. S'il s'agit d'une citation ou d'une question comportant des termes qui demandent à être définis, proposez une reformulation. C'est ce que l'on appelle la **problématique**.
- **2e étape : rechercher des idées et des exemples**
  - Cherchez prioritairement les idées et les exemples dans le **texte de la contraction**, l'**œuvre** et le **parcours associé**. Utilisez ensuite votre **culture personnelle** pour enrichir sa copie. Il est recommandé de fréquenter régulièrement la presse, écrite ou numérique, et de se tenir informé des grands débats de société.
  - Selon le sujet, vos exemples peuvent être aussi bien des références à des **œuvres littéraires**, ou plus généralement **artistiques**, que des allusions à des situations concrètes ou des éléments de la vie quotidienne.
- **3e étape : construire un plan**
  - Votre plan dépendra du sujet et de la problématique choisie. Si le sujet invite à discuter une thèse, adoptez un plan **dialectique** (certes..., mais... et donc...). Si le sujet invite à expliquer ou analyser la thèse (« Pourquoi... ? », « Montrez que... »), choisissez un plan **thématique** ou **analytique**. Voir Fiche 52, p. 110
  - Cependant, même si l'essai doit être construit, la forme est plus libre qu'une dissertation : on peut par exemple ne proposer que la thèse dans un plan dialectique.
- **4e étape : rédiger l'essai**
  - Commencez le devoir par une **introduction** : après une phrase présentant le thème de la réflexion, reprenez le sujet et annoncez la problématique et le plan.
  - Organisez votre **développement** en **parties**, elles-mêmes divisées en **sous-parties** (une par argument, lequel est toujours accompagné d'un exemple) matérialisées par des **alinéas**. Sautez une ligne entre les parties et liez-les par une **phrase de transition**.
  - Dans votre **conclusion**, résumez d'abord l'argumentation en annonçant clairement le point de vue auquel le raisonnement a abouti, puis proposez une ouverture (sur une autre problématique, par exemple).

S'ENTRAÎNER

ANALYSER UN SUJET

1 Voici trois sujets. Pour chacun d'entre eux, surlignez les mots-clés et précisez le thème abordé.

1. **SUJET** : L'image a-t-elle plus de poids que les mots ?
Thème : ....

2. **SUJET** : « Le sport, avec ses rites et ses idoles », est-il une forme nouvelle de religion, comme l'affirme le sociologue M. Bernard ?
Thème : ....

3. **SUJET** : H. Taine affirme à propos de l'école que, « de tous les engins sociaux, elle est peut-être le plus puissant, le plus efficace ». Qu'en pensez-vous ?
Thème : ....

CHOISIR UN PLAN EN FONCTION D'UN SUJET

2 Pour chacun des sujets suivants, indiquez si le plan doit être dialectique ou bien thématique ou analytique.

1. **SUJET** : L'homme d'aujourd'hui est-il maître de son destin ?
☐ Plan dialectique ☐ Plan thématique ou analytique

2. **SUJET** : L'art nous détourne-t-il de la réalité ?
☐ Plan dialectique ☐ Plan thématique ou analytique

3. **SUJET** : Montrez que le voyage permet la découverte de l'homme.
☐ Plan dialectique ☐ Plan thématique ou analytique

TRAVAILLER À PARTIR D'UN CORPUS

3 Lisez ces textes.

TEXTE A

L'autoroute nous révèle les pièges, les contraintes et les agressions de la modernité. Elle en est à la fois un reflet fidèle et un opérateur actif.

Au même titre que les tours de Hong Kong, les veaux de batterie ou les experts itinérants de multinationales, l'autoroute est un système « hors-sol », clos sur lui-même et donc totalement dissocié de l'espace extérieur dans lequel il ne s'insère qu'en apparence.

J. Chesneau, *De la modernité*, 1983.

TEXTE B

L'implantation d'équipements lourds tels que les autoroutes est toujours vécue comme une atteinte grave au paysage. Et pourtant, de nombreuses années après, beaucoup de ces ouvrages semblent faire partie intégrante du décor. Le pont de Tancarville qui, à l'époque, a bouleversé l'ordonnancement du paysage ancien en est devenu aujourd'hui le point fort.

J. Pillault, *L'Autoroute et le paysage*, 2001.

a. Quelle est la thèse de chacun des deux auteurs sur l'autoroute ?

TEXTE A : ....

....

TEXTE B : ....

....

b. Relevez un exemple dans chacun des deux textes.

TEXTE A : ....

....

TEXTE B : ....

c. Seriez-vous plutôt d'accord avec l'auteur du texte A ou l'auteur du texte B ? Justifiez.

....

....

....

....

....

....

....

....

RÉDIGER UN ESSAI

4 **SUJET** : Faut-il arrêter le progrès scientifique ?

CORPUS :

TEXTE A

La pire illusion : être emporté par le torrent et s'imaginer que l'on dirige le navire.
Aujourd'hui le torrent au débit le plus puissant, s'enflant chaque jour, emportant dans ses tourbillons des pans entiers de la rive, c'est la recherche scientifique, consacrée, dit-on, à assurer le progrès de la connaissance. Ce torrent n'épargne rien, il transforme nos croyances et nos mœurs, nos petits bonheurs individuels et nos enthousiasmes collectifs ; il nous métamorphose, et nous ne reconnaissons ni le personnage ni nous-mêmes. Mais puisqu'il s'agit d'un progrès, comment oserait-on se plaindre ?

A. Jacquard, *Abécédaire de l'ambiguïté*, 1989.

TEXTE B

L'opposition au clonage s'exprime à partir de deux logiques différentes. La première logique se limite à l'exigence de sécurité médicale et la seconde reflète l'aliénation à la toute-puissance des gènes. S'il faut condamner formellement le clonage d'un être humain, ce n'est pas parce que la copie serait semblable au modèle, c'est parce que la copie n'a été créée que pour être telle. C'est cette volonté d'instrumentaliser un être humain qui est criminelle.

J. Testart, « Plaidoyer pour une interdiction, les dessous du clone ».

TEXTE C

Les sciences et les techniques actuelles ouvrent des perspectives particulièrement difficiles à prévoir ou à encadrer comme c'est le cas des problèmes climatiques, du clonage, des xénogreffes, des nanotechnologies, de la manipulation du vivant... Du reste, dans certains cas, les directions prises par certaines recherches et utilisations de résultats scientifiques ne s'accordent pas avec les choix que l'ensemble des citoyens souhaiteraient réaliser. Les controverses nées autour des OGM ou des nanotechnologies l'illustrent bien.

M. Faury, Discuter l'idée « La science fait progresser l'humanité », infusoir.hypotheses.org, 2011.

a. Résumez en quelques mots chacun des textes.

....

....

....

....

....

b. Rédigez l'introduction de votre essai.

....

....

....

....

....

....

....

....

c. Rédigez un paragraphe qui explique pourquoi il est nécessaire de penser à « arrêter le progrès ».

....

....

....

....

....

d. Rédigez une conclusion qui donne votre point de vue sur le sujet.

....

....

....

....

56 Réussir l'épreuve orale

Entraînez-vous à l'oral
bordas.media/733866_118

RETENIR

En quoi l'épreuve orale consiste-t-elle ?

- L'**épreuve orale de français** au baccalauréat se passe en 1re et se déroule en deux temps :
  1. **Lecture** et **explication d'un texte** d'une vingtaine de lignes étudié pendant l'année, suivies d'une **question de grammaire** : 30 minutes de préparation (le candidat passe avec son brouillon sous les yeux) et 12 minutes de passage.
  2. **Présentation** d'une **œuvre choisie par le candidat** parmi celles qui ont été étudiées en classe ou proposées par l'enseignant au titre des lectures cursives obligatoires, suivie d'un **entretien** (8 minutes).

L'explication de texte à l'oral (10 minutes/10 points)

- Commencer par **contextualiser** brièvement le texte en présentant son auteur et en le situant dans l'œuvre ou dans le parcours associé avant d'en proposer une **lecture expressive** (2 points). Cette lecture à voix haute demande de l'entraînement.
- **Expliquer** ensuite le texte. La démarche est imposée : il s'agit d'une **explication linéaire** qui suit la progression du texte. Cette démarche ne dispense pas de proposer une problématique ou un fil directeur. Le plan annoncé ensuite est un « découpage » du texte fondé sur sa progression. L'explication se termine par une conclusion.

La question de grammaire (2 minutes/2 points)

- La question de grammaire est en lien avec le programme d'étude de la langue au lycée (interrogation, négation...) et **porte sur le texte commenté** juste avant. Il s'agit de l'analyse syntaxique d'une courte phrase ou d'une partie de phrase. La question est donnée au début du temps de préparation.

La présentation d'une œuvre choisie par le candidat et l'entretien (8 minutes/8 points)

- Le candidat choisit **une œuvre** parmi les œuvres au programme et les lectures cursives obligatoires. Il s'agit de **présenter l'œuvre** brièvement et d'**expliquer son choix avec des arguments** qui ont été travaillés à l'avance et qui montrent une excellente connaissance du livre. Sont valorisées : la bonne appropriation de l'œuvre, la capacité à échanger avec aisance et l'originalité des arguments. Il faut donc :
  - **bien maîtriser** l'œuvre ; Voir Fiche 57, p. 120
  - **avoir des connaissances** solides sur l'objet d'étude concerné pour pouvoir répondre à des questions ;
  - **montrer sa capacité à justifier** ses réponses, à mettre en relation des textes ou des documents et à utiliser sa culture personnelle.

S'ENTRAÎNER

S'ENTRAÎNER À LIRE UN TEXTE À VOIX HAUTE

1 Quelles sont les difficultés de lecture auxquelles il faut prêter attention dans les passages suivants ?

1. Les hommes et les femmes ; les héros et les héroïnes.

....

....

....

2. La femme du Lion mourut :
Aussitôt chacun accourut
Pour s'acquitter envers le Prince
De certains compliments de consolation,
Qui sont surcroît d'affliction.

J. de La Fontaine, « Les Obsèques de la lionne » (extrait), *Fables*, 1678.

....

....

3. *Pédant* : L'animal seul, monsieur, qu'Aristophane
Appelle Hippocampéléphantocamélos
Dut avoir sous le front tant de chair sur tant d'os !

E. Rostand, *Cyrano de Bergerac*, 1897.

....

....

....

....

PROPOSER L'EXPLICATION LINÉAIRE D'UN TEXTE

2 Lisez ce texte.

Andromaque, princesse troyenne et veuve d'Hector, est la captive de Pyrrhus, l'un des vainqueurs grecs de la guerre de Troie, qui veut l'épouser. Elle répond ici à sa confidente Céphise, qui lui suggère de céder à ses avances pour protéger son fils.

ANDROMAQUE

Dois-je les[1] oublier, s'il ne s'en souvient plus ?
Dois-je oublier Hector privé de funérailles,
Et traîné sans honneur autour de nos murailles ?
Dois-je oublier son père[2] à mes pieds renversé,
Ensanglantant l'autel qu'il tenait embrassé ?
Songe, songe, Céphise, à cette nuit[3] cruelle
Qui fut pour tout un peuple une nuit éternelle.
Figure-toi Pyrrhus, les yeux étincelants,
Entrant à la lueur de nos palais brûlants,
Sur tous mes frères morts se faisant un passage,
Et de sang tout couvert échauffant le carnage.
Songe aux cris des vainqueurs, songe aux cris des [mourants,
Dans la flamme étouffés, sous le fer expirants.
Peins-toi dans ces horreurs Andromaque éperdue :
Voilà comme Pyrrhus vint s'offrir à ma vue ;

Voilà par quels exploits il sut se couronner ;
Enfin voilà l'époux que tu me veux donner.
Non, je ne serai point complice de ses crimes ;
Qu'il nous prenne, s'il veut, pour dernières victimes.

J. Racine, *Andromaque*, acte III, scène 8, 1667.

1. Les exploits guerriers de Pyrrhus lors de la guerre de Troie.
2. Priam, roi de Troie.
3. La nuit de la chute de Troie.

a. Proposez un découpage du texte en trois parties. Justifiez.

Partie 1 : ……

Partie 2 : ……

Partie 3 : ……

b. Voici, au fil du texte, quelques éléments parmi d'autres qui appellent un commentaire : surlignez-les dans le texte et proposez pour chacun une courte interprétation.

1. L'anaphore « Dois-je » ……
2. L'usage de questions rhétoriques ……
3. L'anaphore « songe » et les verbes de perception ……
4. Le parallélisme « Songe aux cris des vainqueurs, songe aux cris des mourants » ……
5. L'usage du nom « exploits » ……
6. La rime « crimes » / « victimes » ……

c. Quelle problématique pourrait guider votre étude ?

……

RÉPONDRE À UNE QUESTION DE GRAMMAIRE SUR UN TEXTE

3 Lisez ce texte.

Caché parmi les rochers, j'attendis quelque temps sans voir rien paraître. Tout à coup mon oreille **est frappée** des sons que le vent m'**apporte** du milieu du lac. J'**écoute** et je **distingue** les accents d'une voix humaine ; en même temps je **découvre** un esquif suspendu au sommet d'une vague ; il **redescend**, **disparaît** entre deux flots, puis se **montre** encore sur la cime d'une lame élevée ; il **approche** du rivage. Une femme le conduisait : elle chantait en luttant contre la tempête.

Chateaubriand, *Mémoires d'outre-tombe*, 1849.

a. Quel est le temps des verbes en gras ? Quelle est la valeur de ce temps ici ?

……

b. Transposez au passé la phrase « Tout à coup mon oreille est frappée des sons que le vent m'apporte du milieu du lac ». Expliquez les transformations opérées.

……

TESTER SES CONNAISSANCES SUR LE PROGRAMME DE 2DE

4 Cochez la bonne réponse.

a. Le roman et le récit du XVIIIe au XXIe siècle

1. Quels sont les rapports entre réalisme et naturalisme ?

☐ Ils s'opposent.
☐ Le naturalisme précède le réalisme.
☐ Le naturalisme prolonge le réalisme.

2. Dans un roman, lorsque le narrateur sait tout des personnages, on parle de :

☐ Focalisation interne
☐ Point de vue externe
☐ Narrateur omniscient

b. Le théâtre du XVIIe au XXIe siècle

3. Quelles sont les « trois unités » ?

☐ Vraisemblance / Bienséance / Lieu
☐ Personnages / Intrigue / Durée
☐ Lieu / Temps / Action

4. Qu'est-ce qu'un aparté ?

☐ Un monologue
☐ Une didascalie
☐ Ce qu'un acteur dit à part sur la scène et qui est censé n'être entendu que par le public.

c. La poésie du Moyen Âge au XVIIIe siècle

5. Qu'est-ce qu'un sonnet ?

☐ Un quatrain suivi d'un tercet
☐ Deux tercets
☐ Deux quatrains suivis de deux tercets

6. Qu'est-ce qu'une allitération ?

☐ La répétition d'un son consonantique
☐ La répétition d'une consonne
☐ La répétition d'un son vocalique

7. Parmi ces poètes, lequel appartient à la Pléiade ?

☐ P. de Ronsard
☐ V. Hugo
☐ P. Éluard

d. La littérature d'idées et la presse du XIXe au XXIe siècle

8. Lequel de ces genres est un « genre argumentatif » ?

☐ Le roman
☐ Le discours
☐ La nouvelle

9. La thèse, dans un texte, est :

☐ Le sujet d'un texte
☐ L'avis de l'auteur
☐ L'avis du lecteur

57 Constituer son carnet de lecteur

RETENIR

Qu'est-ce qu'un carnet de lecteur?

- Chaque élève est invité, dès la classe de 2de, à « **garder la trace** du travail et des activités menées tout au long de l'année » (BO) et notamment de ses lectures. Cette trace est un atout précieux dans la perspective des épreuves du baccalauréat, aussi bien pour l'écrit (dissertation sur œuvre) que pour l'oral (choix d'une œuvre à présenter Voir Fiche 56, p. 118).
- L'enjeu est de **s'approprier les œuvres lues** (œuvres au programme, lectures cursives, lectures personnelles). Le carnet peut aussi aborder les spectacles ou les films que vous avez vus, vos visites au musée, vos rencontres avec des artistes...
- La **forme** est absolument **libre**, depuis le cahier papier manuscrit illustré par vos soins jusqu'au fichier numérique. Constituez un objet qui vous corresponde et qui tienne en quelque sorte du carnet de voyage, le voyage dont il s'agit étant un voyage à travers la littérature et l'art.

Comment rendre compte d'une lecture dans son carnet ?

- Noter ses **impressions** (celles-ci peuvent être nuancées) et ses **questions** au fil de la lecture, par exemple chaque fois que l'on ferme le livre.
- Rédiger un **avis plus global** à la fin de la lecture.
- Constituer la **fiche de lecture** de l'œuvre.
- Proposer des **écrits d'appropriation**.
- **Dessiner**, faire des **liens** avec d'autres œuvres d'art, ajouter des photos, inclure de la musique et des vidéos si le carnet est numérique : l'originalité est la bienvenue car il s'agit d'une production personnelle.

Comment s'approprier des œuvres qui appartiennent à des genres différents ?

- D'une œuvre à l'autre, vous pouvez prendre l'habitude de reprendre, comme une sorte de **routine**, des rubriques incontournables : **l'auteur et son époque**, vos **premières impressions**, le **thème**, le **but de l'auteur**, les autres œuvres auxquelles on peut l'associer...
- Mais chaque œuvre a aussi ses spécificités et le carnet de lecteur doit être conçu comme un **espace de liberté** qui vous permettra de vous adapter à toutes vos lectures. Vos écrits d'appropriation peuvent être variés (vous pouvez inclure dans votre carnet ceux demandés par votre professeur) :
  - Le **roman** se prête bien au résumé, à la carte d'identité des personnages, à la réécriture et à la transposition de certains passages ;
  - La **poésie** appelle une réflexion sur la structure du recueil, sur les formes choisies (par exemple en écrivant « à la manière de »), sur les images et peut inspirer des dessins ou des choix musicaux ;
  - Le **théâtre** peut être travaillé par le biais d'une réflexion sur la mise en scène, par exemple à partir d'une représentation (vue au théâtre ou en captation) ;
  - Les **œuvres argumentatives** permettent d'imaginer un dialogue fictif avec l'auteur et invitent à lister les stratégies argumentatives utilisées.

S'ENTRAÎNER

RENSEIGNER LES RUBRIQUES INCONTOURNABLES

1 **a. Lisez le poème « Stances à Marquise » de Pierre Corneille.** Voir Fiche 48, p. 103

b. Dans le but de rendre compte de la lecture de ce poème dans votre carnet, répondez aux questions suivantes.

– Qui est Pierre Corneille ?

...

...

– Quelles sont vos premières impressions à la lecture de ce poème ? Qu'est-ce qui vous a plu ?

...

...

...

– Quels sont les thèmes de ce poème ?

...

– Quel message Corneille veut-il faire passer à Marquise ?

...

...

...

...

– Cherchez une œuvre d'art à laquelle vous pourriez associer ce poème et justifiez votre choix.

...

...

...

S'APPROPRIER UN ROMAN

2 **Choisissez un récit parmi ceux que vous avez à lire (programme ou lecture cursive).**

a. Rédigez, comme pour un journal destiné à des lycéens, une critique de l'œuvre après l'avoir brièvement résumée.

b. Établissez la « carte d'identité » du personnage principal : nom, prénom, âge, nationalité, physique, caractère, goûts, relations avec les autres personnages, situation au début de l'œuvre, situation à la fin de l'œuvre, votre avis sur le personnage.

c. Choisissez un passage et proposez-en une réécriture en changeant le point de vue. Voir Fiche 40, p. 85

d. Proposez l'ébauche d'une suite en une ou deux pages.

e. Vers le BAC

Préparez-vous à expliquer pourquoi le roman vaut particulièrement la peine d'être lu en notant ici au moins 3 arguments précis (et si possible personnels et originaux).

....

....

....

S'APPROPRIER UN RECUEIL DE POÈMES

3 **Choisissez un recueil de poèmes (programme ou lecture cursive).**

a. Quels sont les thèmes dominants du recueil ?

....

....

b. Les poèmes entretiennent-ils un lien fort ou vous semblent-ils disparates ?

....

....

c. Commentez la composition du recueil ? Vous semble-t-elle particulière ? Pourquoi ?

....

....

d. Quelle est la forme poétique privilégiée par l'auteur ? Voir Fiche 34, p. 72

....

e. Essayez d'écrire sur papier libre un poème qui reprenne les thèmes et la forme qui reviennent le plus souvent dans le recueil. Rencontrez-vous des difficultés ? Vous aident-elles à mieux comprendre le travail du poète et à apprécier davantage l'œuvre ?

f. Vers le BAC

Préparez-vous à expliquer pourquoi le recueil vaut particulièrement la peine d'être lu en notant ici au moins 3 arguments précis (et si possible personnels et originaux).

....

....

....

S'APPROPRIER UNE PIÈCE DE THÉÂTRE

4 **Choisissez une pièce de théâtre parmi celles que vous avez à lire (pièce au programme ou lecture cursive) et arrêtez-vous sur une scène qui vous semble intéressante.**

a. Quelles sont les relations entre les personnages dans la scène (si c'est un dialogue) et de quoi est-il question ?

....

....

....

b. Comment, selon vous, les comédiens devraient-ils jouer la scène (ton, expressions corporelles...) ?

....

....

c. Quel décor imaginez-vous pour cette scène ? Quels costumes ? Quels sons ? Quelles lumières ? Aidez-vous des éventuelles didascalies et dessinez éventuellement.

....

....

....

....

d. Cherchez une mise en scène de la pièce et intéressez-vous au passage qui correspond à la scène choisie. Les choix du metteur en scène correspondent-ils aux vôtres ? La mise en scène vous a-t-elle plu ? Vous a-t-elle surpris ? Renforce-t-elle le sens de la pièce ? Le trahit-elle ?

....

....

....

....

e. Illustrez votre carnet en sélectionnant des photographies de différentes mises en scène de la pièce choisie.

f. Avec des amis, entraînez-vous à lire ou à mettre en scène certains passages et filmez-vous avant d'inclure ces séquences vidéo dans votre carnet si celui-ci est numérique. Essayez de varier les tons et de jouer plusieurs fois la même scène en faisant des choix différents.

g. Vers le BAC

Préparez-vous à expliquer pourquoi la pièce vaut particulièrement la peine d'être lue en notant ici au moins 3 arguments précis (et si possible personnels et originaux).

....

....

....

S'APPROPRIER UNE ŒUVRE ARGUMENTATIVE

4 **Choisissez un texte argumentatif parmi ceux que vous avez à lire (programme ou lecture cursive).**

a. Quelle est la thèse défendue par l'auteur ?

....

b. A-t-il une ou plusieurs idées à faire passer ?

....

c. Comment défend-il ses idées ? Est-ce de façon directe ou indirecte ?

....

d. Imaginez un débat fictif entre l'auteur (qui utiliserait des passages de son œuvre) et vous.

e. Rédigez un court texte à la manière de l'auteur sur le sujet de votre choix. Essayez de reproduire sa manière d'écrire, son style, sa stratégie argumentative.

f. Rédigez un courrier à destination de l'auteur pour lui exprimer votre accord ou au contraire votre désaccord vis-à-vis des idées défendues dans son œuvre. Argumentez en vous appuyant sur le texte.

g. Vers le BAC

Préparez-vous à expliquer pourquoi l'œuvre vaut particulièrement la peine d'être lue en notant ici au moins 3 arguments précis (et si possible personnels et originaux).

....

....

....

58 Situer les œuvres dans l'histoire : du Moyen Âge au XVIIIe siècle

MOYEN ÂGE (476-vers 1480) | XVIe SIÈCLE

1515-1547	1547-1559	1560-1574	1574-1589	1589-1610	1610-1643
Règne de François Ier	Règne d'Henri II	Règne de Charles IX	Règne d'Henri III	Règne d'Henri IV	Règne de Louis XIII

476 Fin de l'Empire romain d'Occident

800-814 Charlemagne empereur

1492 Colomb découvre l'Amérique

1503 *La Joconde* de Léonard de Vinci

1519-1522 Magellan fait le tour du monde

1543 Copernic place le Soleil au centre de l'univers

1562 Début des guerres de Religion

1572 Massacre de la Saint-Barthélemy

1589 Invention du microscope

1633 Condamnation

1633 *Le Cid* de Corne

Histoire littéraire et mouvements culturels

La littérature au Moyen Âge

La littérature voit le **passage du latin au français**. Elle naît lorsque des lettrés (bourgeois, clercs ou seigneurs) commencent à mettre par écrit les œuvres d'abord transmises oralement par les jongleurs, trouvères et troubadours attachés à des cours seigneuriales. De nombreuses formes littéraires apparaissent alors.

Auteurs : Chrétien de Troyes, Marie de France, Adam de la Halle, Charles d'Orléans, François Villon.

Renaissance et humanisme (1480-1580)

La Renaissance désigne un renouveau dans les arts, la littérature et les sciences au XVIe siècle. Artistes et écrivains s'inspirent du **raffinement italien** et célèbrent l'**héritage antique, grec (Homère, Eschyle, Sophocle) et latin (Virgile, Ovide)**. Le mouvement littéraire et philosophique de l'humanisme s'interroge sur l'homme, son éducation et sa place dans le monde. La Pléiade imite les poètes antiques, associe l'inspiration poétique à un travail soigneux sur la langue et a pour ambition de **défendre et d'enrichir la langue française.**

Auteurs : Rabelais, Du Bellay, Ronsard, Montaigne.

Complétez la frise tout au long de l'année en y ajoutant :
- les auteurs et les œuvres cités dans les leçons 24 à 32.
- les œuvres que vous étudiez cette année.
- les événements historiques, découvertes scientifiques et œuvres artistiques ou littéraires qui vous semblent importants.

SIÈCLE | XVIIIe SIÈCLE

1651-1715 Règne de Louis XIV, le « Roi-Soleil »	1715-1723 Régence	1723-1774 Règne de Louis XV	1774-1789 Règne de Louis XVI	1789-1799 Révolution

1652 Troubles de la Fronde

1679 Persécution des protestants

1685 Révocation de l'édit de Nantes

1668 *Fables* de La Fontaine

1725 *Les Quatre Saisons* de Vivaldi

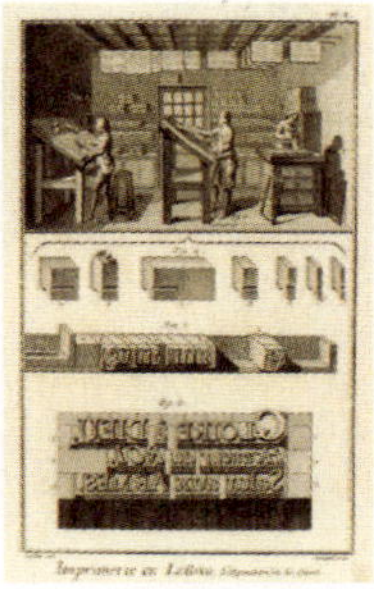

1751-1772 L'*Encyclopédie*

1787 *Don Giovanni* de Mozart

Le baroque (1580-1650)

Le baroque émerge à la fin du XVIe siècle. Comme la perle irrégulière appelée *barroco* en portugais et dont il tire son nom, le baroque exprime une **nouvelle sensibilité** par le **choix de formes exubérantes et fantaisistes**.

Auteurs : Agrippa d'Aubigné, Corneille.

Le classicisme (1650-1700)

Le classicisme est issu de la Renaissance. Il se développe en réaction contre le mouvement baroque et prône l'**ordre**, la **raison** et l'**équilibre**, la **bienséance** et l'**honnêteté**.

Auteurs : Corneille, La Fontaine, Molière, Boileau, Racine, La Bruyère.

Les Lumières (1700-1800)

Le mouvement des Lumières se développe en Europe au XVIIIe siècle. Les philosophes et écrivains prônent l'usage de la « **raison éclairée** ». Ce mouvement est une des causes de la Révolution française de 1789. Il **combat l'ignorance et les préjugés** par la diffusion des connaissances. Il rejette l'autorité arbitraire, au nom de la **liberté**, de la **justice** et de la **tolérance**. L'homme du XVIIIe siècle revendique son **droit au bonheur**.

Auteurs : Montesquieu, Voltaire, Rousseau, Diderot, d'Alembert.

59 Situer les œuvres dans l'histoire : du XIXe siècle au XXIe siècle

XIXe SIÈCLE

1804-1815	1815-1830	1830-1848	IIe Rép.	1852-1870	1870-19
Premier Empire	Restauration	Monarchie de Juillet		Second Empire	IIIe Républi

- **1815** Défaite de Waterloo
- **1848** Abolition de l'esclavage
- **1851** Coup d'État de Louis-Napoléon Bonaparte
- **1870** Guerre franco-allemande
- **1871** Commune de Paris
- **1896-1899** Affaire Dreyfus

- **1814** Première locomotive à vapeur
- **1889** Exposition universelle de Paris. Tour Eiffel

- **1805** *Symphonie n° 3* « Héroïque » de Beethoven

L'AURORE
J'Accuse...!
LETTRE AU PRÉSIDENT DE LA RÉPUBLIQ
Par ÉMILE ZOLA

- **1862** *Les Misérables* de Hugo
- **1885** *Bel-Ami* de Maupassant
- **1898** *J'accuse* de Zola

Mouvements culturels

Le romantisme (1800-1850)
Les artistes romantiques rejettent les règles du classicisme et valorisent l'expression de la sensibilité. Ils inventent des formes artistiques telles que le drame romantique au théâtre ou le poème en prose. Certains éprouvent le « mal du siècle » et s'échappent de la réalité grâce à leur art, d'autres choisissent l'engagement (Hugo).
Auteurs : Chateaubriand, Vigny, Hugo, Musset.

Le réalisme (1830-vers 1900)
Le réalisme se constitue avec Stendhal et surtout Balzac, en réaction contre les excès du romantisme. Le projet des artistes réalistes (écrivains et peintres) est de **représenter la réalité avec exactitude sans l'embellir** et de rendre compte de tous les milieux sociaux de leur époque.
Auteurs : Stendhal, Balzac, Flaubert, Maupassant.

Le Parnasse (1850-1900)
Le Parnasse, mouvement essentiellement poétique, s'oppose à la sensibilité romantique. Sa devise est « **l'art pour l'art** ». Pour ces poètes, l'art n'a pas d'autre but que lui-même.
Auteurs : Gautier.

Le naturalisme (1860-vers 1900)
Le naturalisme prolonge l'ambition réaliste en cherchant à **décrire le monde social de manière scientifique**. Il s'appuie sur les théories de l'hérédité et montre l'influence du milieu social sur les individus.
Auteurs : E. et J. de Goncourt, Zola.

Le symbolisme (1870-1900)
Le symbolisme est un mouvement dont Mallarmé est considéré comme le maître. S'opposant au rôle essentiel accordé à la science au XIXe siècle, les symbolistes veulent **réinventer le réel** en privilégiant le doute et les sensations. À travers l'art, ils recherchent la beauté et la pureté.
Auteurs : Nerval, Mallarmé, Verlaine, Laforgue.

Complétez la frise tout au long de l'année en y ajoutant :

- les **auteurs et les œuvres cités dans les leçons** 24 à 32.
- les **œuvres que vous étudiez cette année.**
- les **événements historiques, découvertes scientifiques et œuvres artistiques ou littéraires** qui vous semblent importants.

XXe et XXIe SIÈCLE

Rég. Vichy | **1946-1958** IVe République | **1958-** Ve République

1914-1918 Première Guerre mondiale

1917 Révolution russe

1905 Einstein. Théorie de la relativité

1939-1945 Seconde Guerre mondiale

1931 *La Persistance de la mémoire* de Dalí

1937 *Guernica* de Picasso

1954-1962 Guerre d'Algérie

1981 Abolition de la peine de mort

1989 Chute du mur de Berlin

2001 Attentats du 11 septembre

Le surréalisme (1920-1960)

Fondé par André Breton et Philippe Soupault, le surréalisme s'inscrit dans la continuité du mouvement dada (1914-1920). Il s'oppose à une conception bourgeoise de l'art et **refuse d'obéir à des règles** mais s'inspire de l'**inconscient** et des rêves, après les découvertes de Freud.

Auteurs : Éluard, Breton, Aragon, Desnos.

L'absurde (1940-1970)

L'absurde n'est pas à proprement parler un mouvement littéraire. Il s'agit d'un thème commun aux auteurs du milieu du XXe siècle, théorisé par Albert Camus et Jean-Paul Sartre. Ces écrivains, marqués par les deux guerres mondiales, confrontent des personnages à l'angoisse vis-à-vis d'un **monde qui n'a plus de sens.**

Auteurs : Sartre, Beckett, Ionesco, Camus.

Le Nouveau Roman (1955-1970)

L'expression « Nouveau Roman » traduit le **rejet du roman traditionnel** et le désir des auteurs d'expérimenter. Le Nouveau Roman refuse l'histoire organisée en récit. L'intrigue, la chronologie, le rôle des personnages et du narrateur sont remis en question. Les descriptions, très longues, déconstruisent le roman.

Auteurs : Sarraute, Simon, Robbe-Grillet, Butor.

Corrigés des fiches 1 à 14

1 p. 4

1 1. il mit : C'est la seule forme uniquement au passé simple. Les autres sont soit au présent soit au passé simple de l'indicatif. 2. il part : C'est la seule forme uniquement au présent de l'indicatif. Les autres sont au présent du subjonctif.
2 a. 1. futur de l'indicatif 2. imparfait de l'indicatif ; passé simple de l'indicatif 3. présent du subjonctif 4. présent de l'indicatif ; futur de l'indicatif 5. présent de l'indicatif b. 1. futur antérieur de l'indicatif : *il sera parti* 2. plus-que-parfait de l'indicatif : *il avait répondu* ; passé antérieur de l'indicatif : *elle se fut éclipsée* 3. passé du subjonctif : *il ait mangé* 4. passé composé de l'indicatif : *tu as voulu* ; futur antérieur de l'indicatif : *je t'aurai emmené* 5. passé composé de l'indicatif : *il a grandi*
3 Dans *La Colonie* de Marivaux, voilà les femmes divisées à propos de leurs relations avec les hommes. Après avoir tenté de changer l'ordre de la société, chacune retourne à ses activités. La guerre menaçant, elles obéissent à nouveau aux hommes. *divisées* : participe passé ; *avoir tenté* : infinitif passé ; *changer* : infinitif présent ; *menaçant* : participe présent
4 1. ils viendraient 2. vous lirez 3. elles durent 4. je sache 5. nous pariions

p. 5

1 a. 1. Il disait qu'il partirait dès le lendemain. *imparfait de l'indicatif ; présent du conditionnel* 2. Tandis qu'il répond à un appel téléphonique, elle s'éclipse discrètement. *présent de l'indicatif* 3. Il fallait qu'il mangeât davantage. *imparfait de l'indicatif ; imparfait du subjonctif* 4. Si tu le voulais, je t'emmènerais au bout du monde. *imparfait de l'indicatif ; présent du conditionnel* 5. Chaque jour, il grandissait davantage. *imparfait de l'indicatif* b. 1. Le présent du conditionnel = le futur dans le passé. 2. L'imparfait de l'indicatif = une habitude dans le passé.
2 1. présent de l'indicatif à valeur de vérité générale 2. futur simple de l'indicatif à valeur injonctive 3. présent du conditionnel à valeur d'hypothèse 4. imparfait qui marque une action de second plan prise dans sa durée
3 1. Tu étudies *Madame Bovary* en cours en ce moment. 2. Rodolphe la regarda, sourit puis éclata de rire. 3. Victor Hugo écrit jusqu'à son dernier souffle. 4. Marguerite pensait que cela ne s'arrêterait jamais.
4 Les trois premiers verbes sont au présent d'énonciation (« **dites**-vous », « C'**est** », « je **sais** »), le suivant est au présent de vérité générale (« on ne se **bat** pas »).

2 p. 6-7

1 *noms* : Thibault, réponse, stage, mail, soulagement – *verbes* : attendait, arriva, était recruté – *déterminants* : une, son, le, quel – *pronom* : il – *adjectif* : immense – *adverbe* : soudain – *préposition* : pour – *conjonction de subordination* : quand – *conjonction de coordination* : et – *interjection* : ouf !
2 1. *par* est une préposition et non un adverbe. 2. *Leurs* est un déterminant et non un pronom. 3. *Donc* est une conjonction de coordination et non une préposition. 4. *Car* est une conjonction de coordination et non une conjonction de subordination.
3 **compléments circonstanciels** : 1. *souvent* (CCT) 2. *dès qu'elle peut* (CCT) 3. *bien qu'ils aient du travail* (CC de concession) 4. *afin de ne pas l'effrayer* (CC de but) 6. *facilement* (CC de manière) – **compléments essentiels** : 1. *à elle* (COI de *penser*) 2. *dehors* (c. essentiel de lieu) 3. *une série* (COD de *regarder*) 4. *muette* (attribut du sujet *Elle*) 5. *me* (COI de *demander*), *où il va* (COD de *demander*)
4 1. GNP, complément du nom *objet* ; adjectif, épithète du nom *charme* ; proposition subordonnée relative, complément de l'antécédent *chapeau* ; GN, apposé au nom *magicien* ; pronom indéfini, sujet du verbe *intéresser* ; pronom personnel, COD du verbe *intéresser* 2. pronom personnel, COI du verbe *rappeler* ; GN, COD du verbe *rappeler* 3. adjectif, attribut du sujet *elle* ; GN, CC de temps 4. GNP, C d'agent du verbe au passif ; adjectif, attribut du COD *qu'* ; GP (groupe pronominal), sujet réel du verbe *exister*
5 *anciens* : adjectif, épithète du nom « domestiques » / *fils* : nom commun, attribut du sujet « il » / *voisinage* : nom commun, CdN « gentilhomme » / *que* : pronom relatif, COD du verbe « épouser »

3 p. 8-9

1 Trop petite pourquoi, ma mésange ? Pour rien, nounou. [Et puis tu es là.]|Je tiens ta bonne main rugueuse | qui sauve de tout, toujours,| je le sais.| / [Tu es si puissante, nounou.]
2 1. Le Prince-président Napoléon ayant réussi son coup d'État, Victor Hugo cessa de le soutenir ; il vécut une vingtaine d'années en exil. 2. En publiant son *Dictionnaire philosophique portatif* en 1764, Voltaire va créer un scandale retentissant. 3. Avez-vous vu sur le site de l'INA Malraux prononcer l'éloge funèbre de Jean Moulin ? 4. Le discours émouvant achevé, un grand silence régna sur la place du Panthéon.
3 a. 1. subordination (*dont*) 2. subordination (*alors que*) 3. subordination (*que*) et juxtaposition (:) 4. subordination (infinitive) et coordination (*et*) 5. subordination (*si*) et coordination (*car*) b. 1. relative (*dont* = pronom relatif) 2. conjonctive (*alors que* = conjonction de subordination) 3. conjonctive (*que* = conjonction de subordination) 4. infinitive (*gronder* = verbe à l'infinitif) 5. interrogative indirecte (*si* = adverbe interrogatif) c. 1. ~~dont je vous parle~~ : complément de l'antécédent *textes* 2. ~~alors que La Fontaine fustigeait les défauts féminins dans sa fable « Les Femmes et le secret »~~ : CC d'opposition 3. qu'il lui fallait défendre les femmes : COD du verbe *penser* 4. ses concitoyennes gronder : COD du verbe *entendre* 5. si ces textes ont été utiles : COD du verbe *se demander*
4 1. qui s'est inspiré d'Ésope et de Phèdre, subordonnée relative, complément de l'antécédent *fabuliste* 2. si ce site pourra nous être utile, subordonnée interrogative indirecte, COD du verbe *se demander* 3. Lorsque Napoléon III prend le pouvoir, subordonnée conjonctive, CCT 4. dont Balzac est l'auteur, subordonnée relative, complément de l'antécédent *roman*
5 1. type déclaratif / forme emphatique, exclamative. 2. type interrogatif / forme négative, passive. 3. type impératif / forme affirmative, active.
7 J'irai par la forêt, j'irai par la montagne car je ne puis demeurer loin de toi plus longtemps.

4 p. 10

1 1. je remercie, tu remercies, il remercie ; je lis, tu lis, il lit ; j'oublie, tu oublies, il oublie 2. je salue, tu salues, il salue ; je conclus, tu conclus, il conclut ; je diminue, tu diminues, il diminue 3. j'avoue, tu avoues, il avoue ; je résous, tu résous, il résout ; je secoue, tu secoues, il secoue 4. j'emploie, tu emploies, il emploie ; je crois, tu crois, il croit ; je vois, tu vois, il voit
2 lire, conclure, résoudre, croire, voir
3 1. Il rappelle ; Tu révèles 2. Il complète ; Elle rejette 3. Vous faites ; vous dites.
4 Paul étudie ; Balzac associe ; amplifie ; les deux personnages qui nouent ; Nanon voue ; l'auteur le qualifie ; la domestique s'habitue et continue ; Paul relit ; raye/raie ; recopie ; vérifie

p. 11

1 1. tu crias ; son en « a » ; je criai, tu crias, il cria, nous criâmes, vous criâtes, ils crièrent 2. tu remplis ; son en « i » ; je remplis, tu remplis, il remplit, nous remplîmes, vous remplîtes, ils remplirent 3. il lut ; son en « u » ; je lus, tu lus, il lut, nous lûmes, vous lûtes, ils lurent 4. ils tinrent ; son en « in » ; je tins, tu tins, il tint, nous tînmes, vous tîntes, ils tinrent
2 ils rentrèrent ; ils me rendirent ; Ils durent ; nous finîmes ; J'y repensai ; je ne retins rien ; je les vis
3 j'eus ; qui vint ; Je lui fis ; Il fallut ; nous fûmes ; Toutaa m'offrit
4 a. Y. Reza écrit ; On y rit ; la comédie reçoit ; L'auteur nous interroge ; Trois amis se disputent ; Serge achète ; Marc se récrie et dit ; Yvan tente mais n'y parvient pas. Marc finit b. écrivit ; rit ; reçut ; interrogea ; se disputèrent ; acheta ; se récria ; dit ; tenta ; parvint ; finit

5 p. 12-13

1 réputé ; amené ; resserrer ; maîtriser ; susciter ; recommandé ; déchiré ; concilier. Le spectateur en est bouleversé ; envisagé ; assister ; Consultez ; joué
2 1. vécut 2. a reçu 3. apprit ; découvrit 4. connut 5. a obtenu 6. écrivit 7. élit
3 1. Je le vis, je rougis, je pâlis 2. Je reconnus 3. me révolter ; le persécuter 4. J'ai revu ; j'avais éloigné 5. J'ai conçu ; J'ai pris 6. Examinez ; tiré ; étudiez
4 1. *Gran Torino* a été réalisé par Clint Eastwood en 2009. 2. Appréciez l'humour et le caractère bourru du héros. 3. Le réalisateur a voulu montrer que des familles différentes pouvaient partager les mêmes valeurs. 4. Clint Eastwood a choisi de jouer lui-même le rôle du héros. 5. Le vieil homme, pris dans le filet de ses préjugés, refuse de parler à ses voisins.
5 Je lus ; j'aimais ; j'appréciai ; J'appris ; le récitai ; J'enfermai ; je partis ; Je ne trouvai point ; Je courus ; je la vis, je l'atteignis, je lui parlai ; J'étais jeune et je manquais
6 Je me trouvais comme chaque samedi sur mon canoë et je me préparais à accoster quand j'aperçus sur la rive une silhouette lumineuse. Comme je ne détachais pas mon regard, la silhouette me remarqua et je m'approchai. C'était une jeune fille qui attendait le cours suivant. Je lui demandai si elle pouvait m'aider à remonter le canoë. Elle m'aida à tirer le chariot et je la remerciai vivement. Comme je désirais vraiment la revoir après son cours, je lui proposai de l'attendre assis au bord du canal.
7 1. J'aurais dû 2. Je ne vous dirai point ; je ne m'oublierai jamais 3. je ne voudrais pas 4. n'aurai-je point ; j'oserais ; je n'aurais point
8 1. Vous voudriez qu'il croie à la prédestination. 2. Vous voudriez que Britannicus ne voie plus Junie. 3. Vous voudriez que nous n'oubliions jamais les offenses. 4. Vous voudriez que nous travaillions à perdre Britannicus ?
9 repris ; voit ; apprécié ; savourer ; pourrais ; examiner ; contenter ; voie

6 p. 14-15

1 a. couché : p. p. du verbe pronominal / COD = me, ici devant → accord au masc. singulier → narrateur masculin b. Longtemps, elles se sont couchées de bonne heure.
2 1. découverts : p. p. masc. pluriel / auxiliaire être → accord sujet 2. pris : pas d'accord / auxiliaire avoir / COD derrière 3. annoncée : p. p. fém. sing. / auxiliaire avoir / COD devant ; annoncé : pas d'accord / auxiliaire avoir / COD derrière 4. étonnée : p. p. fém. sing. / p. p. seul → accord avec elle
3 parti ; couru ; affolée ; hurlé ; fait ; découverts ; lancés ; pu ; su. Dans la 1re phrase, on ne connaît pas le genre du sujet « Je ». On ne peut pas savoir comment accorder « parti ».
4 ils avaient commencé ; il s'était élevé ; Le Roi et les Reines s'étaient souvenus ; ils ne s'étaient jamais vus, avaient trouvé ; Ils les avaient appelés ; ils eurent fini, avaient demandé
5 a. Celui-ci a toussé, a feuilleté ; il s'est tourné ; Il m'a dit ; J'ai compris ; j'ai senti ; Il m'a demandé ; j'avais mis ; J'ai répondu b. Celle-ci ; elle s'est tournée ; il *sujet devient* elle
6 Molière a joué les comédies qu'il a écrites et mises en scène. Les jeux de scène qu'il a imaginés ont toujours déclenché les rires. As-tu reconnu cette tirade de *L'Avare* que nous avons lue en classe ?
7 offert ; échangés ; vendues ; préparés ; souvenue ; fait
8 fait ; arrivé ; endormis ; eu ; entendu ; trompé ; dérobées ; négligé ; restituées ; fait
10 La première fois qu'Aurélien a vu Bérénice, il l'a trouvée franchement laide. Elle lui a déplu, enfin. Il n'a pas aimé comment elle était habillée.
a vu, a déplu, il n'a pas aimé : pas d'accord du participe passé employé avec *avoir* car COD placé derrière ou absence de COD.
il l'a trouvée : accord du participe passé employé avec *avoir* avec le COD placé devant.
elle est habillée : accord du participe passé employé avec *être* avec le sujet.

7 p. 16-17

1 Les romanciers naturalistes créent leurs nombreux personnages afin d'analyser les comportements des individus. Ils étudient les milieux sociaux qui déterminent les différentes attitudes de chaque personne. Ainsi, quand, dans le coron de *Germinal*, évoluent les mineurs, on n'est pas surpris par leurs agissements les plus amicaux comme les plus agressifs. Chacun des membres de la famille Maheu porte le poids de ces habitudes ancestrales qu'éclairent Zola et ses amis naturalistes.
2 Le bon vent, la tempête et ses convulsions sur l'immense ; bercent – L'alambic gardait – invoquait Juliette ; toi qui ignores ; je dise ; le parfum égale – exigeaient les lois ; se massaient des cheveux
3 a. 1. Des écrivains naturalistes vraiment très célèbres, auteurs de nombreux romans et engagés dans l'affaire Dreyfus. 2. Des romanciers réalistes très connus qui ont vécu dans la première moitié du XIXe siècle et qui ont analysé la société de la Restauration. 3. Des auteurs essentiels du mouvement romantique, à la fois romanciers, dramaturges et poètes. b. Victor Hugo 3 ; Honoré de Balzac 2 ; Émile Zola 1
4 ~~écrit~~ ; ~~révolutionne~~ ; ~~composent~~ ; ~~traditionnelles~~ ; ~~semble~~ ; ~~inadaptées~~ ; ~~démesuré~~ ; ~~rejettes~~ ; ~~libères~~ ; ~~jaillisse~~ ; ~~vraiments~~ ; ~~originale~~ ; ~~déroutante~~ ; ~~au~~ ; ~~violette~~ ; ~~atmosphériquent~~ ; ~~surprenant~~
5 édifices publics élevés ; aux nues ; marchés ornés ; colonnes ; fontaines d'eau pure ; fontaines ; coulaient ; grandes places ; pavées ; répandaient
6 ~~naturaliste~~ ; ~~procédé~~ ; ~~souvents tragique~~ ; ~~abusif~~ ; ~~Au~~ ; ~~inspiré~~ ; ~~social~~ ; ~~différent~~ ; ~~situent~~ ; ~~descendant~~ ; ~~s'avère~~ ; ~~atteint~~ ; ~~mènent~~ ; ~~meurtrière~~ : naturalistes ; procédés ; souvent tragiques ; abusifs ; Aux ; inspirée ; sociale ; différents ; situe ; descendants ; s'avèrent ; atteints ; mène ; meurtrières
Le déterminant démonstratif *ces* et l'adjectif épithète *impertinente* s'accordent avec le nom *femmes*. Le verbe *sont émues* s'accorde avec son sujet.
7 Ces impertinentes femmes de chambre sont venues pour me demander pardon et [elles m'ont dit] qu'elles étaient plus agréables, plus adroites que moi, qu'elles feraient bien passer l'amour du Prince.
Le pronom personnel *elles* se met au pluriel ainsi que le verbe *étaient* dont il est le sujet. Il en est de même pour *elles feraient*. Les adjectifs attributs du sujet *agréables* et *adroites* s'accordent avec le sujet.

8 p. 18-19

1 1. a ; à ; sans ; et ; s'en ; même ; à 2. C'est ; a ; qu'elle ; quoiqu'elle ; s'est ; à ; où ; a ; ses 3. Quand ; tous ; leurs ; leur ; ce ; ce 4. Quant ; à ; ces ; on ; qu'elles ; on n' ; à ; quelles 5. La ; ma ; ta ; l'a ; ma ; t'a ; ma
2 a. 1. quelques 2. quel 3. Quelle que 4. quels 5. quelles qu'elles 6. Quelle qu'elle 7. quelques ; Quels que 8. Quelque b. Les poètes quels qu'ils soient sont en quête de la beauté.
3 1. On a même écouté ces chansons-là et on a trouvé qu'elles étaient très émouvantes. 2. Quand tu sauras quels amis tu veux inviter, on leur fera signe. 3. Quels que soient ses projets, tu dois leur prêter attention. 4. Ses opinions quelles qu'elles soient seront écoutées.
4 1. Marina s'est promenée ; elle a trouvé un chaton et l'a rapporté chez elle. 2. Quant à Martin, il ne sait pas quelles études entreprendre. 3. Tout le monde n'a pas les mêmes points de vue. 4. Quoique Naïm sache que cet outil est dangereux, il s'en sert sans précaution. 5. Quoi que tu apportes à tes amis, tu leur feras plaisir.
5 ~~toute~~ ; ~~ses~~ ; ~~ce~~ ; ~~ce~~ ; ~~a~~ ; ~~sont~~ ; ~~mêmes~~ ; ~~quand~~ ; ~~ses~~ ; ~~tous~~ ; ~~se~~ ; ~~ce~~ ; ~~ce~~ ; ~~a~~ ; ~~s'en~~ ; ~~Qu'elle~~ ; ~~ont~~ ; ~~a~~ ; ~~a~~
6 1. ~~leurs~~ ; ~~qu'en~~ : leur, quand 2. ~~a~~ l'être ; ~~on est~~ : à, on n' 3. ~~quelles~~ ; ~~a~~ s'occuper ; ~~Quand~~ à Pépé ; ~~ou~~ elle prenait ; ~~quelle~~ avait : qu'elles, à, Quant, où, qu'elle 4. ~~Quel~~ existence ! ~~ce~~ voir ; ~~a~~ l'autre, ~~s'en~~ pouvoir : Quelle, se, à, sans.

9 p. 20-21

1 courtois (courtoisie) ; discret (discrétion) ; un voisin (voisinage) ; franc (franchise) ; patient (patienter) ; Précis (précision) ; art (artiste) ; repos (reposer) ; accroc (accrocher) ; écart (écarter)

2 **a.** En 1981, Robert Badinter questionne l'Assemblée nationale sur la peine de mort. Son raisonnement va révolutionner notre justice. Avant lui, de grands hommes abolitionnistes, tels que Camus, s'étaient déjà positionnés contre des esprits trop précautionneux. **b.** *national : nation* + suffixe *-al* = un seul *n*

3 **1.** accablant, un apport, accession, l'actualité, une apostrophe, une accusation. *Apostrophe* avec 1 *p*, pourtant le verbe *apostropher* existe. **2.** une affaire, une affiche, affolé, l'affection, affreux, une affirmation. *Affreux* avec 2 *f*, pourtant il n'y a pas de verbe dans sa famille. **3.** une apparition, un apéritif, un aperçu, appartenir, des applaudissements, un appui. *Aperçu* avec 1 *p*, pourtant il y a un verbe dans sa famille (*apercevoir*). **4.** un arrangement, l'arrestation, un arrivage, un arrondissement, une arène, arrière. *Arrière* avec 2 *r*, pourtant il n'y a pas de verbe dans sa famille. **5.** un effaceur, une offre, effectivement, effroyable, officiel. Pas d'intrus.

4 lentement – constamment – directement – vainement – précisément – prudemment – réellement – vivement – notamment – officiellement.

5 réalité ; activité ; société ; communauté ; fierté ; facilité ; fragilité ; autorité ; portée : Règle des mots féminins en *té* ou *-tié*.

6 **1.** obnubilée / secrétariat **2.** digressions / fomentée **3.** pérégrinations / filigrane **4.** infarctus / maligne

7 **a.** ~~vu~~ ; ~~voir~~ ; ~~thermes~~ ; ~~emprunt~~ ; ~~parti~~ ; ~~comte/conte~~ **b.** Au vu de ses résultats, Anna passera en première. Je vais bientôt voir mon amie à Versailles. Les thermes romains sont les piscines de l'Antiquité. As-tu vraiment besoin de cet emprunt bancaire ? Les partis politiques existent depuis longtemps. Le comte de Beaumont est riche. Je lis encore les contes de Perrault.

8 *réponse libre*

9 **1.** Un crime sordide a été perpétré ; Marc a perpétué la tradition **2.** Le voleur est entré par effraction. Il a commis une infraction **3.** Sa nomination est imminente. C'est une éminente scientifique. **4.** On lui a infligé une sévère punition. Simon est très affligé **5.** L'influence de Monet ; une forte affluence.

10 p. 22-23

1 À la réponse du directeur, – se leva, et, – un cri, – de hache, – à dire, – la même entaille, – à la renverse, – le visage ; – puis, – court,

2 **1.** Vite, suivez mon conseil : vous réussirez mieux ! **2.** Il s'arrêta, la fixa silencieusement puis lui adressa quelques mots, comme à regret. **3.** J'aimerais tant qu'il… m'aime ! **4.** Il exagère, j'en conviens ; mais, dans le fond, je crois qu'il a raison.

3 Si vous en êtes d'accord, lisez ce paragraphe à haute voix, afin d'en comprendre le sens. Maintenant que c'est plus clair, êtes-vous d'accord pour corriger la ponctuation afin d'en faire un texte correct à l'écrit ? À vous de jouer !

4 Quelqu'un monte l'escalier, en pleine nuit. La tête haute, un dictionnaire à la main, je l'attends, debout derrière la porte. Mon mari se cache en tremblant de peur. Le voleur pousse la porte. Sans crainte, je m'avance : un coup, un cri et tout est fini !

5 **1.** Il est beau mais je ne l'apprécie pas car il est désagréable. **2.** Elle était cloîtrée chez elle : pas de spectacle ni de concert ni de dîner au restaurant. **3.** Je me demande ce qu'il devient donc je l'appelle. **4.** Le misanthrope ne définit pas l'honnêteté comme le ferait son ami. Alceste préfère la sincérité mais Philinte défend l'art de la politesse.

6 Mes deux sœurs ne sont jamais d'accord :
« – La poésie, ça m'ennuie, déclare l'une.
– Moi, cela me détend.
– Franchement, souvent, je n'y comprends rien.
– Mais c'est cela qui est agréable !
– Je ne suis pas vraiment convaincue. »

7 De toute évidence, un incipit a d'abord une fonction informative. Il permet au lecteur d'acquérir suffisamment de connaissances sur le cadre spatiotemporel, sur les personnages et sur l'histoire pour rentrer dans l'univers qui lui est proposé. Deux extraits étudiés dans la séquence remplissent cette fonction en jouant sur un mélange de discours descriptif et narratif. Ici, l'on découvrira le portrait du personnage principal de Boris Vian, le sympathique Colin. Là, un espace naturel avec une rivière servira de décor à une action assez réduite chez Steinbeck : l'arrivée de deux hommes.

8 **a.** Peux-tu sans t'effrayer, soutenir ma présence ? / Ignores-tu l'arrêt de ton bannissement ? / Fais-tu si peu cas de mon commandement ? / Voyez comme elle s'enfle d'orgueil et d'audace ! / Ses yeux ne sont que feu ; ses regards que menace ! / Gardes, empêchez-la de s'approcher de moi.
b. Le roi Créon est en proie à de violents sentiments de colère.

11 p. 24-25

1 Victoire de l'équipe de France. • Baisse du prix de l'essence à la pompe. • Cette belle histoire. • Malgré le manque de temps. • Un philosophe au siècle des Lumières. • Les poètes de la Résistance. • Car la liberté menacée. • L'Italie à la Renaissance. → Une belle histoire. Un manque de temps surmonté. Défense de la liberté menacée.

2 **1.** Un bouillonnement d'idées caractérise le siècle des Lumières. **2.** Le roman, la nouvelle et le conte sont des genres narratifs. **3.** Nous analyserons d'abord les rapports entre poésie et réalité. **4.** En 1830, la première représentation du drame romantique de Victor Hugo fut l'enjeu d'une célèbre bataille.

3 **1.** quand je faisais mes visites chaque matin → Moi, pauvre médecin de campagne, je faisais mes visites chaque matin. **2.** Parce qu'elle est gentille. → Elle charme tout le monde grâce à sa gentillesse. **3.** Lorsque brusquement surgit un fantôme effrayant. → Brusquement surgit un fantôme effrayant. **4.** afin que vous soyez rassurés → Je vous annonce une bonne nouvelle pour vous rassurer.

4 **1.** La fable que je préfère s'intitule « Les Animaux malades de la peste ». **2.** Quand Robert Desnos mesure l'horreur du projet nazi, il s'engage dans la Résistance. **3.** Comme Louis XIV trouve Le Tartuffe irrespectueux envers la religion, il interdit la comédie de Molière. **4.** Les valets que Molière met en scène dans ses pièces sont débrouillards et insolents. **5.** Chez Molière, les pères, qui, comme dans la comédie latine, sont égoïstes, se montrent autoritaires et intéressés.

5 **1.** Ce texte bouleversant qui évoque la question de l'esclavage. Ce texte bouleversant évoque la question de l'esclavage. – Ce texte évoque la question de l'esclavage : il bouleverse son lecteur. **2.** Rastignac, héros que nous avons déjà rencontré dans un autre roman de Balzac. Nous avons déjà rencontré le héros Rastignac dans un autre roman de Balzac. – Rastignac, que nous avons déjà rencontré dans un autre roman de Balzac, est un héros ambitieux. **3.** Voltaire, réfugié en Suisse, là où il ne pourra pas être poursuivi. Voltaire se réfugie en Suisse pour éviter les poursuites. – Voltaire s'est réfugié en Suisse, là où il ne pourra pas être poursuivi. **4.** L'étonnant recueil des *Calligrammes* dont Guillaume Apollinaire est l'auteur. Guillaume Apollinaire est l'auteur de l'étonnant recueil des *Calligrammes*. – L'étonnant recueil des *Calligrammes* dont Guillaume Apollinaire est l'auteur a comme sous-titre « Poèmes de la paix et de la guerre ». **5.** Le travail des enfants que Victor Hugo dénonce dans son poème « Mélancholia ». Victor Hugo dénonce le travail des enfants dans son poème « Mélancholia ». – Le travail des enfants que Victor Hugo dénonce dans son poème « Mélancholia » est encore un fléau dans certains pays aujourd'hui.

6 **1.** Les touristes arrivés à la gare, le train partit aussitôt. **2.** Surpris par l'averse, il trouva refuge sous un porche. **3.** Le fabuliste critiquant le pouvoir absolu, le roi l'a condamné. **4.** Applaudis à la fin de la pièce, les acteurs furent salués par les spectateurs.

7 ~~Né en 1799, mort en 1850~~ : groupes participiaux seuls sans principale → Né en 1799, il meurt en 1850. / ~~Lorsque soudain, la défaite de Waterloo marque la fin d'un rêve~~ : conjonctive seule sans principale → Soudain, la défaite de Waterloo marque la